GW01066113

El líder no nace..., ¡se hace!

VIAJE HACIA EL TALENTO

Roberto Luna-Arocas

El líder no nace..., ¡se hace!

VIAJE HACIA EL TALENTO

EDICIONES OBELISCO

Si este libro le ha interesado y desea que le mantengamos informado de
nuestras publicaciones, escríbanos indicándonos qué temas son de su interés
(Astrología, Autoayuda, Ciencias Ocultas, Artes Marciales, Naturismo,
Espiritualidad, Tradición...) y gustosamente le complaceremos.

Puede consultar nuestro catálogo en www.edicionesobelisco.com

Colección Éxito, para gente emprendedora
EL LÍDER NO NACE..., ¡SE HACE!
VIAJE HACIA EL TALENTO
Roberto Luna-Arocas

1.ª edición: marzo de 2010

Maquetación: *Natàlia Campillo*
Corrección: *Andreu Moreno*
Diseño de cubierta: *Enrique Iborra*

© 2010, Roberto Luna-Arocas
(Reservados todos los derechos)
© 2010, Ediciones Obelisco, S. L.
(Reservados los derechos para la presente edición)

Edita: Ediciones Obelisco, S. L.
Pere IV, 78 (Edif. Pedro IV), 3.ª planta, 5.ª puerta
08005 Barcelona - España
Tel. 93 309 85 25 - Fax 93 309 85 23
E-mail: info@edicionesobelisco.com

Paracas, 59 C1275AFA Buenos Aires - Argentina
Tel. (541-14) 305 06 33 - Fax (541-14) 304 78 20

ISBN: 978-84-9777-620-2
Depósito Legal: B-5.206-2010

Printed in Spain

Impreso en España en los talleres gráficos de Romanyà/Valls, S. A.
Verdaguer, 1 - 08786 Capellades (Barcelona)

Reservados todos los derechos. Ninguna parte de esta publicación, incluido el diseño de la
cubierta, puede ser reproducida, almacenada, transmitida o utilizada en manera alguna por
ningún medio, ya sea electrónico, químico, mecánico, óptico, de grabación o electrográfico,
sin el previo consentimiento por escrito del editor.
Diríjase a CEDRO (Centro Español de Derechos Reprográficos, www.cedro.org)
si necesita fotocopiar o escanear algún fragmento de esta obra.

Prólogo

En diversas ocasiones, he comentado en público y en privado que si el profesor Roberto Luna se llamara Bob Moon (es decir, fuera anglosajón en lugar de español), sería uno de los gurús más renombrados del planeta, porque es un gran experto en métodos cualitativos, un apasionado del talento (director del máster en *Gestión del Talento*) y un entusiasta del *coaching* (presidente de AECOP Levante). Nos ofrece un punto de vista genuino, fresco y enriquecedor. El bueno de Bob es un fenómeno, un pensador de vanguardia en el desarrollo del talento y un *blogger* de primera categoría. Su único «pecado» es que es de aquí, valenciano, de casa. Y desgraciadamente el papanatismo nacional suele preferir al yanqui desconocido que al compatriota que es un fenómeno. Esperemos que la cosa cambie en los próximos años. Nos irá mejor si así ocurre.

En este libro, lo que Roberto Luna-Arocas nos ofrece es nada menos que el «Viaje hacia el talento»: una historia que parte del compromiso personal (el de un directivo, José) con el conocimiento de sí mismo y con la mejora radical de él y de su equipo. Con su *coach*, Pau, trabajarán distintas competencias desde la autoconfianza y la asunción de los propios errores.

Como todos los grandes libros humanistas, esta obra es un diálogo profundo y didáctico que nos enseña mucho, de forma que el lector participa, con su reflexión, en el propio diálogo y lo interioriza para su propio cambio personal.

El profesor Luna-Arocas es un gran *coach*, un verdadero experto en el desarrollo del talento y en el equilibrio competencial. En este libro que te aprestas a comenzar, querid@ lector/a, es uno de los más interesantes y útiles que puedas encontrar de los que se han escrito sobre *coaching* y desarrollo del liderazgo. No le falta poética («las emociones son como las mareas en tanto que los sentimientos son como las olas»), posee un test para el autodiagnóstico y tiene muchos «ganchos» en forma de preguntas para seguir profundizando en el propio conocimiento. Como escribe Roberto, el desarrollo organizativo es una necesidad imperiosa, no es una opción. Y comienza por uno mismo. Como bien dice el autor, el talento se desarrolla continuamente y sólo depende de nosotros.

Estoy convencido de que si podemos aprender algo de esta «crisis ninja» provocada por la codicia e instrumentada en torno a hipotecas *subprime*, burbujas inmobiliarias y turismo de mala calidad, es que el modelo del liderazgo del siglo XX está agotado. El del llanero solitario invulnerable, con todas las respuestas, desconfiado por naturaleza, mandón, agresivo, tiránico en suma. Es el momento del líder *coach*, consciente de sus emociones (el liderazgo es ya inteligencia emocional en más de un noventa por ciento), capaz de escuchar a los demás con atención, de valorar las sugerencias de sus colaboradores, de generar confianza en los integrantes del equipo, de desarrollar profesionalmente a los suyos con eficacia, de mostrar respeto en toda ocasión, de dar ejemplo en toda circunstancia. Un/a líder valiente, seren@, optimista. Una persona íntegra, comprometida con los demás, gran comunicadora, con enorme credibilidad.

A Roberto Luna-Arocas le gusta hablar de «la mirada del talento» (recuerdo una conferencia que compartimos en el Consell Valencià de l'Esport, un lluvioso sábado de mayo del 2008, cuyo título fue precisamente ése). Una mirada que nos transmite, que nos enseña, que nos emociona. Como nos enseñó don Antonio Machado:

El ojo que ves no es
Ojo porque tú lo veas,
Es ojo porque te ve.

Y es que Roberto hace honor a su (primer) apellido y, por ello, citando a Bécquer, hemos de recordar que «en el majestuoso conjunto de la creación, nada hay que me conmueva tan hondamente, que acaricie mi espíritu y dé vuelo desusado a mi fantasía como la luz apacible y desmayada de la Luna».

Viaje hacia el talento nos ofrece un camino, de momento poco transitado, pero que nos puede llevar muy lejos. Un camino hacia el desarrollo, hacia la superación… y, sin duda, hacia la felicidad.

JUAN CARLOS CUBEIRO
Presidente de honor de AECOP
Presidente de Eurotalent

Segundo prólogo

Las organizaciones no pueden ser innovadoras y creativas si al frente no hay auténticos líderes que sean capaces de hacer aflorar lo mejor de cada uno de los miembros de su equipo.

Como muy bien describe Roberto Luna-Arocas en su libro *Viaje hacia el talento*, esto es algo que no ocurre de la noche a la mañana. Esto se consigue a través de un auténtico viaje hacia el talento de las organizaciones y que desemboca en la creación de una cultura y valores de empresa que hacen a un grupo de personas tener un sentido de orgullo de pertenencia y de creer y confiar en un proyecto donde el éxito sea conseguido a través de la satisfacción de los empleados y de los clientes.

Viaje hacia el talento nos lleva a entender de una forma muy gráfica, y a través de claros ejemplos, que es crítico en cualquier empresa encontrar una clara definición de aquellas competencias de liderazgo que creemos que son críticas para garantizar el éxito y buscar lo que Roberto Luna llama con bastante acierto «equilibrio de las competencias de liderazgo».

Sin duda, este trabajo no es fácil hacerlo desde la soledad de un líder que quiere buscar el cambio en la gestión, pero sobre todo hacerlo sin la ayuda de alguien externo que te ayude a reflexionar y a ser objetivo y crítico.

Cada empresa y cada momento de una organización son únicos, por lo que no hay soluciones mágicas, pero sí que podemos encontrar la fórmula o el camino más adecuado a las necesidades de un directivo para convertirse en un auténtico líder.

El papel de Pau como *coach* en este relato tan gráfico es el de hacer ver a un empresario y ejecutivo como José cómo iniciar esa andadura de análisis de dónde están las oportunidades de mejora y de buscar cómo alimentar la potencialidad de él mismo y de los individuos que componen su equipo.

Roberto hace un perfecto desembarco en este itinerario a través de la relación de confianza y de metas claras donde José va haciendo un claro retrato de sus carencias como líder y de la necesidad al final de hacer un marco de competencias de liderazgo que, una vez balanceadas, puedan hacer de él algo más que un simple líder: una mejor persona.

A través del diálogo entre los dos protagonistas, Pau y José, Roberto va tejiendo lo que debe ser el principal valor de un *coach*, que es el de ir facilitando a su *coachee* la identificación de aquellas oportunidades donde poder crecer, mejorar y sacar lo mejor de sí mismo.

En este viaje hacia el talento podemos aprender la importancia que tiene la capacidad de autocrítica, la de ser «humilde» y la de estar abierto a recibir el *feedback* de otros, ya que supondrá una fuente muy rica de información sobre nosotros mismos y que nos ayudará a crecer.

Sólo cuando un directivo llega a esta madurez de asertividad y de humildad para tener en cuenta la opinión de otros y poderla contrastar con su autopercepción es cuando puede llegar a ser considerado como un líder con capacidad de influencia, de inspirar y de ser un referente para otros, tanto dentro de su organización como fuera.

En este momento del viaje en el talento de un líder es cuando podemos estar convencidos, como dice Roberto Luna-Arocas, de que éste puede ser un auténtico facilitador dentro del equipo para el desarrollo y potenciar las capacidades de cada individuo. Esto hará posible una imagen de MARCA, de CULTURA y de VALORES de empresa donde el compromiso de los empleados con la estrategia de la compañía estará garantizado.

Roberto ha sido capaz, de una forma muy amena, de transmitir un mensaje de cómo hacer posibles los proyectos de empresa y afrontar el cambio requerido en cada instante, a través de la gestión del talento por líderes que saben en cada momento identificar y equilibrar las competencias críticas en la organización y crear el clima apropiado de compromiso de los empleados convirtiéndose en auténticos motores y facilitadores del crecimiento del talento.

MANUEL MARTÍNEZ
Vicepresidente de RR. HH. de American Express
para Centro y Sur de Europa

A mis tres mujeres, Mar, Sara y Laia…
A mi madre, por toda una vida…

Agradecimientos

Este libro tiene una gran deuda con muchas personas, pues, conforme el libro crecía y evolucionaba, diferentes amig@s con talento han puesto su tiempo, esfuerzo y dedicación por mejorarlo.

La principal deuda la tengo con mi pareja Mar y mis hijas Sara y Laia, pues si tengo poco tiempo, con este libro les he pedido un nuevo sacrificio. Mis hijas me veían trabajar en el ordenador y me querían ayudar (Sara, la mayor, tiene cuatro años y Laia, la menor, tiene dos años); seguramente ésta ha sido la verdadera inspiración del libro, mis pequeñas musas.

Conforme avanzaba con la primera parte del libro, muchos colegas de AEDIPE Comunitat Valenciana (Asociación Española de Dirección y Desarrollo de Personas) la leyeron con gran entusiasmo y apoyo profesional.

Especialmente quería agradecer en el último momento la profundidad de análisis y sabiduría de Ainhoa Miñana, que desde el primer momento comprendió el proyecto de este libro y supo dedicarle también su tiempo y análisis.

Otros profesionales a los que debo sus comentarios son Jon Andoni Zárate, director general de Human Management Systems; Jordi Vila, socio director de Human Management Systems en Barcelona; Faustino Olmos, ex director del departamento de RR. HH. de Winterthur Levante y *coach* ejecutivo; María Dolores Ayllón, directora de RR. HH. de Unión FENOSA & Energy; Gloria de la

Torre, directora de RR. HH. de AERTEC; Carlos Herreros, presidente honorífico de AECOP y Top Ten Management, y Juan Carlos Cubeiro, presidente honorífico de AECOP y Top Ten Management. También colaboró José Julián Antón con su corrección y apoyo en la primera parte del libro.

Especial dedicación también al apoyo y palabras de Andrés Martínez, director de Desarrollo en Manpower Business Solution.

Gracias a todos…

VIAJE DE LA DIRECCIÓN
AL LIDERAZGO

1. El encuentro

La sala estaba llena, en torno a ciento veinte personas contabilizó mentalmente. «No está mal», pensó; a veces había tenido foros de trescientos y otros de veinticinco, variaba mucho según quién organizaba. Llevaba tiempo preparando esta conferencia, pues sabía que el tema despertaba interés: *el equilibrio en las competencias*. «¡No sea el mejor!, ¡sea el más equilibrado en sus competencias!», ponía el subtítulo. El tema de las competencias suscitaba interés. La gestión por competencias se basaba en integrar conocimientos, habilidades y actitudes del empleado.

Sabía que necesitaba provocar algo al personal para que pudiera darse por aludido y acudir. Tenía una hora para demostrar a los empresarios lo importante que era el equilibrar las competencias de los empleados. Intuía que podía convencer, eso sí, demostrando. El público empresarial siempre pedía demostraciones y poca teoría. Así que iba cargado de experiencias para contar que permitieran entender cómo un buen equilibrio de competencias podía mejorar su empresa, y qué mejor que hacerlo con el tema de costes.

Comenzaría con preguntas del tipo: ¿sabe cuánto dinero pierde por una mala gestión, por un mal liderazgo, por un mal equilibrio de competencias, por no desarrollar a su personal?...

Bueno, «Descansa la mente», se dijo.

La sala estaba ruidosa; por fin se le acercó el director de las jornadas y con un gesto le dijo que iban a comenzar y que entrarían en la sala. Apuró su agua y asintió. Este momento es lo que en gestión se llama «momentos de la verdad». «Así que vamos allá», se dijo. Entraron en la sala, las personas comenzaron a sentarse, otros redujeron el tono de la voz y miraban con curiosidad al ponente.

La conferencia comenzaba. Vinieron las presentaciones, y con un «Bueno, ha llegado tu turno, tienes cuarenta y cinco minutos», recogió el relevo, miró al público con tranquilidad, ¿cuántas veces había hecho esa mirada global antes de comenzar? Dando tiempo, respetando un silencio de comienzo hasta que sonaron las primeras palabras.

Buenos días, como bien les han dicho en la presentación, mi nombre es Pau Molina y en mi devenir profesional me he especializado en ayudar a los directivos mediante el asesoramiento en su liderazgo. Hoy les voy a hablar de un concepto que llevo trabajando en consultoría, investigación y docencia en los últimos dos años; yo lo llamo «el equilibrio de las competencias», pero más que el nombre me interesa que entiendan el concepto.

Siempre me ha llamado la atención cómo, en ciertos casos, gente de gran éxito y valía tenía problemas o al menos no eran tan competentes en las relaciones humanas que implicaban sus negocios. Parecía infalible, personas con gran inteligencia y un alto control de su negocio. Gente que se ha hecho a sí misma, con un alto nivel relacional con sus pares, y, sin embargo, luego sucumben en la comunicación con sus empleados y directivos. De hecho, no transmiten sus emociones, por lo que muchas veces les desbordan y dan lugar a pasajes de violencia verbal y no verbal. Aparte, desconfían por su alta necesidad de control de las situaciones, no saben delegar y sus estilos directivos son autoritarios camuflados en un falso paternalismo en muchos casos.

Con todo esto no hablamos sólo de inteligencia emocional, pues pasa también al contrario, gente con alta relación social pero con poca efectividad y productividad. Gente que no gestiona bien sus tiempos, ni prioriza lo importante de lo urgente, con poco sentido práctico y menos aún estratégico. ¿Tan difícil es tener una combinación aceptable de inteligencia emocional y de inteligencia práctica?

No sé si éste será su caso, pero seguro que se ha identificado o ha identificado a algún colega cercano con alguna de estas carencias en las competencias personales y profesionales.

Este perfil que mostramos suele tener bastantes competencias y a veces ejemplares, pues destacan comparativamente con el resto, pero hoy en día eso no basta. Las competencias han dejado de ser un cúmulo de variables independientes, como trabajar en equipo, o delegar, o comunicar bien.

Ahora ya no se evalúan por separado sino que cada vez se va priorizando más lo que denominamos *el enfoque global del equilibrio de las competencias*.

Este enfoque es un salto que va más allá de dos tendencias claras: por un lado, la cultura que adora las competencias salientes y se centra en ellas; tal es el caso del gran comunicador que precisamente destaca tanto en esta competencia que parece que sea un ser perfecto; por otro, la cultura de los *gaps* competenciales, centrada sólo en las áreas de mejora; podría ser un ejemplo la tendencia a mirar sólo los defectos profesionales de los demás o propios.

Aquí, lo que les propongo hoy es el salto hacia el líder que destaca en competencias directivas con un relativo éxito y que al mismo tiempo se desarrolla de un modo integral en el equilibrio del resto de sus competencias. Y sepan que eso es posible. No les digo que el directivo haya de tener todas las competencias perfectas; sólo que debe garantizar unos mínimos. El equilibrio es lo más sano en la empresa, es un concepto ya clásico en la cultura griega y en las culturas orientales.

¡Hoy por fin hablamos de él en la empresa!

Cientos de libros llenan las estanterías de técnicas para mejorar sus competencias de modo independiente y separado. ¡Mejore su comunicación! o ¡trabaje mejor en equipo! o ¡aprenda a delegar! Pero desde nuestro enfoque, de nada sirve si no busca su equilibrio global, la persona es un todo, y como tal actúa en sus decisiones, en interdependencia completa. Éste es por lo tanto un planteamiento holista, global, integrado.

No es fácil dar este paso, pues requiere abandonar lo fácil, lo cotidiano, lo seguro del día a día, para pararse un poco y analizarse, observarse, incluso ponerse uno mismo en duda o cuestionamiento continuo.

Los resultados suelen ser realmente observables e importantes, siempre y cuando haya implicación y sinergias en el proceso. La rentabilidad es indudable: en la toma de decisiones, en el rendimiento y productividad, en la gestión del tiempo, en la satisfacción personal y laboral... Por lo tanto, no es una mera cuestión teórica, sino al contrario, una cuestión realmente práctica y demostrable.

Igual usted se considera una persona de relativo éxito, ¿no es verdad?

Analice su proceso y desarrollo profesional. Nuestra perspectiva en el equilibrio de las competencias es precisamente analizarle a usted, al que tiene éxito.

Y usted se preguntará: pero si ya tengo éxito y demostrable, ¿para qué seguir analizando, para qué analizarme como persona que ha fracasado o que no produce o que no es rentable?

Mi planteamiento es precisamente cómo superar aún mejor el día a día, cómo rendir mejor con menos tiempo laboral, con más pensamiento estratégico, con más tiempo para usted, con menos conflictos profesionales, con menos estrés...

Dígame ahora: ¿le apetece seguir escuchándome?

Me interesa que reflexione sobre sus competencias desde la distancia. Recuerde que a veces nos creemos competentes y eso no es más que una percepción. Por eso, qué mejor que poner en duda primero sus convicciones y repasar aunque sea sutilmente en este viaje introspectivo conmigo sus competencias profesionales y personales.

No dude que la competencia clave que consideramos siempre en nuestros programas de mejora es precisamente el *autoconocimiento*.

Es decir, la capacidad de ser conscientes no sólo de lo que nosotros percibimos de nosotros sino de recibir información abiertamente de lo que piensan los demás. Un ejercicio sano pero complicado, claro.

Seguramente alguna sorpresa se llevaría si considerara qué piensan de verdad los que le rodean. ¿Se lo ha planteado alguna vez?

Permítanme ante todo que diga las cosas tal y como las pienso según mi experiencia, por lo que no dudaré en hablar de miedo, falta de autoestima, áreas de mejora y conceptos similares aunque le puedan provocar rechazo, pero es que tengo sólo cuarenta minutos para convencerles y no podemos andarnos con rodeos.

En las experiencias de asesoramiento tengo a veces sólo diez o doce sesiones con los directivos, a veces incluso seis, por lo que no podemos perder tiempo jugando sólo con las palabras, necesitamos hacer una inmersión en las experiencias. Las incompetencias en general tienen un fondo de miedo a ser juzgado y a juzgarse a uno mismo que para nosotros es vital para poder avanzar.

¿Me permiten un viaje introspectivo?

La sala se fue vaciando, las luces apagando y lo que antes había sido una sala llena de ideas luchando entre sí, se convertía en un sencillo salón vacío y desnudo que esperaba su tiempo para nuevos debates y contertulios. Del fondo emergió una figura masculina con pelo ondulado y rubio. No se le veía claramente pero se acercaba directamente a Pau. Lo primero que vio fue una gran sonrisa y unos ojos marrones grandes. La extraña figura le extendió la mano y le miró a los ojos.

—Espero que te acuerdes de mí –le dijo José

—¡Qué sorpresa! –exclamó Pau–, pero, dime, ¿cómo estás? ¿Cómo no me dijiste que venías a la charla? Nos hubiéramos tomado algo antes. O, si tienes tiempo, podemos salir a una taberna que conozco a unos minutos.

—Por supuesto, vamos si no tienes ahora ningún compromiso –le dijo José al ver que había gente esperando.

—Ni te preocupes, ¡con lo caro que eres de ver! —exclamó Pau—. ¿Qué te ha parecido? La última vez que estuve contigo en varios proyectos no había lanzado aún las teorías del equilibrio competencial.

—Pues inicialmente me ha planteado cuestiones de mi empresa —contestó José.

—Dime en realidad qué te parece, sabes que me importa, pues tú eres de las pocas personas a las que, cuando hablan, no les importa quién tienen delante, siempre fuiste muy franco conmigo.

—Pues si te digo la verdad, me interesé por la charla sin saber que eras tú quien la daba. Después cuando fui a pagar e inscribirme, me di cuenta de que tú eras el ponente, y dije: ahora sí que pago a gusto. Ya sabes que esto de la formación nunca ha sido mi fuerte. De hecho, quiero que sepas que primero he venido por la charla y después a saludar a un amigo.

—Hombre, eso me halaga como profesional, ahora que, como amigo, no mejora nuestra distancia en los últimos años —acabó medio sonriendo Pau.

—Ya sabes cómo va la vida, Pau, el torbellino de la profesión en la que estamos, yo sigo aún en esa espiral y no sé salir. Por lo que veo tú sí que pareces haber salido, te veo más relajado, con mejor cara.

—Bueno, uno nunca cree haber salido, yo siempre estoy en proceso, siempre luchando o conciliando, como se dice ahora, y a veces le gano la batalla y otras veces me supera a mí, pero creo que sí tengo la dirección clara.

—¿Recuerdas esos interminables proyectos en los que estábamos horas, sin importarnos lugar, día…? Ese acabar de madrugada drogados de café, pero felices. Esas largas discusiones, el teórico contra el práctico, tú venga a plantear modelos, venga a abstraer, yo venga a concretar y bajarte a tierra. Yo creo que ésa fue nuestra mejor escuela.

—Sí, es verdad. Mi padre lo llamaba «la mundología». Tener mundo. Me acuerdo de nuestras interminables luchas dialécticas. Ahora incluso las echo de menos. Aunque reconozco que ahora acabo en mucho menos tiempo. Me he convertido en un obseso por la gestión del tiempo. Al menos del tiempo profesional.

—Bueno, de eso creo que tengo que aprender yo algo ahora.

—Sí, es muy común la falta de organización en la gestión del tiempo. Pero cuéntame de ti, ¿cómo van los negocios? Me imagino que seguirás cosechando triunfos. La última vez que nos vimos estabas ampliando delegaciones, y cada vez con más gente, ¿no?

—Pues no me puedo quejar, todo me va realmente bien.

—¿Y la familia? Venga, cuenta, que te tengo que sacar la información a cucharadas…

Entraron en la Taberna Vasca. Pau solía ir a comer, unas veces de picoteo, otras por los pucheros que hacían… La cuestión es que siempre era una delicia ese rincón culinario.

Se sentaron en una mesa y pidieron. Cuando se fue el camarero, Pau miró a José con los ojos bien abiertos como quien espera con ansias. José se sintió algo intimidado, pero sonrió; así era Pau, franco, sincero, y directo.

Objetivos del capítulo

1 Entender el equilibrio competencial como un planteamiento global de análisis del directivo. De todas las competencias de los directivos y mandos intermedios, es importante no tener niveles bajos para no desequilibrar la visión global del profesional.
2 Entender que, por mucho que se destaque en algunas, no es suficiente. Ni que tampoco el centrarse en las carencias competenciales es adecuado. Se debe contemplar siempre conjuntamente pues unas competencias se apoyan en otras.
3 Comprender que ese equilibrio competencial genera una integridad en el profesional que le da mucha mayor productividad y desarrollo.
4 Comprender la importancia del autoconocimiento como elemento clave para la mejora profesional.

Preguntas que el lector debe considerar

1 Imagine que le pasan un cuestionario con diversas competencias donde evalúa el grado en que usted se siente competente: trabajar en equipo, saber delegar, buen comunicador, gestión de su tiempo, desarrollo de personas, negociador... Dígame:

    a. ¿tendría el suficiente autoconocimiento para evaluarse?;

    b. ¿cree que tendría ese equilibrio competencial?;

    c. ¿habría alguna competencia baja que afectara al resto?

2 Piense en sus colegas de la empresa u organización donde trabaja. ¿Considera que tienen el equilibrio competencial? ¿Alguno está más valorado en su empresa porque destaque en una o varias competencias? ¿Y en algún colega ve claramente las incompetencias?

3 ¿Cree que con estas consideraciones puede ver más a los profesionales desde ese todo en el equilibrio competencial?

Concepto clave

El equilibrio competencial y el autoconocimiento son claves para la productividad del directivo.

2. La historia de José

José no quiso ser empresario. De hecho, nunca se lo planteó hasta que las circunstancias de la vida dieron el primer paso por él. Sencillamente vino todo. Y José supo asumir el reto.

Actualmente José se percibe como una persona algo insegura pero muy competente profesionalmente, conocedor del sector y de su profesión e incluso a veces se autodenomina entusiasta. Es un consultor experto que convierte cada caso en una experiencia grandiosa de aprendizaje, y que vuelca toda su ilusión en los proyectos. Es tremendamente realista y toca tierra en todo momento, y eso le hace conectar mucho con los clientes. Sin embargo, no es del todo políticamente correcto y lleva mal el tema de sumisión a la autoridad y eso le llevó a decidir montar su empresa.

Su obsesión por el trabajo le ha hecho ser casi el mejor en el mercado, con una gran especialización y sobre todo abierto a asumir riesgos y a nuevos cambios en conceptos de consultoría. Esta flexibilidad en el concepto del negocio le ha hecho ser uno de los pioneros en la consultoría. Y él lo sabe. Lo dice sobre todo fumando su pipa y deleitándose de su sabor. Tiene esos dobles momentos, que dan la impresión de una persona muy segura pero que en el fondo es su máscara que luce en los negocios. Todo le iba bien, al menos en cuanto a los resultados empresariales.

Pau lo conocía ya de tiempo atrás, pues coincidieron en un máster de postgrado en *marketing*, y conectaron a la primera; le pareció tan entusiasta que le causó muy buena impresión. Tenía ese toque de locura que es tan atractivo. Cambiante, con gran humor y sobre todo muy creativo. Ya en su momento revolucionó la clase con sus ideas y sugerencias. Algunos profesores le miraban algo dubitativos, pues no acababan de entenderle. Sin embargo, Pau compartía esa creatividad, ese intentar lanzar ideas nuevas.

José tenía esa nueva idea en la punta de la lengua, esa frase creativa. Y normalmente ahí estaba Pau para acabarla y darle la punta de ironía. Eran un poco payasos en aquellos tiempos, y eso les unió mucho.

Cada cierto tiempo se llamaban y les gustaba saber del otro, pero como todo en la vida, sobre todo en dos obsesos con el trabajo, las relaciones se distancian aunque se vuelven más intensas. Así transcurrió mucho tiempo.

De hecho, dos años atrás, Pau había coincidido por su trabajo en *coaching* y recursos humanos con ciertos colaboradores de José. Y en su momento se enteró de más cosas de su amigo, sobre todo de cómo dirigía la empresa. La parte emocional de José que siempre había sido desbordante, al parecer también aparecía en la dirección de su empresa. Es normal, las personas son como son, no se puede evitar traspasar la personalidad a la organización o al estilo de dirección. Pero siempre Pau había respetado las distancias entre lo personal y lo profesional. De hecho, a pesar de sus múltiples debates y diferencias sobre cómo llevar una empresa, cómo triunfar, cómo afrontar el futuro…, esto nunca había afectado a la relación de estos dos grandes amigos.

Pau se enteró con el tiempo de que José tenía algunos problemas con su personal; en concreto, alta rotación (normalmente de los mejores, de los más competentes, como sucede en tantas empresas) sobre todo por el mal clima laboral que había en la organización.

José habría sucumbido también a la norma de las empresas, pensar en el personal como coste, no como inversión o desarrollo. Y así iban los índices de productividad, la eficacia y eficiencia, el nivel de profesionalidad… José se había centrado tanto en su negocio desde el punto de vista operativo y organizativo, que se había olvidado de que toda acción y cambio en la organización los llevan personas. El mensaje que se transmitía en el círculo empresarial era que las personas son fácilmente sustituibles y, por lo tanto, nada de que preocuparse. Y esto, como tantas cosas, es una falsa creencia, sobre todo en lo estratégico.

Una vez un colega de la consultoría le había comentado rumores sobre José. Ataques de violencia emocional a sus empleados, violencia no física que deja huellas visibles sino emocional, esa que cala en nuestro cerebro primitivo y donde las huellas no se pueden ver, pero que perduran mucho más y son más difíciles de equilibrar. Entre los consultores esto era normal, no era ni sería el último caso. Pero ya Pau por entonces se quedó más preocupado. Él conocía bien a José, sabía que sólo llegaría a eso en una situación de alta presión. Algo le decía que debía llamarle, interesarse por él. Pero recordó que ya lo había hecho un año atrás por una situación similar y casi les cuesta la relación de amistad. Así que aprendió a respetar a sus amigos en sus propias circunstancias.

La vida y la experiencia enseñan que el tiempo es fundamental para muchas cosas. Un buen amigo de Pau siempre le decía: «El tiempo pone a todos en su lugar».

Y, por desgracia, José era así, persona altamente emocional que muchas veces se desbordaba y la pagaban sus directivos y empleados. En algunas ocasiones llegaba incluso a humillar a su personal. Recordemos que hay muchas formas de humillar, algunas muy sutiles y desgraciadamente muy cotidianas. ¿Cómo decirle a un empresario que un empleado humillado está dañado para siempre? ¿Cómo decirle que jamás te volverá a respetar y que, por lo tanto, en la medida que pueda se irá de la organización?

No hay números pero es matemática psicológica. Este empresario no retiene directivos, aguantan según la paciencia y necesidad personal de cada uno, pero el resultado es siempre igual: al año, a los dos años, a los tres años… se van.

Alguna vez José y Pau comentaron cosas de este estilo pero José le decía a Pau que era muy teórico y que la empresa era otra cosa. Pau comprendía que José no era capaz ni de analizarse a sí mismo, y por lo tanto no valía la pena intentar nada. Se saltaba la primera regla, la del autoconocimiento. En estos casos es mejor esperar a que algo precipite su necesidad de ver qué les pasa; tarde o temprano pasa siempre algo.

En efecto, a los dos años sus problemas emocionales en la empresa se multiplicaron. Le desbordó tanto que referentes suyos incluso le dijeron que buscara asesoría profesional, y en ese momento se cruzó la conferencia de Pau por su vida, como una premonición, y aunque inicialmente no sabía que era Pau, al descubrirlo se alegró. Coincidían de nuevo sus vidas.

—Si te digo la verdad, Pau, he pasado por momentos tensos en el trabajo pero la situación de los últimos meses era en realidad casi extrema. ¿Has tenido alguna vez la sensación de que es mejor casi ni aparecer por tu empresa? Esa sensación de que debes andar con tanto cuidado en lo que dices y haces, que notas que hay que atajar el problema de otro modo.

Sabía que con Pau podría confiar, y esto fue el puente que los unió desde un principio. Su voz entrecortada le hizo saber a Pau que algo pasaba y que se lo iba a decir. En breves segundos Pau comprendió que el desbordamiento emocional de José había afectado no sólo a su vida laboral sino también a la personal. En todo momento, Pau escuchó, observó y comprendió… Su amigo le entregaba su confianza e intimidad.

El proceso fue como una fisura que de repente se rompe, y sale todo lo humano y emocional de una persona. Estuvieron al menos dos horas. Fue un momento importante, el momento donde José tenía claro que su amigo le podría ayudar.

Al ver que Pau se mostraba tan receptivo, habló cada vez más, expresó todo lo que bien pudo y sobre todo descargó toda su tensión emocional.

Pau salía de una conferencia, que normalmente absorbe o remueve mucha energía. Y ahora la poca que le quedaba era removida de nuevo por su buen amigo. Pau lo notaba, pero estaba dispuesto, sabía lo importante que eran esos primeros momentos. La confianza no permite fisuras, y por eso se entregó en cuerpo y alma. Escuchó las palabras, absorbió y disolvió toda la energía negativa, escuchó el cuerpo de José y sus expresiones, y observó las reacciones y exclamaciones.

De vez en cuando le repetía alguna frase o palabra para que se sintiera sinceramente escuchado, o le hacía algún comentario para comprobar si comprendía el alcance de lo que José expresaba. Todo en una sintonía de palabras, emociones y movimientos. Se generó lo que comúnmente se denomina *empatía*, y José se sintió muy a gusto, escuchado y comprendido. Cuando acabó, se hizo un silencio donde se miraron, José tenía los ojos algo brillantes, se había emocionado con sus palabras. Había permitido ver su debilidad, pero lo había hecho con un amigo, sólo así se lo permitía.

—Te agradezco tu sinceridad, José, sabes que puedes confiar en mí.

—Lo sé, Pau, me da la impresión de que nos vemos y estamos años atrás cuando éramos más jóvenes.

—Sí, eso es lo importante, mantener la calidad de la relación.

—Sí, eso es lo que me gusta de nuestra amistad, es resiliente.

—Dime una cosa, José. Sé que ahora estás más calmado y que con la emoción liberada puedes también hacer actuar a tu razón. ¿Quieres que te recomiende un *coach* que es muy bueno de mi empresa?

—¿Por qué lo dices?

—Mi recomendación es que inicies un viaje introspectivo, un viaje hacia dentro de ti para poder resolver muchas de las situaciones que me has comentado. Incluso te diría que siempre es mejor otro profesional que no te conozca, que no haya tenido relación contigo, pues evita interferencias psicológicas a muchos niveles.

—Pau, sabes lo que me cuesta abrirme, sabes que incluso en todo el tiempo que somos amigos, pocas veces hemos llegado a este nivel emocional. Y, sin embargo, yo siempre he tenido la impresión de que podíamos contar el uno con el otro en cualquier situación. Creo que me he decidido a contar contigo si no te importa.

—Está bien, si quieres que sea yo, así será. Sólo te pido una cosa. En este viaje no hay excusas, ni problemas de agenda, ni interferencias, es un viaje de alta implicación tuya y mía. Yo estoy dispuesto; espero que tengas claro lo que significa esto.

—¿A qué te refieres?

—Significa entrar en ti, analizarte, afrontar cosas que nunca te has planteado o que, incluso, nunca has querido. Significa sufrir a corto plazo, tambalearte, inestabilizarte lo suficiente como para lograr avanzar en tu desarrollo profesional y personal. Necesito que tengas muy claro lo que todo esto implica, por eso te lo repito.

José quedó pensativo, sabía que nunca había dado ese paso adelante, que era inevitable, pero no sabía si podría comprometerse de tal modo con Pau. Al final, le miró, sonrió y asintió.

—Comencemos. Dime cómo funciona todo esto. Tienes prioridad nivel uno en mi vida.

Pau le dijo que no se preocupara y que en su primera cita podían quedar en un parque de la ciudad muy tranquilo y muy estimulante sensitivamente. José mostró su extrañeza de quedar en el parque pero dijo que allí estaría.

Pau no le dijo nada más.

Solía buscar espacios que generan confianza y sobre todo que son estimulantes para la reflexión.

En otros casos incluso había quedado en la playa o en un parque natural, pues al fin y al cabo lo que importaba era sacar al directivo de su contexto organizativo lo suficiente como para llegar más fácilmente a la persona, y para eso hay que quitar muchas máscaras y protecciones.

El proceso de mejora de competencias individuales que iba a trabajar con él le mostraría tal y como desde fuera se le ve, algo aparentemente obvio desde el ojo externo pero muchas veces difícil de ver desde la propia situación. Es el proceso del espejo mismo. Reflejos de diferentes personas que te ven diariamente y que conforman tu realidad contextual. Depende de nosotros ver o no esos reflejos, y depende de nosotros el permitir que dichos reflejos formen parte de nuestro crecimiento.

Objetivos del capítulo

1 Valorar la importancia de la comunicación en los procesos de mejora profesional. Sobre todo un énfasis en la comunicación no verbal.
2 Comprender la importancia de la confianza como paso previo a todo proceso de asesoramiento. La confianza requiere tiempo y espacio para generarse.
3 Establecer las pautas que generan una relación profesional para cubrir expectativas y garantizar la profesionalidad del proceso.

Preguntas que el lector debe considerar

1 Intente recordar conversaciones con colegas de su trabajo donde se haya dado el nivel de comunicación que se ha planteado en la lectura. Si se han dado, indica que usted cuida la comunicación. Si no se han dado, dígame: ¿qué puede hacer para mejorar la comunicación en su empresa?
2 Evalúe el grado en que sus empleados y colegas confían en usted. ¿Les dedica tiempo y atención?
3 ¿Alguna vez se ha planteado solicitar asesoría profesional para su mejora competencial?
4 ¿Considera que este tipo de procesos demuestran debilidad en la empresa? Si es así, revise este concepto con otros colegas, y

plantéese si la debilidad es hacer el viaje de la introspección o sencillamente no planteárselo.

Concepto clave

El viaje del talento parte de un alto compromiso personal con la mejora y autoconocimiento.

3. El agua que fluye

Pau iba pensando durante el camino a su cita con José cómo empezar, pues conocía con una relativa profundidad el caso y eso le daba mucha ventaja en el proceso de mejora. Además, contaba con su necesidad de cambio, había dado él el primer paso, y eso era fundamental; algunos autores lo llaman «darse cuenta»; sin este punto seguramente no hubiera podido hacer nada. Aparte, contaba con apoyos y con personas de su entorno que le ayudarían en ese proceso de reflexión y desarrollo personal.

Pau no utilizaba ningún instrumento previo de intervención, sencillamente intentaba escuchar mucho y dejar que su experiencia canalizara los primeros pasos para hacer que el directivo se viera a través de él. Intentaba hacer lo que se llama «el espejo», ver lo que José no se ve a través de él. Esto suele ser suficientemente provocativo como para que el empresario tenga una referencia externa y compare con su propia percepción, y aquí comienza el camino…

Pau estaba mirando la fuente del jardín de Monforte viendo el fluir del agua y su sonido rítmico cuando vio de lejos a José. Nunca había visto a José tan demacrado y, sin embargo, conforme éste se acercaba, aún le vio forzar una sonrisa.

—¿Cómo vas, José?
—¿Quieres la verdad o la máscara?
—De ti depende lo que quieras darme.

—Pues no sé, vengo algo tenso.

—No te preocupes. ¿Te has fijado en este lugar tan energético?

—Sí, aunque reconozco que me sigue causando algo de extrañeza.

—Ya verás como todo tiene su sentido –le contestó Pau.

—¿Sabes? –dijo José ensimismado–, nunca quise escucharte, y aun ahora tengo mis dudas, pero sé que necesito hacer algo, necesito tu ayuda.

—Eso es ya un gran paso, valóralo.

—Sabes que me costó mucho montar mi empresa, muchas noches sin dormir, mal humor en casa y en el trabajo. Al menos antes, cuando iba con deudas por todos lados, atribuía mi miedo a la situación concreta que pasaba, pero ahora tengo dinero de sobra, mi situación es muy estable y, pase lo que pase, mi familia y yo estamos más que cubiertos. Sin embargo, sigo funcionando con la misma presión que al comienzo, no he podido relajarme nunca, y sobre todo no he podido quitarme el miedo.

—¿Miedo? –repitió Pau.

—Miedo al riesgo, miedo a fracasar, miedo a que me evalúen los demás y no ser lo que esperan.

—¿No crees que es normal, cuando alguien se abre con la confianza que tú lo has hecho, que te salgan dudas?

—Sí, supongo, pero me veo aquí y me siento algo desconcertado. Es como si hubiera fracasado.

Cuando dijo la palabra *fracasar* a Pau le pareció interesante repetírsela para que profundizara un poco más en ella. «*Fracasar* dices... Qué pasaría si fracasaras, ¿dónde te dolería?, ¿dónde lo sientes?...» Pau le hizo entrar en su fracaso y tomar contacto con él. José notó lo doloroso que era. Miró fijamente a Pau, frunció el ceño, medio intentó sonreír, sabía que le había tocado sólo con repetir la palabra *fracaso*. Se tomó tiempo, respiró, miró el jazmín tan enorme y precioso a su derecha, como si intentara encontrar respuestas en sus pétalos blancos, aspiró... y se abrió una puerta más en su interior.

—Fracasar, sí, es mi historia. Tengo miedo a que me vean como fracasado, dudo de mí, de mis aptitudes como empresario y profesional.

—¿No crees que la duda es buena?

—No sé, a veces pienso que esto es como una gran farsa y todos nos tapamos con nuestro lenguaje y nuestros trajes impidiendo que vean en realidad qué hay dentro.

—Si es lo que llaman el juego del teatro de la empresa.

—Pues en ese juego, yo intento que los demás no piensen para que no me juzguen, digamos que les dejo las normas claras, desde el comienzo, de quién manda. Es verdad que les meto presión pero es la única manera de que trabajen al ritmo que quiero. A veces pienso que tengo miedo de verme por dentro, no creo que me gustara. Y por eso comienzo casi a temerte a ti también, pues creo me conoces más de lo que me gustaría.

—¿Tienes miedo de confiar en mí?

—Quizás sí, tengo miedo de que alguien vea cómo soy.

—O cómo crees que eres, ¿no?

—Bueno, ya estamos con el juego de palabras.

—Las palabras son importantes. Me da la impresión de que eres más transparente de lo que te crees.

—Ya, sabes que sí confío en ti. Pero seguro que esta noche me preguntaré cómo he podido decirte todo esto.

Daba la impresión de que se temiera a sí mismo, y se lo comentó. José le miró de nuevo y dijo que sabía que en determinados momentos no lograba controlarse, y eso le había llevado en realidad a plantearse cómo mejorar sus competencias.

Pau le escuchó durante una hora más, a veces un discurso perdido, otras veces más centrado; no pretendía en esa primera reunión trabajar más de lo que surgiera para mejorar la confianza mutua.

Aunque salieron muchas cosas que Pau, controlándose, prefirió no comentar, le dio mucho material inicial para planificar las sesiones. Con ese simple paseo le dejó claro por dónde trabajar. Pau pensó que podía distinguir diferentes niveles, niveles de mayor profundidad que afectan a su miedo al fracaso y su inseguridad personal, y niveles de menos profundidad que hablan de reacciones emocionales extremas, cambio emocional frecuente y la necesidad constante de ocultarse a sí mismo con esa máscara de hombre férreo, duro y firme. Algo muy típico en las empresas.

—Gracias Pau… sencillamente por estar aquí.

—Gracias a ti, José, por mostrarme todo el valor que tienes, sobre todo en estos primeros momentos de dudas.

—¿Y ahora?

—¿Te parece que nos veamos en un par de días y te digo cómo planificaremos las sesiones? Ya te llamo.

José miró a Pau, y sonrió pensando que se había adelantado a su necesidad de planificar y ver cómo iba a seguir todo esto. Miró un momento al suelo, respiró profundamente y dijo:

—No pongo en duda tu profesionalidad pero reconozco que este método es algo extraño, no conozco a nadie que haya trabajado en un parque, me imaginaba que esto del desarrollo directivo se hacía en un despacho y, sin embargo, me has traído a cielo abierto, espero que sepas lo que haces.

Pau notó sus dudas, de nuevo se veía el sistema de pensamiento de José a través de sus comentarios, presionaba a sus empleados intentando atacarles su propia fe en sí mismos, así tenía control sobre ellos. Sabía que no sería nada fácil trabajar con él.

Aunque reflexionando llegó a la conclusión de que no era fácil trabajar con nadie, pues al final siempre hay áreas o incompetencias propias que siempre se alteran cuando se trabaja en liderazgo.

Pau sabía que seguramente tendría que afianzar su propia seguridad en sí mismo, pues este cliente iba a tener resistencias claras al proceso. Necesitaba hacerle saber que era un viaje compartido, que no eran rivales, que no tenía por qué presionar, pero de eso se tendría que dar cuenta él.

—Sencillamente confía en mí, José, no te puedo decir más.

—Sí, supongo.

—¿Sabes qué competencia trabajaremos la primera?

—No.

—Pues precisamente ésta, la confianza en los demás. De ésta dependen muchas otras, como las fichas de un dominó que al caer una caen otras.

—¿Y cómo lo haremos?

—Piensa en el grado que confías en los demás y escribe un diario de situaciones que impliquen alta o baja confianza. Quizás analizar y reflexionar sobre esta primera reunión que has tenido conmigo podría ser tu primer paso. Sobre todo, lo que tenga que ver con tus sentimientos y pensamientos.

—¿Pensamientos y sentimientos? –dijo José.

—Sí, anímate a escribir.

José se fue lentamente por el sendero del final del parque. Su caminar era más rápido, daba la impresión de que había cargado energía en el paseo. Por el contrario, Pau sentado frente a la fuente miraba el agua como si ésta le fuera a dar la solución o guía de cómo continuar en el proceso.

La reflexión era necesaria; normalmente en estos procesos el desgaste emocional es alto. Por eso buscaba espacios abiertos donde seguir inspirado. Repasó su esquema mental de trabajo. Autoconocimiento. Ese primer paso tan relacionado con el miedo al fracaso, a lo que los demás piensen de uno.

Hoy hizo contacto emocional con eso. Su primera coraza: la falta de confianza en sí mismo y su desconfianza hacia los demás. Se debe avanzar en esas corazas que son como filtros en la vida. Qué mejor para protegerse uno que desconfiar. Si se logra al menos tambalear esta primera coraza, las cosas pueden fluir mejor. Pau se daba cuenta de que no había tanta diferencia en muchos procesos de liderazgo aunque en el fondo cada caso era diferente. Esta primera competencia del autoconocimiento es la cara y cruz de la confianza en uno mismo y en los demás. Y requiere mucha reflexión, y pensamiento, y vivencias…

Objetivos del capítulo

1 Valorar el grado en que los demás nos necesitan o no para su desarrollo directivo. Se ve claramente quien humildemente pide ayuda y quien se esconde en sus corazas.
2 Analizar la importancia de confiar en el equipo y en los demás. Eso implica no temer y sobre todo es un indicador clave de la autoconfianza.
3 Analizar el grado en que tomamos conciencia de los comportamientos diarios desde el punto de vista emocional y cognitivo.

Preguntas que el lector debe considerar

1 ¿En cuántos colegas de su entorno más cercano confía?
2 Y dígame, ¿hasta qué punto esa confianza es fruto también de su miedo o recelo con los demás?
3 ¿Ha pensado en la importancia de la confianza para la mejora del desarrollo profesional?
4 ¿Podría plantearse hacer un diario como José de los sentimientos que tiene o percibe en la empresa y así tener más conciencia de ellos?

Concepto clave

La autoconfianza es la clave para confiar en los demás.

4. El volcán que se mira

Se vieron dos días después. Esta vez Pau había escogido la playa, pues siempre le había apasionado el mar y lo que era capaz de transmitir. A Pau le estimulaba mucho el trabajo en liderazgo y *coaching*.

José le trajo diez páginas escritas a ordenador. Esperaba que Pau las leyera rápidamente para ponerle una nota. Seguramente necesitaba su aprobación.

Para Pau esto le indicaba la importancia y compromiso que José daba al proceso pero al mismo tiempo intentaba no entrar en ese juego infantil de evaluaciones. Por eso, las miró por encima como si le interesara y las guardó rápidamente. José se quedó algo extrañado y decepcionado. Sin embargo, para Pau el ejercicio era suficientemente bueno sencillamente con que se lo hubiera planteado.

No le importaba tanto lo escrito aunque, por supuesto, lo valoraría. Esto era una carrera de fondo, y de momento había comenzado. Pau esperaba que con el tiempo José se diera cuenta del valor que tenía escribir su propia historia. Él no podía ni debía cambiarle, sencillamente era un instrumento o agente facilitador del cambio. Pero este aspecto no es fácil al principio de la relación con el directivo.

La gente le viene con la idea de una receta, un plan de acción rápido, un programa exitoso en tres días, y cuando se dan cuenta de que no es así, hay como una pequeña crisis, necesaria porque supone un darse cuenta, pero una crisis al fin que se debe controlar para no perder el trabajo hecho.

Continuaron hablando durante unos minutos paseando por la playa sobre cómo estaba José. Las olas clamaban su atención pero ninguno de los dos miraba. Sus pasos al unísono, parecían un baile de sincronización. ¡Cuánta gente necesita un despacho para después ni siquiera conectar con el proceso o la persona!

El movimiento genera una posibilidad muy atractiva de sincronización a muchos niveles y Pau lo estaba utilizando. Del contenido que José había escrito en reflexión de sus comportamientos, a Pau le había llamado mucho la atención cómo se relacionaba con sus empleados. Es verdad que la falta de confianza en sí mismo le había llevado a situaciones algo extrañas pero, como era quien tenía el poder, sencillamente, nunca se las había planteado.

Era su talante, su carácter, su personalidad al fin y al cabo lo que había levantado la gran empresa que tenía hoy en día. Por eso no comprendía por qué le daban esos ataques emocionales.

Pau sonrió por su capacidad de análisis, y le pidió que le narrara la última situación en la empresa en la que se había sentido fuera de sí o desbordado por los hechos. José pensó un buen rato. Pau se imaginó que José estaba pensando cuál contar de todas las existentes. Seguro que no escogería la más dolorosa pero al menos se acercaría a su situación personal.

Le contó que una mañana de un lunes, tenían que entregar un informe de conclusiones a un cliente muy importante. De hecho, si todo iba bien, podría captar mucho negocio para el año que viene. Había puesto mucho interés personal en ese proyecto, e incluso había implicado a sus principales directivos. Durante un periodo de casi tres meses estuvo quejándose con sus empleados y directivos de que le tocaba hacer todo a él. Y que no sabía por qué les estaba pagando los sueldos que se llevaban ni los incentivos, pues al final le tocaba hacer todo a él. Nadie normalmente le contestaba, sencillamente callaban y seguían su trabajo y él se iba cargando poco a poco. Cada vez más el proyecto descansaba en sus espaldas, por lo tanto, era lo que quería, tener control extremo de la situación. Pero al mismo tiempo, tenía dudas de si algo podía fallar y por eso cada dos o tres días, soltaba unos berridos impresionantes a sus empleados para que pensaran también en el proyecto.

Hasta que se dio cuenta de que necesitaba más ayuda de la que estaba recibiendo, pues a pesar de trabajar todo el día e incluso dejar de comer varias semanas con la familia, no llegaba a cubrir todo el informe. Eso le hizo sentirse solo, no podía confiar en el personal pues no le ayudaba, y al mismo tiempo se notaba cada vez más tenso e irascible. Su carácter volátil se acentuaba conforme pasaban los días, hasta que una semana antes de presentar el informe tuvo un arranque de ira y convocó una reunión urgente con todo su personal de la consultora principal. Los encerró en la sala de reuniones durante dos horas en las que habló y habló, gritó y gritó, y cada vez que daba una palmada se hundía más en su crisis. Le vino una agresividad cada vez mayor, y entonces se dio cuenta de que debía parar por un momento aquella farsa.

Sus directivos no sabían qué hacer, cada uno a su manera estaba acostumbrado a manejarse en esas situaciones difíciles, pero siempre era muy complicado. Nunca antes lo habían visto como aquel día. Y todos se dieron cuenta de que algo pasaba. Les mandó trabajar hasta la saciedad, les dijo que ni comieran ni respiraran hasta que el proyecto estuviera preparado; si querían demostrarle su fidelidad y compromiso a la empresa, éste era el momento. Y sobre todo, que estaría encima de ellos viendo quién se implicaba y quién no.

Conforme salía de la reunión, fue notando un vacío cada vez más grande, se encerró en su despacho y no habló con nadie en todo el día. No cogió llamadas ni pidió nada. Sencillamente estaba sin estar.

Eso le pasó hacía seis meses. Le dijo a Pau que estuvo a punto en aquel momento de llamarle. Sabía que él le había dejado caer alguna vez comentarios sobre la importancia del *coaching* directivo para el desarrollo de la organización.

—Pero dime, José, ¿qué pasó en esas horas en que estuviste encerrado en el despacho?

—Tuve pensamientos contradictorios –dijo tras una leve pausa–. Por un lado, pensaba que el personal no se implicaba para nada, que sólo querían cobrar sin tomar decisiones, sin mojarse en su trabajo. Pero, por otro lado, sabía que tampoco era muy normal mi comportamiento, sabía que me había excedido pero no sabía cómo evitar llegar a esas situaciones.

—Y ¿por qué fue tan importante para ti convocar esa reunión?

—Pues…

—¿No crees que fue una demostración de fuerza y poder?

—No sé, de hecho no es la primera que hago. Yo las hago con la pretensión de que todos participen. Pero no me había planteado eso de la demostración de poder.

Seguramente José lo hacía con toda la buena voluntad del mundo, pero en realidad esas reuniones no servían para nada más que para afianzar su creencia de que la gente le veneraba, era una demostración pública de su poder. Pero era falsa en esencia; en cada reunión, el poder se perdía más; cada reunión era como una grieta más en la confianza con sus empleados.

José no se daba cuenta de que una de sus incompetencias personales le estaba agrietando los pilares de la organización. Él necesitaba sentirse más seguro, pero era a costa de dañar a los demás. Perdió la confianza y perdió a muchos de sus directivos en el camino. A pesar de que era una persona con la que se podía hablar, jovial, lleno de ilusión, alegre, original y divertido, con sólo una reunión de ésas se encargaba de dañar lo suficiente como para que nadie lo olvidara.

La organización es un histórico de cicatrices, y el consultor a veces es como un historiador que pretende analizar el pasado y el presente para que esas cicatrices se curen y no vuelvan a aparecer. La organización no olvida, tan sólo puede perdonar. Pero hay cicatrices que son profundas y que no cierran. José era especialista en provocar dichas cicatrices. Nadie podía ponerle en duda, era como insultarle o llamarle ignorante, nadie podía modificar algún proyecto técnico elaborado por él, se lo tomaba tan personal que al final se había quedado trabajando solo. Y encima, él pedía participación.

José se quedó algo pensativo; se dio cuenta de que algo no iba bien. Rápidamente reaccionó comentando:

—Me imagino que para ti igual es difícil comprender por qué no confío en los demás pero deberías estar las dieciséis horas que estoy en la empresa; seguro que al final me darías la razón.

Pau comprendía lo que decía; seguramente no debía entrar en ese razonamiento, debería intentar sacarle de ese contexto organizativo para testar precisamente la competencia de la confianza en los demás, y por lo tanto en sí mismo.

—Dime, José: si no confías en los demás, ¿cómo lo haces hacia mí? Al fin y al cabo ya habías desconfiado de mí en los últimos años.

—Pues no sé, eso de ser un profesor de universidad creo que te da cierta credibilidad.

Pau suponía que era un tema jerárquico como en muchos casos. Si estás al mismo nivel o a nivel superior, la confianza se da casi por hecho. Pero con niveles inferiores parece que tal concepto no entra en juego. Por lo tanto, Pau necesitaba ponerle a prueba con alguien diferente. Le dijo que en la próxima sesión le pasaría unas pruebas. Y que tendría que ir al laboratorio que tenía en la universidad donde se pasan las pruebas de lápiz y papel, así como pruebas experimentales. Que le atendería un colega suyo y que por favor lo considerara como a él mismo.

José se mostró diligente anotando en su PDA la cita. Abrazó a su amigo y se fue.

Pau aprovechó para quedarse mirando al mar y sentar conceptos. Había trabajado algo más a fondo la confianza en sí mismo de José. Es imposible tener conciencia de ti mismo y analizarte si no tienes confianza en ti mismo. Era un primer escalón que había analizado en la primera sesión y que incluso en la playa habían acosado al contemplar las emociones y conductas que implicaba. Estaban como rodeándolo poco a poco desde diferentes vertientes, la cognitiva primero, la emocional y comportamental después.

Pero necesitaba algo que incluso Pau había aprendido con mucha constancia en su vida, a ser consciente en el mismo momento de las diferentes reacciones. Reaccionar emocionalmente y autoobservarse, ser conscientes en ese mismo momento, contemplarse casi desde fuera para quedarse uno mismo sorprendido.

Objetivos del capítulo

1 Comprender el papel de las emociones en nuestra toma de decisiones.
2 Comprender la influencia de nuestras emociones en los demás.
3 Comprender las situaciones o incidentes críticos que ocurren en la organización con el fin de poder verlos desde una perspectiva más profunda y menos subjetiva.

Preguntas que el lector debe considerar

1 ¿Ha sentido alguna vez esa fuerza emocional incontrolable?
2 ¿Se ha planteado analizar con más profundidad qué hay detrás de situaciones como la demostración de poder de José cuando reunía a su equipo?
3 ¿Podría analizar situaciones o incidentes críticos en su organización e intentar verlos ahora desde otro punto de vista?
4 ¿Puede analizar las situaciones emocionales que se dan diariamente en su empresa y las implicaciones?

Concepto clave

La empresa está llena de vivencias emocionales asumirlas o no depende del éxito del directivo/empresario.

5. El contacto

La siguiente sesión fue en la universidad donde el colega de Pau tenía preparado todo un juego de pruebas relacionadas con las competencias: personalidad, pensamiento abstracto, autocontrol, delegación, actitud hacia el cambio y autoevaluación, e inteligencia emocional, entre otras. Algunas son pruebas estándar que se utilizan en los *assesment center*[1] o centros de evaluación de las consultoras de recursos humanos. Otras son preparadas exclusivamente para evaluar competencias específicas tanto en situación individual como grupal.

De hecho, José participó en un experimento de media hora donde se analizó su capacidad de trabajo en equipo, coordinación, liderazgo y confianza. El experimento se realizó en un laboratorio experimental, donde existían más de sesenta puestos de trabajo con ordenador, y donde treinta y cinco estudiantes más participaron. José sencillamente era uno más, que tuvo que coordinarse con un grupo que no sabía quiénes eran, ni sus intereses, todo eran tomas de decisiones a través de terminales individuales. El grupo quedó casi en el último lugar, y los marcadores indicaron que tenía bajos niveles de participación, sabía delegar pero no daba el paso, y tenía un elevado liderazgo pero, al no confiar, sucumbía en seguida.

---

1. Los *assessment center* o centros de evaluación se caracterizan por planificar muchas pruebas a los directivos de modo intenso, bien para un proceso de selección, para la promoción o simplemente para la mejora profesional.

Cuando salió del experimento, el colega de Pau le dijo que le iba a pasar más pruebas en una sala pero éstas ya individuales. José lo miró un poco de soslayo. Pero cuando le dijo que le iba a hacer una entrevista después de una hora de pruebas, no pudo aguantar.

—Pero ¿quién te has creído que eres? A mi sólo me entrevista Pau. Yo no pierdo el tiempo con asistentes de mi amigo.

José lo incluyó en la misma categoría de sus empleados. Pero con la diferencia de que el colega de Pau no era ningún ayudante: era un profesor de universidad que sencillamente omitió ese detalle por instrucción de Pau. La categoría, por lo tanto, fue fundamental en este pseudoexperimento. Esto contestaba a la pregunta que se realizaba Pau sobre si José era tan susceptible de evaluar a los demás en función de las percepciones relacionadas con el nivel jerárquico. En efecto, por muy increíble que parezca, sí se cometen ese tipo de errores. Y más aún en el mundo organizativo. Las máscaras a veces funcionan.

Las conclusiones de la sesión de evaluación indicaban una persona de gran creatividad, con gran capacidad organizativa pero con valores más bajos en delegación y confianza. Al mismo tiempo tenía un nivel medio alto en inestabilidad emocional que junto con las anteriores carencias conformaba un perfil tipo de directivo/empresario con necesidad de control.

Cuando acabó el proceso, apareció Pau en escena, recogió el informe de la mesa y se quedó mirando a José fijamente.

—Me ha dicho mi colega que le has tratado como si fuera mi ayudante. No creo haberte dicho eso en ningún momento. Es profesor como yo y colega y amigo. Séneca decía: «trata a tu inferior como quieres ser tratado por tu superior».

—Ya podías haberme dicho que era colega tuyo y no un simple ayudante. Seguramente se habrá llevado una pésima imagen mía. Bueno, lo podemos añadir a la lista de admiradores que tengo.

Pero, bueno, centrémonos. Llevo ya una hora y media de pruebas, ¿qué vamos a hacer hoy?, ¿cómo podemos seguir atacando el tema del miedo al fracaso?

Su interés por controlar seguía desbordando las sesiones. Sencillamente en esa sesión Pau le dejó un poco libre, quería ver de qué habían servido las primeras y cómo las había integrado.

—Veo que hoy no me marcas pautas; pues he de decirte que para algo te pago –dijo sonriendo–. Bueno, me imagino que esperas que te diga cosas, no soy tonto. Pues nada, aquí voy. ¿Me tumbo en el diván o me vas a dejar aquí sentado?

Su ironía creciente indicaba que se acercaba cada vez más a su zona protegida, y eso siempre era bueno.

—A ver, llevamos tres sesiones, bueno, dos y una de evaluación que espero que me digas lo que ha salido. De las dos primeras podría decirte que me he descargado mucho, sobre todo creo que me he normalizado, estaba realmente preocupado. Me has ayudado a ver cuál es fundamentalmente el problema, algo que yo ya intuía, pero creo que nunca lo había tenido ahí enfrente.

—Ése es mi trabajo, hacer de espejo.

—Si alguien en mi empresa me lo hubiera dicho, lo hubiera despedido de inmediato por atrevido, y resulta que ahora te pago por decírmelo tú. Siguen siendo paradojas de la vida.

—Veo que no pierdes la ironía.

—Sí, claro. Yo creo, en realidad, que todos sabemos más o menos lo que no va bien del todo, ya sabes, nuestro DAFO[2] personal donde analizamos nuestros puntos débiles y fuertes, pero creo que nos hemos acostumbrado en la empresa a esconder los defectos y a fortalecer las virtudes.

---

2. DAFO proviene de la dirección estratégica y se ha aplicado en temas de *coaching* a escala personal. Supone analizar las debilidades y fortalezas personales, y las amenazas y oportunidades del entorno.

—Pero eso ya depende de cada empresa, ¿no?

—Sí, claro. Pero veo que no me centro, he puesto el tema de afrontar el miedo al fracaso sobre el tapete. Y hemos visto como incluso eso trae cosas de fondo, como mi inseguridad. Pero ¿quién no es inseguro? Todos nos comportamos con una seguridad como si fuéramos los mejores del mundo y en realidad andamos sobre suelos muy resbaladizos, pero la empresa te obliga a mantener el tipo, es para fuertes, no puedes ir con este tipo de planteamientos, te comen enseguida, ¿entiendes?

—Bueno, eso sigue siendo una manera de ver la empresa.

—Sé que tú conoces bien la empresa pero no acabo de tener claro que todo esto me beneficie en mi organización; creo que, si me hace más débil, perderé carácter y con ello liderazgo, y entonces perderé mercado pues no llevaré las riendas de la empresa.

Pau sonrió levemente y dijo:

—Fíjate qué asociación has hecho: si te comportas como un tipo duro, vamos, un ejecutivo de los seguros, con fuerza y carácter, de la mano viene el éxito de la organización. Además lo has conectado al liderazgo.

—Sí, claro, para mí eso es el día a día de la empresa.

—En el fondo es importante que revisemos las capas de creencias que en realidad sustentan ese trasfondo del miedo a fracasar. No hay que fracasar porque entonces eres un tipo débil.

—Sí.

—No hay que fracasar porque entonces los demás te comen.

—Sí.

—No hay que fracasar porque entonces dejas de ser líder.

—Sí –repitió de nuevo José.

—No hay que fracasar porque entonces pierdes el éxito de tu empresa. Pero no sé si es mejor decir «no hay que fracasar» o «hay que aprender de los fracasos».

—Pues mejor si no cometes el error, ¿no?

—Déjame decirlo de otra manera. Fracasemos, no importa, pero, eso sí, sólo una vez. ¿Ves como lo planteo yo? Te permito el fracaso pero te exijo que aprendas de él. Además, los demás tienen derecho a fracasar pero también debes exigirles que aprendan de sus fracasos.

—A ver qué es eso del «derecho a fracasar», que no lo veo claro.

—¿Acaso no se sigue la figura del líder? Pues si tú escondes el fracaso, estás generando una cultura de ocultamiento de los fracasos, con lo que la empresa no aprende, al contrario, esconde errores, pero estos se siguen cometiendo y, lo que es peor, crecen con el tiempo.

—Sí, eso parece lógico.

—Si fracasas como líder y aprendes, te pones de ejemplo ante los demás, pero aparte en el aprendizaje pones los recursos para que no vuelva a ocurrir. Precisamente esa acción correctora se puede multiplicar por el número de empleados que tengas. Imagina las posibilidades de mejora diarias que estás perdiendo por esa costumbre de ocultar los fracasos.

—Bueno, así visto hasta lo veo rentable.

—Y dime: ¿pierdes liderazgo?

—Pues igual algo porque permites que te vean fracasar.

—No, al contrario, lo ganas, pues acostumbras a la gente a ver los problemas de cara y les ayudas poniendo recursos a solucionarlos. Es más, tus defectos como líder los puedes complementar con tu equipo, de modo que la organización permita sinergias entre todos. Nadie es perfecto. De hecho, el equilibrio competencial que comentamos se debe aplicar tanto a escala individual como a escala organizativa. La organización debe buscar también su equilibrio.

—Ya voy viendo por dónde vas. Puedo compensar mis deficiencias con otra gente del equipo que destaque en aquellas competencias que no son mi fuerte.

—En efecto, hay mejoras que no son fáciles ni con *coaching* ni con cien vidas que tuviéramos. Yo tengo errores como tú, y algunos me cuestan más que otros. Pero el verlos me permite saber cómo adaptarme a las diferentes situaciones, cuándo pedir ayuda, saber adónde llego y adónde no. ¿Comprendes? Estamos en el siglo XXI el líder no puede serlo ya sólo formalmente, debe tener las competencias de líder también.

Se generó un silencio y asintió José.

—Me parece congruente pero un poco idealista, ¿no? ¿Tú crees que esto se hace en alguna empresa?

—No nos debería importar este punto; tú eres el máximo responsable de tu empresa.

—Sí, y qué quieres decir: ¿que lo haga yo cuando nadie lo hace?

—Sí, por qué no comienzas por implantarlo tú; tú eres empresario, tienes responsabilidad, poder y sobre todo quieres cambiar las cosas. ¿No te parecen congruentes mis argumentos?

—Sí parecen lógicos.

—¿No crees que las personas que trabajan contigo, más que meros empleados, son individuos con ganas de hacer las cosas bien, de hacer su día a día alegre y con ganas de implicarse si se le da opción?

—Bueno, ahí igual no lo tengo tan claro.

—Te llevarías muchas sorpresas si quisieras llevarlo a cabo. Pero, eso sí, los cambios poco a poco, las personas no damos cambios bruscos, no somos un volante, quizás somos más un timón de barco, donde giramos pero siempre hay una inercia que vencer.

—Pero yo no tengo carácter para hacer todo eso que dices. Tú eres el profe, no yo. No me imagino a mis empleados desde esta perspectiva.

—Tú lo has dicho, no te lo imaginas tú… No hables por boca de ellos.

—Ya, ya lo sé, debería comenzar a visualizarlo como tú dices. Pero me cuesta, loro viejo no aprende.

—Bueno yo conozco muchos profesionales que aun después de jubilarse aprenden idiomas o nuevos conocimientos. Será tu loro el que no aprende.

—Bueno, prometo reflexionar sobre esto que me propones, me parece que al menos hoy hemos tocado más tierra y eso me gusta, a veces me pierdo en esos mundos abstractos de los cuales uno sabe que están pero no está acostumbrado a manejarse con facilidad.

—Esos mundos abstractos de los que hablas son esenciales para planificar, para saber adónde va uno en su vida y en su trabajo. Dime, ¿qué te llevas de esta sesión?

—Mira, me llevo la reflexión sobre qué es un buen líder y su relación con el fracaso. Aparte veré cómo esto se podría implantar en mi empresa. Te traeré ideas, pues yo necesito escribir y planificar. No prometo nada pero la próxima sesión te traigo cosas. Y ahora me vas a decir los resultados de mi informe… Doctor ¿estoy muy enfermo? —dijo ironizando para cerrar.

Salió con una gran sonrisa, y Pau se quedó en su despacho analizando más en profundidad el informe de esa sesión. Sabía que era fundamental tener datos tipo *assesment center* para poder ayudar a José. Pero, sobre todo, hoy José había dado un gran paso. Había tomado contacto con su realidad, se había defendido, había luchado, estaba realmente implicado. Pau notó que en esa sesión había recogido los frutos de las anteriores. Eso a veces era extraño, pero José era un luchador, tenía mucha fuerza y compromiso. Habían pasado de conceptualizar y analizar la autoevaluación, el miedo al fracaso y la falta de confianza en sí mismo, a contemplar los efectos emocionales y comportamentales. Y ahora incluso había tenido la capacidad de vencerse a sí mismo; ya lo decía Calderón de la Barca, «la mayor victoria, vencerse a sí mismo». Y en eso andaba José. Ahora entraban realmente en el trabajo interno. Ahora podrían trabajar con la profundidad que se requería. Tenían autoconciencia, motivación y compromiso para hacerlo. Habían avanzado bastante, la primera fase estaba cubierta. ¿Qué hacer ahora? Sencillamente trabajar pero esta vez con herramientas; esta segunda fase que venía era la del carpintero que tiene el material, las herramientas, el diseño, las ganas, la fuerza y el conocimiento para hacer su obra. Ahora tocaba trabajar…

Objetivos del capítulo

1 Comprender cómo actuamos de modo diferente según nuestra percepción previa de la persona, bien por orden jerárquico, bien por cualquier otra variable como edad, sexo, profesión, etc.

2 Analizar la importancia de tener información profesional y objetiva de cómo nos ven los demás en nuestra organización y de cómo somos con métodos diferentes para garantizar la fiabilidad y validez en la mejora profesional.

3 Valorar el tiempo en los cambios organizativos que afectan a las personas. No son meros cambios documentales o estratégicos de un informe empresarial. Requieren comunicación, comprensión, seguimiento y evaluación.

4 Situar como elemento importante de análisis en las empresas la gestión de los fracasos y el aprendizaje organizativo.

Preguntas que el lector debe considerar

1 ¿Le han evaluado alguna vez sus compañeros? ¿Le han dado información o *feedback* de su desempeño en el trabajo?

2 ¿Ha notado cómo le tratan las personas de modo diferente en función de los contextos? ¿Considera que usted también lo hace? ¿Podría analizar con qué variables es usted más susceptible de tener prejuicios con otros?

3 ¿Recuerda algún cambio en su empresa que se hubiera hecho de modo gradual para que se adaptara a los empleados?

4 Analice cuántas veces en su empresa los directivos han reconocido sus fracasos y en este caso cómo lo han gestionado. Por otro lado, valore el grado en que su organización favorece sacar a la luz los errores para después aprender de ellos.

Concepto clave

Asumir el fracaso y el error es el comienzo del aprendizaje.

6. La brújula sin norte

A Pau siempre le gustó la costa y el mar. El Mediterráneo fue su sosiego. Y en él se buscó un refugio en Denia. En la siguiente cita, convocó a José en un restaurante frente al puerto, famoso por su originalidad en la cocina. Pau había acudido un día antes con su familia. Decidió traer a José a su escondite.

Quedaron pronto para poder comer tranquilamente y tener tiempo después. José demostró ser un comensal experto, Pau le dejó que eligiera la comida y el vino. José, acostumbrado a las continuas comidas de negocios, informó con todo detalle de muchos platos que Pau ni siquiera conocía e iluminó su olfato y gusto algo embrutecidos. Y eso que en realidad era Pau quien le enseñaba el restaurante.

José no conocía la zona, pues solía veranear por el norte de Valencia. Fue una comida excelente con una conversación realmente interesante. Por un momento olvidaron a qué habían ido. Cuando acabaron con los postres y el café, le sacó una carpeta que contenía en *powerpoint* toda una serie de reflexiones. Daba la impresión de que José había esquematizado todo lo que habían trabajado como si fuera una de las clases de Pau en la universidad. Y él mismo comenzó a exponer, punto por punto:

—Mira, comenzamos hablando de mí, del miedo al fracaso y de la falta de autoestima, aunque por fuera mi coraza haga que los demás me vean como extremadamente fuerte y duro, y sobre todo muy seguro.

—Sí, en efecto, ése fue nuestro comienzo.

—Después nos centramos en cómo solucionar esa distancia, y la solución era indudablemente acortándola. Yo no quiero hacerme el débil ahora; al contrario, quiero acercarme a esa persona estando yo más o menos estable, seguro y con carácter pero permitiéndome flexibilizar y adaptarme a los diferentes entornos con todas mis herramientas posibles.

—Bueno, ése es todo un objetivo.

—Ahí está el tema. Me di cuenta de que seguramente deberíamos trabajar mi falta de flexibilidad o mi incapacidad para, en diversas situaciones, reaccionar de modo diferente y con estilos de dirección acordes a cada circunstancia.

—Sí ésa es la mejor manera de liderar, sin tener un liderazgo único.

—Pero a veces la obsesión por la imagen externa me hace olvidarme del verdadero objetivo organizativo que hay que resolver, y me quedo en las formas. Por lo tanto, me gustaría que en las siguientes sesiones pudieras hablarme de la flexibilidad como competencia directiva.

—Bueno, lo anoto en la agenda.

—Perfecto. Después reflexioné sobre el tema del líder y el fracaso, cómo aprender de los errores, localizarlos, analizarlos y poner recursos para que no vuelvan a suceder. De momento llevamos dos grandes puntos tocados; el primero, si no te importa me gustaría que incluso lo comenzáramos hoy. El siguiente tema que he puesto entre interrogantes es el tema de las emociones. Yo puedo intelectualizar todo lo que me dices e incluso trabajármelo, pensar, hacer mis esquemas, pero ¿cómo afrontar las emociones en la empresa? Siento que no sé cómo controlarlas o al menos entenderlas.

Pau sonrió después de escucharle un buen rato. Indudablemente había trabajado, era una persona muy inteligente y su éxito organi-

zativo no era baladí, sabía en determinados momentos parar y rees-
tructurar todo. Y así lo hacía ahora; desde su necesidad de control,
marcaba las pautas de las sesiones, pero, eso sí, con un gran avance
en la comprensión de la situación. Comenzaba a meterse de lleno
en las sesiones de trabajo. Éste era un momento importante, se
pasaba a identificar estrictamente áreas y competencias además de
pensar en cómo afrontarlas. A Pau le pareció excelente su planteamiento. En este punto se dejó llevar, dedicando la sesión mediterránea a hablar de la flexibilidad del directivo, y dejando pendiente
para otra sesión el tema de las emociones. Eran dos grandes áreas
difíciles de afrontar en una sola sin perderse.

Pau comenzó con una pregunta abierta de reflexión

—¿Dime qué entiendes por *flexibilidad*?

—Mira, para mí ser flexible es saber adaptarse a las situaciones,
por eso te dije de trabajarlo hoy, pues en realidad me doy cuenta de
que suelo tener parecidas reacciones en situaciones completamente
diferentes.

—Bueno, ése es un gran punto de arranque.

—Sí, pero eso me desconsuela algo, pues pensaba que era más
adaptativo. De hecho, pensando en muchos escenarios de mi experiencia profesional me doy cuenta de que tengo algo así como
respuestas comodín independientemente de las situaciones, y, claro, eso en realidad creo que es muy poco flexible.

—Bueno, en efecto no parece muy flexible –dijo Pau dejándose
llevar.

—Pero a mi favor te diría que me doy cuenta en realidad de las
situaciones y lo que necesitan, pero es como si aun sabiendo todo
esto no quisiera perder tiempo con nadie o al menos prestarles más
atención.

—¿Y eso a qué crees que se debe?

—No sé, al menos conmigo no lo han hecho nunca, por qué iba a
hacerlo yo ahora. Es una señal de debilidad y de falta de autoridad.

—¿De autoridad? –recalcó Pau.

—Ya, ya, es un concepto de autoridad tradicional y nada moderno a la dirección de hoy en día. Pero es como si a la cantidad de cosas que tengo que hacer encima tuviera que estar pendiente del personal. Es verdad, dejo el personal ajeno a mis propias decisiones y a mi liderazgo, no les ayudo, les dirijo sin contar con ellos, sencillamente les obligo a ser dirigidos por mí, no tienen más remedio. Aun así me da la impresión de que entonces me faltarían horas para dirigir mi empresa si tuviera que estar encima de todos –acabó José en tono casi de queja.

A Pau le pareció una reflexión profunda y sobre todo sincera y se lo agradeció, pues era la verdadera vía para seguir avanzando. Le comentó:

—Dime, ¿por qué tendrías que estar encima como tú dices?

—¿A qué te refieres?

—Seguramente gran parte de las cosas que haces las haces porque no delegas en tu personal ni confías en él, y por lo tanto te las cargas tú.

—Sí, más o menos.

—Hablar de flexibilidad no es sólo eso, recuerda que en la dirección de personas en las organizaciones muchas variables están conectadas entre sí. Por ejemplo, tu falta de flexibilidad es la cara de la moneda, una cara llena de control de las situaciones; la cruz es que, por lo tanto, no delegas ni confías en los demás.

—¿Tendría que delegar para romper con la falta de flexibilidad?

—Si delegaras más, seguramente podrías llegar a una situación intermedia de dirección de personas y desarrollo de tareas. No creo que el mejor líder sea el que más trabajo haga, sino el que lo haga con su equipo y de un modo eficiente.

—Bueno, yo trabajo con mi gente pero reconozco que no es realmente trabajo en equipo.

—Por ejemplo, en este tiempo has ido confiando en mí, sería un buen ejercicio para este año que te marcaras unas metas de ir aproximándote a tu equipo.

—¿Tú crees?

—Si has hecho un buen proceso de selección y has analizado las competencias de tu personal, ¿qué dudas tienes de que lo harán bien?

—Bueno, esas dos condiciones no siempre se dan, ya lo sabes.

—Ya. Pero ¿y si lo hacen mal? Recuerda lo que comentamos una vez: ¿has analizado con ellos el problema, puesto los recursos y dado la oportunidad de hacer del error una mejora en la empresa? Todo eso que se dice hoy en día de la gestión por competencias y de la gestión del conocimiento va en esta línea.

—Me suena todo muy teórico.

—Te aseguro no es nada absurdo, siempre y cuando lo implementes de verdad, claro. Hay mucha falacia suelta por ahí también y mucha moda. Mira, si quieres acabamos con esto por hoy pero te mando tareas: piensa en tu personal, por qué lo seleccionaste, qué te llamó la atención de ellos, qué oportunidades han tenido y sobre todo qué competencias tienen.

—¿En todos?

—No, piensa en el cuerpo directivo sólo de momento. Pon nombres, competencias, objetivos de la empresa, y haz un sociograma de la confianza, es decir, una relación de personas en las que confías y en las que no indicando por qué. Sobre esas reflexiones trabajaremos la próxima sesión.

José se marchó y Pau se quedó ese fin de semana en Denia. Se fue a pasear y a reflexionar por la playa; estaba avanzando deprisa y quería cuidar que no hubiera ningún retroceso en el avance. Las semillas que dejaba plantadas en las reflexiones con José estaban dando su fruto, José sabía cuidarlas y alimentarlas. Eso les daba muchas posibilidades a las sesiones. De hecho, el conseguir un planteamiento más flexible por parte de José podría ser crucial para permitirse muchos de los cambios hacia él y hacia el resto del equipo. Por lo tanto, la autoconciencia es importante, pero necesita seguir avanzando con el hecho claro de querer cambiar las cosas, de permitirte la suficiente flexibilidad como para ver otros puntos de vista y tomarlos en consideración. Si esto no se daba, era difícil avanzar. Por eso necesitaban tomar contacto con las diferentes relaciones que había establecido en la organización y sobre todo analizarlas una a una desde su complejidad. Esto era un verdadero trabajo artesanal, pero de gran valor para la organización.

Objetivos del capítulo

1 Comprender el valor de la flexibilidad para poder acceder a nuevas ideas y sobre todo para dirigir personas.
2 Analizar los efectos que tiene una falta de flexibilidad en la empresa.
3 Valorar las ventajas de ser adaptativo y de poder tener diferentes puntos de vista en cada toma de decisiones.

Preguntas que el lector debe considerar

1 Analice el grado en que se comporta o dirige de modo diferente según los empleados o compañeros que tenga.
2 A veces la falta de flexibilidad es muy fácil verla en otros pero muy difícil en uno mismo. ¿Podría encontrar un caso de falta de flexibilidad suya?
3 Analice el grado en que piensa en los demás cuando tiene que tomar decisiones que afectan a otros. ¿Es capaz no sólo de intentar razonar como ellos sino también de plantearse qué sentirían?

Concepto clave

La flexibilidad es clave para delegar en otros.

7. La mayor victoria, vencerse a sí mismo

La sexta cita fue en el despacho de Pau. Necesitaban tranquilidad y sobre todo una alta concentración; las sesiones estaban siendo cada vez más intensas, y Pau quería sacar el máximo partido del trabajo de José.

En las primeras sesiones es importante buscar espacios más abiertos que permitan un avance progresivo. De nuevo, José había hecho los deberes. Fue con listados, nombres, organigrama, mapa de relaciones. Comenzó a comentarle cosas de sus principales directivos, tanto en lo cognitivo como en lo emocional, puntos fuertes y débiles, y sobre todo algún acontecimiento crítico con cada uno. De hecho, nadie se había escapado de su zarpa emocional y por lo tanto, como él decía, «estaban todos marcados».

—¿Crees que la situación es recuperable?

— Claro que es recuperable, pero igual el método no te gusta. Pero ya te lo comento al final de la sesión de hoy. Pero, dime, si tuvieras que poner una relación con alguno de tus directivos que me sirva de ejemplo de tu falta de delegación y confianza, ¿cuál sería?

Lo pensó brevemente y mirando a Pau dijo:

—Ya lo tengo. Vicente es una persona de gran valía, lo contraté con completa confianza y de hecho ha sido uno de los que más me han aguantado, pero también a quien más yo he aguantado.

—¿Y qué pasó?

—Hace unos seis meses tuvimos un encontronazo grave. Un cliente que yo descuidé y él casi me hizo lo que yo hago con todos, me criticó abiertamente pues le había afectado a un proyecto que preparaba él.

—¿Qué te dijo exactamente?

—Me dijo que si quería perder clientes, que los perdiera, pero que pensara también el grado en que mis decisiones afectaban al éxito y progreso de otros.

—¿Y tú qué hiciste?

—Por supuesto no aguanté tal falta de consideración a mi persona y le saqué todos los trapos sucios, fue cambiando de color y sencillamente pegó un portazo y se fue.

—¿Se quedó todo ahí? ¿Ya no volvisteis a hablar del tema?

—No, al día siguiente lo hablamos, pero sabía que Vicente estaba ya en el otro grupo, el grupo de los marcados, y a ésos creo que ya no los puedo recuperar.

—¿Qué sientes en este momento por ese grupo?

—Puede que incluso pueda sentir odio. Yo sé que puedo conectar con ellos emocionalmente, pero me temo en esos momentos de descontrol porque lo que puedo ir ganando en meses lo pierdo en un día.

—¿Y a qué crees que se debe?

—Creo que mi falta de confianza en los demás proviene de anticipar para que no sean mejores que yo, de sentirme incluso superior a ellos, no quiero que nadie esté por encima de mí. Y por lo tanto, les saco enseguida defectos a todos.

—¿Defectos?

—Sí, es como si mi atención se centrara sólo en los defectos. Fíjate en las listas que te he pasado: en la parte de debilidades muy extenso y en la parte de fortalezas mucho menos. Y, sin embargo, creo saber apreciar lo que pueden aportar a la organización. Pero me comparo continuamente con todos. Todos lo hacemos en alguna medida, ¿no? –intentó José suavizar al final.

—Habla de ti, no de otros.

—Pues yo creo que lo hago más, con más frecuencia, con más obsesión. Y en ese comparar me pierdo, pues el resultado creo que siempre es el mismo, machaco a mi enemigo.

—¿Enemigo? –no pudo evitar Pau con algo de incredulidad.

—Ya lo sé, no son enemigos, pero en el momento del juicio para mí lo son. Fíjate que te estoy diciendo cosas que creo que son algo incomprensibles incluso para mí, es decir, yo no creo ser tan consciente de esta comparativa continua, pero me doy cuenta, al evaluar en el transcurso del tiempo mis relaciones con ellos, de que sí lo hago.

—Y ¿cuál es la fuente de esta continua crítica a los demás?

—Pues no lo sé, pero creo que éste es el principal problema que deberíamos trabajar hoy.

—Fíjate en que es un tema común el no confiar en los demás, donde le damos cien mil vueltas, lo analizamos tal y como tú lo has hecho incluso con toda la documentación que me traes, y, sin embargo, la solución es sencilla y está en tus manos.

—¿En mis manos?

—Sí, es un tema de confianza en ti mismo, de autopercepción, eres muy crítico con los demás, pero sobre todo lo eres tanto contigo mismo que directamente ni te lo planteas.

—¿Tú crees?

—Eso te hace realmente vulnerable a todos, pues crees en realidad que no eres competente, crees que ni siquiera puedes hacer nada para remediarlo.

—En eso tienes parte de razón.

—Me ha pasado incluso con otros directivos que verbalizan que, como es un tema genético, su única solución es esconder las incompetencias. Y, sin embargo, esta autopercepción tan sesgada dista mucho de la realidad, donde uno debe aprender a vivir con sus virtudes y defectos, y sobre todo a actuar con ellos. En este sentido, es un ejercicio muy saludable que, en vez de analizar a los demás desde el rol del jefe, lo puedas analizar desde tu debilidad, es decir, desde tu desconfianza con cada uno.

—¿Y cómo se hace eso?

—Busca y analiza el por qué, reflexiona en qué medida te sientes amenazado con cada uno, y, es más, incluso piensa si precisamente las competencias de muchos de tus directivos son precisamente tu principal amenaza.

—¿Las competencias de mis directivos, mi principal amenaza? Algo de eso hay.

—De hecho esto suele pasar, lo que pasa es que a veces nos complicamos tanto que en vez de sacar provecho de ello, muy al contrario, nos sentimos amenazados por los puntos fuertes de los demás. Por eso, para conseguir una fluidez relacional con los demás es importante que analices a cada uno desde la complementariedad, desde el apoyo mutuo, desde el encontrar puntos de unión y no de separación. Sobre esa base es sobre la que es de gran importancia establecer las relaciones. Considéralo con minuciosidad, y seguro que poco a poco llegas a la misma decisión final de que seguramente la desconfianza es precisamente el abono que vas poniendo día a día para que ésta aumente tanto en ti como en los demás.

—¿La desconfianza? –repitió José.

—La desconfianza genera desconfianza.

—¿Y cómo lo resuelvo?

—Bueno, no es sencillo. Como todo en esto de la mejora personal, es cuestión de constancia y conciencia. Debes estar siempre alerta al principio para poder actuar acorde a este nuevo pacto de confianza y ya verás como con el tiempo lo que antes te costaba mucho pasará a ser casi una forma de funcionar. Y sólo con el tiempo recogerás los frutos de esta inversión.

—¡Qué fácil es decirlo! –exclamó José.

—Las personas no confían de un día para otro, por eso esta acción te dará efectos a medio plazo, pero cuando los recojas verás como ha valido la pena, pues quien siembra confianza, recoge no sólo mejores personas y trabajadores sino que se va encontrando con un efecto sinérgico que transforma la organización en una unidad de compromiso mutuo constante.

—Eso busco realmente, ¿sabes?

—No sólo tú, esto es lo que buscan hoy en día muchos empresarios y directivos y sólo unos cuantos lo logran alcanzar. El camino es duro y pedregoso pero vale la pena, no lo dudes. Ahora, cómo hacer ese camino te corresponde sólo a ti decirlo y hacerlo.

Escuchó con atención, le miró fijamente, se notaba algo tenso, pero aguantó bien. Y le dijo a Pau que eso le costaría bastante porque era centrar casi todo el problema en él. Y eso era duro, realmente duro. ¿Cómo comenzar ahora con todo eso? Le pidió consejo para hacer cosas concretas, para comenzar ya a trabajar precisamente esta competencia tan básica en la organización, la confianza/delegación. Pau le contestó:

—Comienza precisamente con quien me has puesto de ejemplo: sincérate, haz de él tu aliado y verás como el cambio no será únicamente tuyo, verás como vas ganando aliados con el tiempo siempre y cuando te mantengas fiable en el tiempo, es decir, que no lo hagas un día y al siguiente te olvides, no puedes bajar la guardia.

—¿Comenzar con una persona sólo?

—¿Te parece poco? Pide incluso ayuda a tus directivos, habla personalmente, analizad los dos los problemas de la organización desde el respeto mutuo, habla tú y que hable él.

—Ya, comunicación sincera y bidireccional.

—Si hablas sólo tú, es que algo falla, piensa incluso al principio en darles a tus colaboradores el cincuenta por ciento en el tiempo que habla cada uno; si no lo alcanzas, algo falla. Analiza lo que dicen, y cómo lo dicen, interpreta sus palabras si no utilizan los modos adecuados, céntrate en lo que quieren transmitir, pues a veces queremos decir algo y nuestras formas cambian completamente el significado.

—Ya, los tonos, las miradas... De todo eso sé mucho precisamente.

—Pregúntales con un resumen de lo que han dicho para comprobar que lo has entendido. Pon todo tu comportamiento verbal y no verbal en la conversación. Cada uno de tus directivos es una piedra del complejo mundo organizativo que no puede fallar, todas merecen tu máxima atención, sólo la unidad de todos permitirá la mejora de la organización.

—Bueno, esto es un listado extenso, ¿eh?

—Pues añade no establecer prejuicios, déjate llevar al principio evitando juzgar, con escucha activa y mucha asertividad. Haz una ronda de conversaciones individuales, no pretendas que todo cambie al día siguiente; tardará pero camina siempre en la misma dirección, firme, constante, fiable, sincero y transmitiendo confianza por todos tus poros.

—Suena bien eso de transmitir confianza.

—Piensa que la confianza entre todos es uno de los intangibles más preciados en la organización. Toda esta información que te doy es como un curso condensado que te llevará años en adaptarlo a tu estilo, con tu forma, con tus descubrimientos. Pero no dudes en plantearte un objetivo, el de conseguir la confianza en la empresa.

La sesión se les pasó volando a los dos. Había sido intensa, directa y tremendamente afectiva. Se miraron con aprecio y José sencillamente le dijo:

—Ya me llamarás. Nos quedan dos sesiones de emociones, las dos próximas.

Había sesiones en las que Pau se sentía especialmente más movido, como que la energía se transformaba de un modo diferente al que normalmente lo hacía. Con José había mucho trabajo, él estaba ayudando a iniciar ese camino tan importante que al final José labraría solo. El poder analizar en gran detalle las relaciones dentro de la organización daba un gran margen de actuación a José si lo hacía con disciplina. Tenía mucho trabajo por delante y trabajo realmente duro. Pero nadie dijo que esto de ser directivo y empresario fuera fácil. Tomaba conciencia de cada relación, y sobre todo quería solucionar aquello que fuera solucionable; seguro que había relaciones que estaban ya en situación más crítica, pero hay que empezar en algún momento. José estaba dispuesto, necesitaba en este momento mucha constancia y perseverancia y un estar atento a sí mismo de modo continuo.

Objetivos del capítulo

1 Comprender el valor añadido que cada persona de la organización puede aportar.
2 Analizar el valor que tienen en la productividad y en las relaciones grupales los efectos sinérgicos y complementarios de sus colaboradores.
3 Valorar la relación autoexigencia-exigencia con los demás para comprender nuestras relaciones con los otros.

Preguntas que el lector debe considerar

1 Analice las personas con las que más le cuesta trabajar. ¿Se ha planteado buscar las competencias y puntos fuertes de estas personas para establecer puentes comunes?
2 Intente comprender según su perfil competencial con qué personas se lleva mejor. Pero no olvide la importancia de saber estar en todos los contextos y con todas las personas en el trabajo.

Concepto clave

El compromiso y la confianza de los demás se ganan en cada interacción y es una estrategia a largo plazo.

8. Buscando los límites

La siguiente sesión la habían pactado para hablar de las emociones; de hecho, habían reservado dos sesiones. En realidad, ambos sabían que era un punto crucial. Pau sabía que las decisiones, sea el ámbito que sea, están altamente cargadas de emociones; soslayarlas o evitarlas es sencillamente ocultar una realidad que afecta a la empresa en todos sus aspectos. Pero este intangible tan difícil de ubicar, especificar o incluso manejar hace que muchos empresarios sencillamente lo sigan incluyendo en esa denominada «caja negra» de los humanos.

Pau era consciente de que las emociones son un tema tabú en la mayoría de las empresas. «Donde hay personas, hay emociones», siempre se decía para sí. Era la manera que tenía de recordárselo continuamente.

La sesión la había convocado Pau con comida incluida en la playa. José estaba ya sentado esperando, Pau se acercó muy veraniego, con una sonrisa perenne que fue agudizando conforme se acercaba. Le miró, se saludaron y sencillamente se pusieron a hablar. José sabía que hablarían de las emociones así que, como en otras ocasiones, se adelantó a cualquier comentario que pudiera hacer.

—Si me vas a preguntar cómo me siento, te diré la verdad: hoy estoy genial. Y no es porque piense que ahora mi vida ha cambiado o que todo sea diferente, sencillamente hoy me noto muy bien.

—Me alegra que sigas adelantándote –comentó irónico Pau.

—Vamos a ver, en realidad, en el fondo de todos estos sentimientos, lo que me pasa es que a veces me hacen sentirme en la cresta de la ola y otras parece que los grises me inunden.

—Sí, algo muy habitual en el ser humano.

—Ya sé que esto le pasa a todo el mundo, pero yo tengo una especial tendencia hacia los extremos. Así que, hoy, estoy en la plenitud de estas emociones.

—Bueno, me alegro por ti –respondió Pau dejándose llevar.

—Es verdad que hace tiempo ya que no tengo un grito o una crisis con mi gente a pesar de que no se ha solucionado nada, las cosas están como contenidas.

—Y ¿qué percibes?

—Creo que mi personal sabe que pasa algo pero no sabe muy bien cómo interpretarlo. Y antes de hablar con ellos quería al menos tener estas dos sesiones contigo sobre las emociones; no sé concretamente qué espero de ti pero confío en que me pueden ayudar. Digamos que tengo una alta predisposición, cuestión que, como sabes, no ha sido la tónica en otras sesiones.

Pau se alegró mucho del comentario, sabía que ahora tenía una relación de confianza mucho más firme y fuerte, y en esa línea quizá sería interesante presionar un poco más la sesión de trabajo de hoy.

—¿Qué son para ti las emociones, José?

—Para mí las emociones son como estados de euforia o descontrol.

—Veo que es algo muy extremo, ¿no? ¿Puedes ponerme un ejemplo?

—Por ejemplo, puedo planificar la creación de otra empresa de servicios que estoy pensando para abastecer a mi negocio principal, con lo que tengo más control de mi producto e incluso genero sinergias importantes. Puedo controlar hasta el más mínimo detalle; sin embargo, tomo muchas decisiones sin tener las cosas realmente claras, y no me va mal del todo.

—Te refieres a que en esos espacios te sientes seguro, ¿no?

—Sí, claro.

—A eso lo llamamos nosotros la «zona de confort». ¿Y en otras situaciones?

—Cuando intervienen las emociones, es como que las decisiones no importan, todo es fluido tanto en positivo como en negativo, con lo que me dejo llevar sencillamente. Después de ese estado me siento momentáneamente mejor, pero nunca a medio o largo plazo. No sé en realidad por qué lo hago, ni si puedo evitarlo, controlarlo o sencillamente integrarlo en mi persona.

—Vamos, sencillamente reaccionas emocionalmente a las situaciones. Para ti eso es manejar las emociones, ¿no?

—Sí. Por ejemplo, creo que soy muy emocional, pero por eso mismo me escondo en las racionalizaciones. Me refiero a que me siento feliz cuando me admiran, cuando logro cosas, cuando en realidad noto que las cosas van como yo quiero. Cuando me siento amenazado intento o bien enfrentarme, con lo que puedo entrar en cólera, o sencillamente intento desconectar en muchos de los casos despidiendo directamente; no quiero tonterías en mi empresa.

—Bueno, pues de aquí creo que deberíamos partir. Parece que tomas decisiones, que sabes que, si la emoción influyera en su justa medida, todo iría mejor, pero no te atreves porque radicalizas tus posturas. ¿Es esto a lo que te refieres?

—Sí, creo que sí.

—Pero entonces, dime concretamente en qué momentos en la organización se dan estas circunstancias. De hecho, para la siguiente sesión quiero que me hagas un diario emocional para poder saber de modo más concreto cuándo y por qué se dan dichas emociones.

— Si tuviera que destacar algún momento, te diría que normalmente tienen que ver con las relaciones de autoridad, es decir, con mis directivos, donde no me permito ninguna filtración.

—¿A qué te refieres con «ninguna filtración»?

—Pues sencillamente a que pueden aprovecharse de esta cercanía. Por eso noto como me controlo pero al mismo tiempo me noto casi alterado antes de tener las reuniones; creo que por eso las zanjo tan rápido. No doy lugar a la duda, a la discusión, a que me aporten ideas o comentarios. Con ello precisamente evito los desbordamientos.

—Bueno, dime concretamente qué emociones son.

—Pues en unos casos frustración, temor, miedo. Sí, miedo. También excitación, ira e incluso en casos extremos puedo llegar al odio.

—¿Odio? —recalcó Pau.

—Sé que suena fuerte, pero espero que valores que no oculto nada...

Pau no le dejó acabar, sencillamente le dijo que no era tan diferente de todos, que todos sentían momentos de angustia, miedo, éxtasis, ira e incluso odio. Sencillamente, comentó Pau, no somos una sociedad que precisamente beneficie o facilite la expresión de las emociones. Así que le recomendó que quitara los rasgos dramáticos de sentirse la peor persona del mundo y que con ello ganarían en introspección. Pau sabía que le estaba presionando, pero eran momentos importantes que no quería dejar pasar. Si se quieren cambios importantes, hay que asumir riesgos y Pau lo estaba haciendo.

—No intento dramatizar, pero reconozco que me salen expresiones algo extremas —continuó José—. Me siento realmente mal por sentir en mi interior muchas de estas cosas que creo que no debería sentir. No sé ya si es el sentirlas o el pensar que no debería sentirlas. ¿Tú que crees?

—Me parece un matiz muy interesante, pues la culpa procede precisamente de una valoración cognitiva que hacemos de temas emocionales, y te noto con excesiva culpa.

—Sí, creo que tengo una culpa en el interior que no sé gestionar.

—Parece como si no quisieras sentir, y por eso, cuando sientes, lo haces de modo extremo y te sale después la culpa. La emoción está en todo, en toda conversación, en toda interacción, en todo gesto, saludo, comunicación.

—¿Quieres decir que asuma que en toda decisión hay de por sí aspectos emocionales?

—Sí, en toda decisión con personas hay emociones, y es importante incluirlas siempre y no rechazarlas, que es la tendencia en la empresa.

—Sí, yo he preferido siempre evitarlas.

—Por lo tanto, ten en cuenta que es importante analizar tu culpa emocional, tu manera de pensar que las personas que sienten son débiles precisamente porque expresan sus sentimientos.

—Bueno, algo hay de todo eso –reconoció José.

—Y, sin embargo, es al contrario, la mera expresión emocional da a las personas una sabiduría que va más allá de la mera intelectualidad. Requiere más valor, más carácter y sobre todo más autodefinición.

—Ya, visto así parece que debería valorar más la emocionalidad entre mis directivos.

—Sí, pero precisamente tú eres el empresario, el que define la cultura de tu organización, el que puede facilitar los cambios. Por lo tanto, tienes todo el viento a favor para iniciar algo importante en tu organización; con tus mejoras, crece tu organización. Con tus debilidades, tu empresa se debilita. Es el modelo mentalista de la empresa, el empresario pone sus propios límites para el crecimiento y el éxito organizativo, tanto en el aspecto emocional como en el cognitivo.

—Sí, intento hacer de mi empresa una extensión mía.

—La organización es como una extensión de tu personalidad y competencias llevadas a otro ámbito mucho más competitivo que el meramente personal. Por eso, mejora tú y así lo hará tu organización. Incorpora las emociones en tu contexto y las incorporarás a tu empresa y cultura organizativa. Todo está relacionado, no hay nada independiente en la organización. Y menos en este caso.

—Vaya, no creí que aquí se debieran meter las emociones. Pero tiene sentido el verlo de modo global como lo haces.

—Por eso este momento es importante para pensar en tus emociones y las de tus empleados. En cómo mejorar las condiciones de comunicación, de desarrollo, de aspiraciones... En el fondo, de integrar las emociones en la dirección de tu organización, desde una perspectiva claramente humanista, integradora y de desarrollo individual y organizativo.

—¿Y cómo debería comenzar? –dijo José algo tocado por las palabras de Pau.

—Comienza a localizar las emociones, a saber qué significan y sobre todo a sentirlas, pues es lo mejor que puedes hacer con ellas. No intentes intelectualizarlas, pues volverás hacia atrás. Siente y, con ello, aprende de tus sentimientos.

—Esto es como volver a la infancia, ¿no?

—Sí, algo de eso hay. Dime, ¿te sientes vulnerable porque tus directivos pueden decir algo más interesante?

—Sí, normalmente.

—¿Acaso no comparten proyecto de empresa contigo para precisamente dar lo mejor de ellos mismos?

—Bueno, no tengo claro que compartan del todo proyecto. Aunque eso sí sé que es responsabilidad mía.

—¿No crees que precisamente su alto nivel es el que puede hacer de tu empresa una empresa única en el mercado?

—Sí, claro.

—Ya sabes eso que tanto se dice del factor humano como elemento diferenciador que incorpora valor, que es inimitable y que permite perdurar la diferenciación competitiva. Si te lo crees de verdad, entonces puedes hacer de tu organización una empresa que cuestione todo, pues sólo de este cuestionamiento podréis sobrevivir en el tiempo.

—Cuestionarse todo es cuestionarse a uno mismo.

—Sí, pero también es cuestionarse vuestra identidad grupal, el grupo trabaja, los miembros incorporan ideas y decisiones, unas sirven, otras se descartan, otras se transforman. En este sentido; sé uno más, no lo controles, tú guía pero aprovéchate de las competencias de tu personal, pues no sólo ganarás tú, ganarán ellos también en desarrollo, enriquecimiento, en valoración personal.

—De nuevo el equipo.

—Sí, y sólo entonces estaréis gestionando las emociones, sólo así permitiréis que éstas puedan tomar su curso e integrarse en el devenir de la organización, de un modo fluido, constructivo, sin prejuicios.

—Ya –asintió José–. Percibo que hablas de las emociones con naturalidad. Quizás yo precisamente he perdido esa naturalidad con la dimensión emocional –reflexionó en voz alta.

—En este sentido, lo que te digo te puede servir para muchas de las emociones que sientes que surgen cuando te comparas con otros, o con el miedo a la crítica de los demás... Por eso, recapacita, dale la vuelta a la cuestión, pues puedes precisamente ganar mucho, ya no sólo como empresario, sino también como persona.

—Sí, veo por dónde vas. Creo que necesito asentar todo esto.

—Quiero que reflexiones sobre lo que hemos comentado y que, aparte del diario emocional, interpretes las situaciones emocionales desde otro punto de vista, desde un acercamiento diferente. Notarás como al principio no tienes las palabras, no te salen, como que incluso te falta vocabulario, pero no lo necesitas, todo se siente, son otros códigos. Y sobre todo, el sentir te hará percibir los sentimientos y emociones de los demás. Este comienzo emocional te lleva a dialogar emocionalmente, y en ese diálogo comienzas a aprender. Piensa que todos estamos en párvulos a nivel emocional y que precisamente el tiempo es el que te dará una mayor extensión, profundidad, matices y texturas para poder manejarte mejor.

José le miró algo preocupado, parece que le había ensombrecido el día brillante que tenía, y dijo:

—Lo intentaré pero no sé si podré. Veo muy complicado todo lo que me dices.

Y tan complicado que era, lo sabía bien Pau, pues él también estaba en ese camino desde hacía tiempo. Trabajar con las emociones es realmente complicado, es como meterse en un mundo nuevo con códigos nuevos y sobre todo con una gran cantidad de emociones ya instauradas desde la infancia. Tomar conciencia del tema emocional sería su eterna asignatura pendiente, y necesitaría estar constantemente encima de su autopercepción. Pero este camino que le había abierto era precisamente un camino largo, a veces difícil, pero al mismo tiempo generoso, pues con el tiempo se va descubriendo la importancia de la comprensión de las emociones. Comprendía por qué muchas personas no querían ni entrar en el tema emocional. Quizás era verse demasiado directamente, y eso no es fácil. Había conocido a muchas personas que aun siendo conscientes de su problemática emocional no querían ni hablar de ella. Es como si temiesen destapar ese yo oculto al que incluso temen. Éste era un gran paso para José en su proceso.

Objetivos del capítulo

1 Comprender que toda interacción con personas está cargada emocionalmente.

2 Analizar el valor que damos a las emociones y por lo tanto el papel que les damos en nuestro estilo de dirección o en nuestra cultura empresarial.

3 Valorar la importancia de las emociones en la toma de decisiones diaria que se da en la empresa y sus posibles consecuencias. Las emociones bien canalizadas pueden ser la fuerza diferenciadora del equipo y de la empresa.

Preguntas que el lector debe considerar

1 ¿En qué grado interpreta que es usted emocional con sus colegas y empleados? ¿Por qué no se lo pregunta a ellos?

2 Analice en un listado cuántas decisiones diarias están cargadas con este tinte emocional. ¿Cómo cree que le ha afectado en la decisión final?

3 Podría analizar también en un listado los conflictos organizativos que se dan diariamente en su empresa. ¿Qué papel desempeñan las emociones en ellos?

4 Podría analizar los conflictos de los que ya no se habla en la empresa pero que todo el mundo conoce. ¿Qué papel desempeñan las emociones en estos conflictos?

Concepto clave

Comprender y fluir con las emociones es clave en la dirección de personas.

9. La energía que no cesa

Hoy tocaba viaje a un lugar lleno de energía, naturaleza y tranquilidad. El viaje duraba una media hora. Fueron a un hotel con encanto donde pasearon entre sus olivos cargados de energías positivas y renovadoras, y donde la comida era un manjar exquisito, todo natural y vegetariano.

Pau había reservado una mesa en un rincón especial del restaurante donde sabía que podrían hablar sin reservas. Conforme avanzaban con el coche, se respiraba mucho mejor, se les abrían los poros de la piel, se iluminaban sus ojos y se les dilataban las pupilas. Todo el cuerpo parecía reconocer el contacto de la naturaleza.

Aparcaron el coche y almorzaron generosamente, pues después iban a pasear toda la mañana. El camino era pedregoso, los olivos desbordaban todo el horizonte, era un espectáculo hermoso, lleno de vida. Al principio no dijeron nada, sencillamente estuvieron andando, observando y sobre todo respirando.

Poco a poco fueron tomando conciencia de la sesión. Las emociones. Pau dejó que comenzara a hablar. A José le gustaba tomar las riendas, por lo que no tendría que hacer nada especial para que hablara. Y, de hecho, no tardó mucho.

—Pau, he estado trabajando mucho, pero me siento algo perdido. En realidad, he identificado muchas situaciones emocionales en los últimos días en mi empresa y con mis clientes. Y aun tomando conciencia activamente de las emociones, no logro interpretarlas, codificarlas o incluso entenderlas del todo. Noto que se me escapa.

—José, es normal que se te escape en esta fase de tu desarrollo directivo, llevas muy poco tiempo con una conciencia activa de las emociones y aparte requiere todo un entrenamiento y experiencia de años.

—Ya me imagino, pero por dónde empiezo.

—Al menos debes saber identificar las emociones y ser consciente de dónde se dan, en qué escenarios. La primera parte siempre es la conciencia emocional.

—Sí. Por ejemplo, identifiqué la ira, una reacción que reconozco que es desmedida para la situación concreta. De hecho, he localizado unas cuantas, todas ellas en momentos de relación con mis directivos. Rápidamente escribí en mi diario emocional las emociones y fui consciente de en qué situación se estaban repitiendo.

—Perfecto, a eso me refería.

—Pero las he identificado sin saber qué hacer en realidad. Por eso pienso que no he avanzado mucho emocionalmente.

—¿Y crees que el darte cuenta de esto no es un avance? –comentó Pau.

—Bueno, pero esto lo veo algo más obvio, ¿no?

—Depende. Hace unos días no era para ti tan obvio. Darse cuenta o ser conscientemente activo en una respuesta emocional es un paso importante para saber cómo surgen esas emociones.

De hecho, casi sin mucha reflexión, él mismo le habló de sus miedos e inseguridades como fuente u origen de tales emociones. La respuesta emocional es una reacción aprendida y codificada por el individuo. Por ello, seguramente tuvo su importancia en otro momento, pero la cuestión es comprender si tiene sentido en el momento presente. Sólo con darse cuenta de ello, podemos mandar un mensaje interno de «te has equivocado, pequeño cerebro emocional», pues esta vez no tocaba.

La emoción no es como el pensamiento, que es más efímero; las emociones son como las mareas mientras que los pensamientos son como las olas. La marea no se para así de golpe, ni es un efecto de un segundo, es algo que reposa, algo a lo que le cuesta irse, que necesita del tiempo y de las olas. En ese sentido, las emociones perduran más, sobre todo cuanto menos caso se les hace, porque el mensaje emocional se queda hasta que lo afrontamos; sólo así es capaz de desvanecerse. Por eso vale la pena afrontar las emociones.

—Otra emoción que he sentido mucho ha sido la ansiedad. Como ya no descargo directamente y me controlo, parece que toda esa energía negativa me la quedo yo.

Por eso estaba algo cabizbajo, pues pensaba que la primera batalla a las emociones la había perdido. Pero Pau sabía que normalmente hay que perder esa primera batalla para ganar la guerra final; las emociones son así, no cambian de un día para otro, están retenidas en nosotros y requieren nuevas experiencias con diferentes estados emocionales para romper asociaciones que ya no son válidas.

Sólo si te das cuenta en el mismo momento de la emoción y lo trabajas lo suficiente, puedes cambiar dichas asociaciones. Y José en realidad se había dado cuenta de muchas reacciones emocionales, su diario era realmente extenso y muy lleno de sensibilidad. Lo que no sabía es que el aprendizaje había comenzado, y que los resultados no se recogen en ningún lugar, pues hay que estar continuamente trabajando esa autoconciencia hasta que logremos más adelante interiorizar de nuevo pero esta vez con las asociaciones positivas o correspondientes.

Su fracaso había sido su éxito inicial. Su desesperanza había sido su sembrar, su inversión. Pero al menos sí debía saber que iba por el buen camino. Eso es importante para perseverar, para continuar incluso con el viento en contra. Tener claros los objetivos y saber que lo que haces es correcto da mucha tranquilidad aunque incluso no obtengas resultados inmediatos.

José se fue cargando de serenidad conforme pasaban las horas, aunque le costaba hablar de las emociones y sobre todo comunicarse verbalmente. De hecho le sorprendió cómo se había mostrado mucho más receptivo con el resto de sus empleados aunque no se había atrevido a más. Había percibido lo que los otros sentían, independientemente de lo que decían verbalmente. Y eso le había ayudado inicialmente, pero como no sabía qué hacer con esa información, se sentía algo frustrado.

—Puedo ver que Vicente me va a dar otra oportunidad, pues ha sido un empleado muy fiel siempre, y creo que él ha percibido antes que los demás que estoy recibiendo asesoramiento profesional, lo noto, es como que, al haber compartido más con él, no me ha clasificado ya definitivamente, se permite dudar, cosa que no pasa con el resto. Eso me ha gustado, pero ¿cómo acercarme a él con todo lo que le dije la última vez?, y me refiero a ¿cómo acercarme emocionalmente?, noto que las palabras no me sirven o al menos no llegan, son a veces demasiado directas. No sé cómo comenzar a comunicarme emocionalmente.

—La respuesta es sencilla, ya lo has hecho.

—¿Cómo? –se quedó sorprendido José.

—Estoy seguro de que ya has comenzado a mandar mensajes emocionales a muchos de tus empleados sólo con esa comprensión. A eso me refiero cuando digo que la emocionalidad es como un todo, es global.

—Ya entiendo, mi comprensión genera también mensajes emocionales de precisamente eso, comprensión.

—En efecto, tienes más potencial emocional de lo que tú mismo crees.

—Gracias, uno piensa que no sabe nada de todo esto.

—Sí, pero la escucha activa, la captación de los sentimientos y emociones de los demás es ya un dialogo con el otro. Por lo tanto ya has conversado emocionalmente.

—Sí, eso lo entiendo ya, pero ¿cómo sigo?

—Bueno, ante todo metiéndote todo lo que puedas en la situación emocional. Pues la conciencia y puesta en escena del contenido emocional permite que después el diálogo sea más fluido y cercano, sobre todo más lleno de confianza para ambos.

—¡Uf! Eso es lo que nunca he hecho –exclamó José algo preocupado.

—Ya, no te preocupes. Ese meterte en el estado emocional es fundamental para tomar buenas decisiones. Sobre todo permite completar la información, pues lo verbal necesita de las emociones para darle el tono o matiz adecuado. Ahora ya tienes el mensaje completo.

—Comprendo. Eso me permite comprender el mensaje completo del otro.

—Sí. De hecho, la pregunta real o de fondo es cómo nos atrevemos a responder a preguntas tan sólo con la información verbal; es como leer un trozo de un mensaje sabiendo que el trozo faltante puede cambiar completamente el significado.

—Ya comprendo.

—Pues de este mismo modo, la captación de los contenidos emocionales permite poner el trozo de papel que falta para interpretar las distintas realidades. Y eso sí que es comunicar emocionalmente, o al menos darle tanta o más importancia que la mera comunicación verbal. Con el tiempo te darás cuenta de que cada vez comprendes mejor los mensajes emocionales, y al final incluso te saldrá de modo intuitivo. Lo habrás hecho algo tuyo. Y podrás pasar a la siguiente fase donde tú mismo comuniques emocionalmente y lo integres en tus mensajes.

—¿Y eso se puede llevar a la empresa?

—Sí, esto hará que tus empleados y directivos comiencen también a integrar los códigos y que por lo tanto todo sea más fluido internamente en la organización.

Regresaron ya para comer, bebieron un trago de agua de una fuente que parecía sacada de un cuento de hadas que tenía un aire misterioso; de hecho, parecía como si el agua tuviera poderes. Era tan fría y cristalina. Estaba tan cargada de energía.

Tenían la mesa reservada, y además estaban casi en solitario con respecto al resto de comensales. El ambiente era realmente propicio, olores de incienso, iluminación tenue, servicio educado y respetuoso, todo perfecto, pensaba Pau, para ir cerrando el tema emocional. José tenía que seguir con su diario hasta que un buen día, él sabría cuándo, ya no lo necesitara, o al menos, aunque siguiera siempre escribiéndolo, ya no lo hiciera para analizar sus competencias emocionales en el papel, porque seguramente ya lo habría hecho de modo intuitivo.

José le miró y le dijo:

—Creo que tienes mucha fe en conceptos algo abstractos. Vamos, que no sé cómo hablas con tanta seguridad de temas tan delicados y sutiles. ¿Cómo sabes que en realidad la conciencia objetiva de mis emociones me ayudará? ¿Cómo saber que éste es el camino?

Pau lo miró y se encogió de hombros:

—Hace tiempo que dejé de escribir mi diario, pero sigo siempre atento y consciente de mis emociones. Este camino no tiene final para el que lo inicia. Sin embargo, tengo la certeza de que es el camino. Tú con el tiempo lo sabrás también, y sobre todo tú podrás decidir tu propio camino. Recuerda, ser consciente emocionalmente es afrontar, significa no ser cobarde, no esconder ni guardar. Las emociones necesitan de tu gallardía continua, que no achiques nunca, que no bajes la guardia, pues cualquier resquicio que dejes será tu perdición.

—Pero eso ¿no consume mucho?

—Sí, puede llegar incluso a ser agotador en los comienzos, pero después es algo impresionante, pues captas realidades que antes ni veías. Y sobre todo anticipas, resuelves y motivas mucho más en la organización.

—¿Tan importante es en realidad todo esto en la empresa?

—El día que alguien calcule el coste que tienen para las empresas los contenidos emocionales, seguro que cambiarán las cosas.

Las emociones afectan al clima, a la motivación, al rendimiento, a la calidad, a la relación social, a la salud... ¿A qué no afectan las emociones?

Ambos se miraron con una gran sonrisa y siguieron descubriendo la zona, cada uno en sus pensamientos. Pau comprendía lo que José le inquiría. ¿Cómo estar seguro? Nunca se está seguro de nada, sencillamente hay que tomar decisiones. Algunos lo hacen con más o menos experiencia, conocimientos o información, y eso es crucial. Pero eso de la seguridad es un cuento. Sólo viviendo lo más fiel a ti mismo es cuando más seguro pareces. Pero eso a veces es muy duro. El camino difícil es el mejor camino, es el que nos saca de nuestra zona de confort. «Vaya eslogan más difícil de vender», pensaba Pau. Pero qué real era. Simplificar o no tener conciencia de los aspectos emocionales es como ser invisible a una realidad organizativa.

Para Pau, las emociones siempre serían un tema pendiente, no era fácil, y lo sabía. Un trabajo largo y continuado. Ese ser indomable que todos tenemos y al que es mejor ser fiel y respetar que intentar controlar o negar. ¿Qué líder se podría atrever a decir que las emociones no importan? Quien ha dirigido personas y grupos sabe claramente lo importante que son, y sobre todo lo indefensos que nos sentimos ante ellas. Situaciones de conflicto no afrontadas, agresiones verbales y no verbales, miedos, envidias... Es una lista demasiado larga como para querer afrontarla en un solo pensamiento. Necesitaba tomar aire y cargar las pilas; estas sesiones tan cargadas emocionalmente desgastaban mucho. Siguieron paseando durante un buen rato y regresaron al hotel. Había sido un día productivo en todos los sentidos.

Objetivos del capítulo

1 Comprender la importancia de identificar las situaciones emocionales que se dan en la empresa y en la toma de decisiones diaria.

2 Comprender la globalidad de la emoción de modo que percibamos emocionalmente y sepamos interactuar desde la emocionalidad y acorde a nuestra persona y valores.

3 Comprender que la comunicación puede ser completamente errónea si no se leen los códigos emocionales. El código emocional es capaz de con un simple matiz cambiar por completo el sentido y significado de una frase o mensaje.

4 Valorar que el lenguaje emocional es un nuevo lenguaje que requiere mucha conciencia inicialmente pero que con el tiempo se interioriza y permite comprender muchas más realidades organizativas.

Preguntas que el lector debe considerar

1 ¿Podría identificar situaciones emocionales en su día a día? Anote lo que siente, en qué escenarios y con qué personas se han dado.

2 Analice en un listado cuántas decisiones diarias están cargadas con este tinte emocional. ¿Cómo cree que le ha afectado en la decisión final?

3 ¿Considera que, cuando interacciona emocionalmente, sigue siendo fiel a sí mismo? ¿Dónde debería mejorar para sentirse más integro con sus mensajes emocionales?

4 Piense en la comunicación emocional como fundamental para entender a las personas con las que interactúa. Intente comunicarse con los demás desde no sólo la comunicación verbal sino desde la parte más emocional. ¿Piensa que puede cambiar todo el sentido de lo que expresan?

Concepto clave

El lenguaje emocional fundamenta la comunicación interpersonal.

10. Aprender a aprender

A Pau siempre le había maravillado la universidad antigua, su claustro antiguo, el paraninfo, sus salas llenas de historia y recuerdos, y su solemne majestuosidad. Habían pasado ya cinco siglos de culto a la educación, y seguía siendo un pilar importante de la sociedad, quizás no tanto como debiera, pero era un referente que guía el futuro educativo y profesional de muchos jóvenes.

Conforme llegaba José y se saludaban, le preguntó Pau:

—¿Conocías la universidad vieja?

—No, la verdad.

—Siempre me ha gustado pasear y asistir a actos en su interior, es como si te retrotrajera a otra época.

—¿Por qué hemos quedado hoy aquí?

—Ahora lo verás. Personalmente, estar aquí me hace conectar con la esencia de mi trabajo, ¿sabes?

—¿A qué te refieres?

—Cuando necesito motivación porque no salen bien las cosas en mi trabajo, ya sabes que hay mucha política, envidias y amiguismo en la universidad, como en toda organización, me vengo a tomar aire, a buscar el origen, me conecto, respiro, cargo pilas y vuelvo a luchar por conseguir todo lo que quiero.

—¡No pensaba que estaban tan mal las cosas! –exclamó José.

—Sí. Yo me creo mi trabajo, y eso es lo que me hace disfrutar tanto de lo que hago. Por eso he querido compartir contigo este espacio. Creo que es un espacio que inspira y, si buscas como yo, puedes encontrar también tu conexión.

—¿Qué tengo que buscar?

—Verás, yo en mi desarrollo profesional he tenido varios mentores, personas que me han impulsado intelectual y profesionalmente, y a los que les estoy muy agradecido en el interior.

—Yo nunca he tenido esa suerte He tenido personas que han sido modelo pero nunca nadie me ha dedicado esa atención especial del mentor.

—Cada persona tiene su proyecto personal, y tú puedes inspirarles en el camino, compartir tu sabiduría. Otra cosa es que dentro de su proceso madurativo y personal de crecimiento cada uno puede asumirlo o sencillamente ignorarlo.

—¿Tú crees que yo puedo ser referencia para alguien? Me parece irónico, pues por algo estoy trabajando contigo.

—Todos podemos. Si te centras tanto en ti y en tu trabajo, como persona te olvidas de que lideras un grupo, que eres la referencia del grupo, que tu personalidad, tus emociones, tu carácter conforman tu organización y tu empresa. En este sentido, si te abres más a la gente, si te crees tu papel directivo, si crees que en realidad puedes aportarles algo igual que ellos a ti, comenzarás a poner los cimientos de la organización que aprende.

—¿La organización que aprende? –repitió José con algo de incredulidad.

—Sí. Puedes hacer de tu empresa tu propia universidad, movilizar tus recursos, desarrollarlos y analizarlos uno por uno para establecer su desarrollo contigo.

—¿Mi empresa, una universidad? –seguía incrédulo José.

—Puedes analizar tu papel, pensar en qué puedes ayudarles y hacer que ellos también formen parte del proyecto, que puedan aprender y mejorar sus competencias, pero que al mismo tiempo ayuden a otros. En toda la organización se aprende y se enseña; ésa es tu propia universidad.

—¿Y yo qué puedo hacer?

—Tú puedes actuar como el rector de la Universidad para que tus empleados decidan su propio desarrollo profesional y tú puedas marcar sus proyectos, asistirlos con recursos, premiar sus logros, y por supuesto promocionarlos cuando consigan sus «carreras universitarias» dentro de ese proyecto compartido.

—Mmm… Ya veo por dónde vas.

—Puedes crear tu biblioteca, donde estudien, y que puedan estar al día, investigar y desarrollarse más allá de solucionar proyectos con empresas, siendo de este modo la referencia en el sector, y así, cuando vayan a una empresa, que se les pueda ver como lo que son: «licenciados en una empresa que crece».

—¿Organización que aprende? ¿Licenciados en mi empresa? –seguía José tratando de captar el mensaje de Pau.

—Fíjate qué perspectiva más diferente puede darse en tu empresa, pues si introduces a algún empleado en «tu universidad», es porque quieres que se desarrolle contigo, que haya un proyecto y un compromiso a medio plazo al menos. ¿Te suena?

—Vaya, me parece un proyecto teórico muy interesante, pero no sé si viable. Parece un poco utópico todo lo que planteas. Sin embargo, no dejo de reconocer que tiene parte de verdad. Necesitaría madurarlo y adaptarlo a mi empresa.

—Eso que dices ya es un primer paso.

—Tú sabes que yo leo mucho, que estoy al día, incluso que te recomiendo libros que leo cuando puedo. Y aprendo mucho, pero reconozco que no he intentado implantar este modelo en mi empresa. Y es verdad que no hay un perfil tipo de consultor en mi empresa, culto, actualizado, inquieto y crítico. Al contrario, actualmente creo que es más un perfil que tolera la presión, «todoterrenos» que igual hablan de calidad, que de trabajo en equipo o estrategia, que afrontan con valentía los riesgos.

—¿Crees que tu personal podría asumir el reto?

—Hombre –exclamó José–, reconozco las grandes lagunas de mi personal, no tiene fondo la mayoría. También es normal porque son recién licenciados, jóvenes aún, pero no estoy fomentando su desarrollo, ni su crecimiento. De hecho creo que tampoco sé sus inquietudes, ni si desearían compartir ese proyecto conmigo.

—¿Lo pensarás?

—Sí, desde luego lo pensaré, sería darle un vuelco importante a nuestro estilo de trabajo actual, necesitaríamos gestionar mejor nuestro tiempo para poder tener más para la formación e investigación, y seguir manteniendo nuestra productividad, pero no creo que sea problema, y comienzo a ver los beneficios reales sobre el clima laboral, motivación, desarrollo, mejora profesional, etc.

—Ahí quería también llegar… ¿Ves los beneficios?

—Sí, claro. Podríamos aprender todos de todos, generar por lo tanto más relación grupal y más interdependencias, sería todo más abierto, menos jerárquico. De hecho, la consultoría, como todos los negocios, está cambiando mucho, se transforma diariamente, necesitamos cada vez dar más valor añadido a las empresas, vincularlas más con nosotros, comprometerlas como si fuéramos parte de su organización. Esto requiere consultores con muchas competencias pero sobre todo lo que estás trabajando conmigo, el equilibrio en las competencias.

—¿A qué te refieres? –comentó esta vez Pau sin alcanzar a comprender.

—Pues que de nada sirve tener muchos conocimientos si no sabes estar en la organización. De nada sirve ser un experto en un tema si no eres capaz de transmitirlo, de trabajar en equipo. De nada sirve participar en la empresa si no eres capaz de captar los mensajes emocionales, pues vives en realidad otra empresa. Ese equilibrio es clave para conseguir pautas homogéneas, estabilidad en el negocio y sobre todo un continuo crecimiento en la organización.

—Vaya, ahora soy yo el que aprende. ¡Gracias por el regalo! –exclamó Pau con admiración.

—Pero, claro, ¿tú crees que querrán mis empleados compartir también este proyecto?

—Pregúntaselo a ellos.

—Entiendo por qué me has montado esta sesión. Quieres que sea el movilizador del cambio, el inspirador. Y no sé si estoy preparado para ello, pues me veo aún en fase de pensar en mí. ¿Cómo puede alguien que se mira el ombligo liderar un proyecto educativo a este nivel?

—Pues visualizándolo.

—Desde luego lo veo como un reto importante y, ¿sabes?, creo que cambiaría mucho el tipo de relación con mis empleados. Ya sabes que yo necesito mis tiempos, pero te aseguro que me ha impactado mucho esta sesión, no me lo esperaba.

—Sí, ¿en qué concretamente?

—Hoy creo que hemos conseguido que yo como empresario dé un salto importante en la dimensión de mi negocio. Me doy cuenta. Necesito pensar mucho en todo esto, necesito reflexionar. Si no te importa, me gustaría quedarme un rato más yo solo paseando por aquí. Noto cómo he conectado con la esencia de la universidad vieja. Gracias por compartir tu espacio conmigo. Igual algún día nos encontramos paseando por aquí –dijo irónicamente José.

Ambos pasearon casi sin hablar, sencillamente observaban y pensaban. Por un lado, José analizaba cómo este concepto formativo podía incluirse en sus planes actuales sobre todo cuando se estaba expandiendo a gran velocidad. Creía que era realmente viable siempre y cuando, claro, lo adaptara poco a poco, pues estos cambios, aunque es importante mantenerse firme en ellos, no se pueden dar de modo implosivo; se necesitaba crear una cultura del aprendizaje y del conocimiento.

José necesitaba luchar con dos grandes mitos. El primero tenía que ver con la formación que se pierde. Para qué formar a los empleados si tarde o temprano se van de la empresa. Por lo tanto, como mucho, se les da formación en el puesto y, además, la indispensable. Eso es lo que había hecho siempre. Pero veía que tenía sentido invertir más, pues podía afectar a la retención de talentos, a la motivación, a la mejora profesional. El segundo mito es hasta qué punto la inversión en formación es inversión o coste. Es difícil observar los beneficios de la formación. Pero ¿por qué no?, era una apuesta desde la dirección, sería un valor de la organización y, como tal, debería defenderse como algo principal. ¿Acaso no leía él mismo mucho para mantenerse al día? ¿era él tan diferente a los demás? No, sabía que muchos de sus empleados, si pudieran, podrían compartir lecturas, avances, etc. A veces invertimos en nosotros mismos pensando que somos los únicos interesados en la empresa. Y, sin embargo, comenzaba a confiar algo más en el personal. Por supuesto que algunos se irían, pero, claro, cuando contratara a algún consultor nuevo, ya incluiría la competencia del aprendizaje constante como uno de los indicadores. Eso sí tenía sentido. Tendría que darle más forma.

Objetivos del capítulo

1 Reflexionar sobre el conocimiento y el aprendizaje que se da en las organizaciones, y su impacto en el empleado.
2 Analizar el papel del mentor como figura principal en el desarrollo profesional.
3 Comprender la formación como algo más que el aprendizaje de nuevos conocimientos al ubicarlo en un plan más completo y global en la organización.
4 Analizar el papel de la gestión del conocimiento en la retención/fidelización del talento, en la motivación laboral y en la productividad empresarial.

Preguntas que el lector debe considerar

1 ¿Entraría en la estrategia de su empresa que su organización se centrara en el aprendizaje?
2 Analice el tipo de formación que se da actualmente en su empresa y compárelo con el modelo propuesto en el capítulo. ¿Qué beneficios encontraría de un cambio?

3 ¿Ha tenido alguna vez un mentor? ¿Se ha planteado alguna vez ser usted mentor de alguien en su empresa?

4 Podría plasmar un plan de desarrollo profesional del tipo comentado en el capítulo. Haga lo primero un plan de beneficios que se han de obtener por la empresa en caso de que se pudiera implantar.

Concepto clave

El desarrollo organizativo es una necesidad empresarial más que una elección posible. Elija: desarrollarse y crecer como empresa o sencillamente... dejar de existir.

11. El difícil equilibrio

Eran las cuatro de la tarde y, como siempre, Pau le había sugerido un espacio diferente. José ya lo esperaba. A Pau le llenaba mucho descubrir entornos conocidos con gente diferente. En realidad, era también como si fuera nuevo para él. «Es necesario romper las rutinas, al menos si hay mejores maneras de hacer las cosas», se recordaba Pau.

José llegó sonriente, se sentía cada vez mejor con las citas. Le dijo que había estado desarrollando muchas ideas desde la última reunión que tuvieron.

—Bueno, ¿qué vamos a ver hoy? –preguntó con interés–. Hoy es nuestra décima reunión. Nunca pensé que en tan poco tiempo pudiéramos abarcar tantas cosas. Eres buen profe, pero reconoce que te ha tocado el empollón de la clase –sonrió con ironía José.

Pau también sonrió y dándole una palmada en la espalda entraron en la tetería. El olor a incienso llenaba todos los sentidos, se sentaron descalzos en la alfombra, en un rincón de la tetería, inmersos en un ambiente exótico y diferente, y con ganas de seguir compartiendo. Pau se pidió una de sus mezclas favoritas de melisa, menta y romero, acompañado con miel de azahar.

—Hoy quería hablarte del equilibrio de las competencias, de cómo integrar todo lo que hemos visto hasta ahora. Hemos analizado muchas competencias en las nueve sesiones anteriores. Y creo que individualmente la mejora de competencias es importante. Pero si en algo te puedo ayudar es precisamente en la sesión de hoy, en la sinergia que se produce al equilibrar las competencias.

—Bueno, la idea general me va quedando. Creo que intuyo que todo esto está en algo más general, ¿no?

—Sí, tú ya comentaste en la última sesión que percibías en todos mis discursos ese concepto integral de «competencias», no como meras herramientas o capacidades individuales, sino que sólo en la conjunción de todas debemos analizar a la persona.

—Sí, en efecto –asintió José.

—Pues el resultado que se produce procede de esa conjunción, de esa globalidad, de esa integración. La persona es integral, sus acciones no son efectos generados por competencias individuales. Por eso a veces nos engañamos en los procesos de selección al valorar mucho una competencia en detrimento de otras, pues a pesar de que sea importante para el puesto, necesitamos que tenga mínimos en otras competencias, quizás no del puesto pero sí de la organización. O incluso cuando valoramos a nuestros directivos y nos centramos en sus desarrollos profesionales, en sus éxitos como productos, o en sus cualidades más fuertes.

—Bueno, pero eso choca algo con esta empresa de hoy en día donde si tienes algo diferente a los demás, algo saliente, eso es lo que verdaderamente importa.

—Sí, pero precisamente en ese equilibrio está la verdadera diferenciación. El equilibrio es difícil de lograr. Muy pocos lo logran.

—¿Crees que yo llegaré a ese equilibrio del que hablas?

—Sí, si continuas trabajando como hasta ahora con humildad y empeño. Es importante valorar los resultados globales de las personas, pues sólo esa globalidad nos indicará si esa persona podría rendir más, disfrutar más en su trabajo, o dar más calidad en sus productos o servicios. Si movemos una competencia, ello afecta a otras, y, como verdaderos cirujanos, debemos analizar los efectos que tiene la mejora de unas competencias. Se trata de buscar los efectos sinérgicos continuamente. Lo mejor es que el individuo sea autoconsciente de esa globalidad y que precisamente mediante su mentor/*coach* aprenda a equilibrar su reloj de alta precisión.

José le miró mientras daba su primer trago a su infusión y le preguntó:

—Sí, pero ¿cómo podemos tener esa visión tan global de la persona? No creo que sea fácil tener esa perspectiva tan global; de hecho, por eso muchas veces evaluamos a las personas en competencias específicas y nos hacemos una idea de su perfil. ¿No es eso lo que debemos hacer?

—Por un lado, sí. Está bien analizar individualmente las competencias pero yo te propongo que las consideres desde la globalidad. Déjame explicarme mejor. Tú puedes analizar la creatividad de un empleado y ver que es realmente buena. Sin embargo, igual ese empleado no es muy extrovertido o no tiene confianza en sí mismo, pero no importa, pues al menos al ser tan creativo aporta a la organización.

—Sí, eso pienso yo. Es, de hecho, el caso de uno de mis empleados.

—Sin embargo, desde la perspectiva más global de las competencias, ese creativo seguramente podría llevar a cabo más y mejores proyectos si tuviera más confianza en él mismo, pues podría tener la iniciativa para no censurarse algunos proyectos que seguro que nunca ni siquiera te ha llegado a plantear.

—Ya entiendo. No es tanto el trabajo que se hace, sino el que no ha propuesto.

—En efecto. Por eso, desde este sentido del equilibrio competencial las situaciones no se analizan de modo individual o específico, se analizan desde esa misma globalidad. El equilibro de las competencias suscita en la organización una pregunta constante: ¿cuánto podríamos haber conseguido más o mejor de nuestros empleados y directivos en su desempeño profesional?

—Uf…, vaya pregunta –exclamó José.

—Normalmente se consideran los costes de los errores de calidad, de las grandes inversiones, del personal, pero no se analiza lo invisible, lo que no se da, es decir, los costes ocultos de la falta de equilibrio competencial. Y eso tiene mucho que ver con nuestras percepciones de los demás, de nuestros esquemas de cómo funciona la organización. Tenemos a veces un concepto de los empleados muy desagregado, muy influido por la consultoría tradicional, que tiende a perfilar todo en variables independientes, y con ello pierde la esencia de las personas.

—Ya, te entiendo perfectamente.

—Un directivo que no piensa que sus empleados puedan tener ese equilibrio competencial está generando la cultura perfecta para que nunca se dé en su empresa y confirme sus percepciones. Por eso te hablo muchas veces de que los proyectos se tienen que visualizar, tenemos que verlos reales; si no, para qué provocamos cambios, si ni siquiera nos los creemos. El verdadero límite de la empresa está en la mente de su empresario.

—Ya. Con eso me pasas la pelota a mí ¿no?

—Es el modelo existencial de la empresa. Tenemos que asumir las responsabilidades de nuestras acciones.

—Sí, pero ¿quieres decirme que por la falta de un equilibrio de competencias las personas fracasan?

—No, yo sólo lo relaciono con el éxito. De hecho, jamás me oirás hablar o relacionar la falta de equilibrio competencial con el fracaso, sino que sólo lo vinculo con las posibilidades de mejora y crecimiento no planteados en una organización.

—Ponme un ejemplo.

—Fíjate en tu caso: te va muy bien, tienes más solvencia que nunca, sigues abriendo delegaciones incluso en países de la Unión Europea. Y estamos trabajando el equilibrio de competencias que te lleva a sugerir cómo mejorar tu organización. ¿Para tener más éxito? No sé si será más así, pero seguro que por lo menos te garantiza más tiempo en el mercado; el éxito del presente no es predictor del que tendrás en el futuro. La incertidumbre y los cambios continuos rompen la estadística lineal. Con el equilibro de competencias miras hacia el futuro continuamente, pues tienes las competencias necesarias para ser flexible, abierto, estar al día, escuchar y observar activamente, y todo ello multiplicado por el número de empleados que tienes. Esa organización es difícil que muera o sucumba en el corto plazo. Por eso insisto tanto en el equilibrio de competencias porque puede ser la garantía de subsistencia de tu empresa y negocio.

—Entiendo lo que me dices… Creo que es vital esa relación que estableces entre el equilibrio de competencias y el medio plazo, la subsistencia en el tiempo. ¿Qué empresario no se ha planteado hasta cuándo durará todo? Yo mismo me obsesiono por innovar, por ir por delante de la competencia, por comprender y analizar nuevos modos de consultoría y probar y probar… Pero no tengo claro aún cómo poder llegar al equilibrio de competencias si no es analizándolas individualmente. Tú mismo me pasaste pruebas de todo tipo y con ello me analizaste, obtuviste información de mi perfil. No me queda claro este punto…

Pau se quedó pensativo, le gustaban este tipo de diálogos tan enriquecedores.

—¿Tú sabes por qué te pasamos todas las pruebas individuales en la universidad? Pues porque era lo que esperabas de mí. Ya sabes, profesor universitario, científico, investigador, en la punta del conocimiento…, me pasa pruebas, sabrá mi perfil perfecto, estoy en buenas manos, confianza, confirmación de expectativas. Y no es que no sirvieran para nada las pruebas, yo prefiero tener cuanta más información mejor, pero no siempre las paso. Quise incrementar tu confianza y confirmar tus expectativas.

—Vaya, ¿te adaptaste a lo que me generaba confianza?

—Sí, eso te permitió meterte mucho más en nuestras sesiones, que es en realidad de donde yo tengo tu información. Con esto te quiero decir que el análisis que hago de tu equilibrio competencial proviene de nuestros diálogos, de nuestro día a día. Hablo contigo, con la persona, y tú te muestras en esa globalidad. ¿Entiendes? Se entremezclan las racionalizaciones y las emociones, los comportamientos, la comunicación verbal y no verbal. Todo ese cóctel es lo que yo analizo, pero también desde la globalidad. Por eso es realmente difícil, pues toda la información que me llega me habla de ti desde diferentes sentidos y percepciones. Sólo la experiencia te da la facultad de poder estar manteniendo una conversación real y sincera y al mismo tiempo integrando la información como un todo, como un sistema.

—¿Pero eso no es un poco subjetivo e incluso «místico»? —se atrevió a decir–. Me refiero a que entonces, ¿qué me puedo llevar de todo esto?, ¿cómo puedo hacerlo yo?, ¿cómo puedo ayudar a mis empleados si no soy capaz de ayudarles como tú lo haces conmigo?

—Claro que podrás hacerlo igual que yo. Esto no es tan subjetivo como piensas, pues hemos tenido muchas sesiones donde yo no paro de recibir información tuya y por lo tanto la información se va confirmando y asentando. Y, por otro lado, no tiene nada de místico. ¿Acaso tú no tomas decisiones en tu negocio que proceden de tu experiencia? ¿Cómo las transmites? ¿Cómo podrías explicarme este *know-how* que tienes tan valioso? ¿No crees que es lo mismo?

—Ya. Para mí es la intuición.

—Claro, el empresario lo llama «intuición». Por supuesto tu mejora en las competencias te hace más competente para ayudar a otros, pues te permite ver cosas que antes no veías, te permite estar más abierto y atento a tu gente, te permite integrar lo emocional y lo racional y comprender el mensaje completo.

—Ya. Mi propio cambio es mi capacitación como agente de cambio en mi empresa.

—No lo hubiera dicho yo mejor, José –reconoció Pau sonriendo, y añadió–: pero esto es un viaje, un trayecto donde no se ve nunca el final, es una decisión personal donde debes disfrutar del camino, de cada paso que das, y no pensar nunca en el destino, pues no existe, no llegará el momento donde seas perfecto en competencias, eso no existe, todo serán acercamientos progresivos, y verás tu progreso poco a poco, y cada paso que des te dará una visión diferente de la realidad sin posible retorno.

—Vaya, esta parte es algo más dura, ¿no?

—Sí, de nuevo es el existencialismo empresarial. Asume tu cambio, tu viaje, pero siempre serás tú quien lleve el timón, quien tenga la responsabilidad última de haber soñado, visualizado o plasmado tu proyecto.

—Ya entiendo.

—Es importante considerar el valor del equilibrio competencial, de la globalidad e integridad de las personas. Si visualizas así, a las personas, podrás entonces seguir adelante en este viaje. Por eso para mí, más importante que intercambiar datos o información concreta, es precisamente generar un cambio perceptivo que sea lo suficientemente importante como para abrirte a otro tipo de realidades que coexisten, eso modificará tus creencias y actitudes, y entonces estarán en el verdadero camino del equilibrio competencial, tu camino.

Sorbieron sus respectivas bebidas intentando saborear y oler al mismo tiempo la mezcla específica de hierbas. Se dejaron seducir por la tranquilidad del entorno y Pau vio cómo José integraba los conceptos, cómo se debatía en sus dudas y cómo avanzaba sin parar. A veces José le daba incluso respuestas concretas a cosas que Pau sólo era capaz de ver desde la abstracción y eso era realmente un regalo para Pau. Habían llegado al concepto más importante de las sesiones y necesitaba que lo encajara en su medida, pues sólo si comprendía e integraba la sesión y sus implicaciones, podría José dar el salto cualitativo en su organización. Cada vez estaba Pau más seguro de la necesidad de incorporar el rol del equilibrio competencial en las organizaciones. Y para ello era necesario saber mirar las cosas desde su todo y no desde sus partes. Y eso era realmente complicado, pues las organizaciones, la ciencia incluso, intentaban desintegrar las cosas para poder analizarlas. Y justo Pau defendía lo opuesto, defendía la necesidad de ser global, de tener intuiciones generales, de poder ver las partes desde el todo.

Objetivos del capítulo

1 Reflexionar sobre el papel sinérgico del modelo global de las competencias.
2 Analizar el valor añadido que supone el modelo global competencial sobre la productividad actual en la empresa.
3 Comprender el papel del modelo global competencial como un proyecto competitivo empresarial para garantizar el futuro de la empresa.
4 Comprender el papel del directivo/empresario como principal responsable y agente del cambio en la organización. Sólo su visualización puede permitir que se dé este cambio.

Preguntas que el lector debe considerar

1 ¿Reconoce algún caso similar al del capítulo de un empleado que podría haber dado más de sí con una mejora competencial?
2 ¿Ha considerado a sus empleados alguna vez desde esta globalidad competencial planteada en el capítulo?
3 Si analiza el futuro de su empresa, ¿quién cree que le puede ayudar a plantear escenarios posibles?, ¿quién tiene ese equilibrio competencial que le permita visualizar de modo compartido?

Concepto clave

El futuro empresarial depende de nuestra capacidad de anticipación y de nuestra capacidad de visualizar escenarios futuros. Y esto sólo es posible con el equilibrio competencial de nuestro recurso más valioso, las personas.

12. El camino del crecimiento

Previo a la cita, Pau iba reflexionando sobre José. El caso de José es uno de tantos directivos y empresarios que temen verse a sí mismos y que piensan que ponerse en duda, aunque sólo sea un segundo, puede ser una crisis insuperable. El éxito y la crisis van de la mano, no se pueden evitar. Si se aprende a convivir con ambos, esto permitirá también relativizarlos. El éxito nos prepara para el fracaso y el fracaso para el éxito. Nada en la vida es tan extremo y tajante, salvo la percepción que tengamos de ello. El fracaso desestabiliza lo suficiente como para cambiar los patrones y buscar el éxito. El éxito garantiza que se va por el buen camino pero recuerda que antes se pasó por el fracaso.

La última sesión que tuvieron fue en la empresa de José. Éste le miró extrañado y dijo:

—No dejarás de sorprenderme –Pau fingió no entender, y José continuó– hemos pasado por todo tipo de escenarios donde me he analizado psicológicamente, y siempre me decías que no vendrías a mi empresa mientras estuviéramos en sesiones de desarrollo directivo, pero hoy, según me dices, es la última y has venido a mi despacho.

—Me agrada que seas tan sincero como siempre, y te lo voy a explicar. ¿Por qué crees que no hemos venido antes a tu despacho?

—Me imagino que para evitar el contacto directo con lo que me hace sufrir, ¿no?

—En parte, piensa que necesitaba sacarte de un escenario tan poderoso como tu propio trabajo. Si yo me hubiera metido en tu cueva, no hubiera podido casi salir de tu enorme poder. Lo controlas todo en tu organización. Y si yo entraba, también lo intentarías hacer conmigo.

—Ya, seguro que te hubiera tratado como a uno más de mi organización.

—Yo necesitaba escenarios lo suficientemente alejados de tu trabajo como para contactar con la persona. Quitar todas las capas de protección que llevabas puestas era muy difícil, pero mucho más sencillo si lo sacaba de contexto.

—¿Y ahora entonces?

—Pues en este momento necesito precisamente lo contrario, necesito que la persona que ha sido capaz de darse cuenta de todo lo que hemos visto en las diez sesiones anteriores, pueda transferir sus enseñanzas al José directivo y empresario. Necesito que en este momento el yo persona enseñara al yo empresario todo el proceso, y poco a poco fuera adaptando los cambios necesarios.

—Lo entiendo, pero me siento un poco perdido. No sé cómo hacer esa transferencia, no se cómo comenzar los cambios.

—Pues precisamente planteándotelo. Ten por completa seguridad que encontrarás el camino, eso sí, tu camino. Recuerda que lo más importante no es que te digan lo que tienes que hacer, sino que hayas generado en tu interior los cambios de valores, creencias y actitudes como para provocar por ti mismo los cambios.

—Yo como iniciador de todos los cambios, ¿no?

—Sí, sé fiel a esos cambios, a tu nueva visión de las personas. Y ponle la misma fuerza y dedicación que le pones al resto de asuntos en tu empresa. El resto vendrá solo.

—Sí, me imagino que tengo que iniciar el camino.

—Sí, he compartido diez sesiones contigo, diez sesiones únicas. Cada caso es un mundo diferente con matices diferentes con procesos diferentes. Ten muy en cuenta que en diez sesiones has hecho cambios muy importantes, pero los has hecho tú, y te lo aseguro:

no es lo normal. Tengo historias de fracasos también en que, por mucho que he trabajado con el directivo, no hemos llegado a nada, o los procesos han sido muy leves.

—¿Qué haces en una situación así?

—Yo sólo puedo ayudar a cambiar a aquellos que en realidad quieren cambiar algo de sus competencias. Pero hay un perfil de directivo que no me busca por el cambio, creo que me busca por si le doy esa solución del problema de su empresa, esa píldora verbal que le soluciona la vida sin hacer nada. Y, como has visto, el camino es duro, hay que trabajarse, y no todo el mundo está dispuesto a eso.

—¿Incluso el *coach*?

—El *coach* al menos debería tener la actitud de la mejora, vivir en el viaje del cambio. Recela de aquellos que son capaces de darte respuesta o hacerte reflejo pero que ni siquiera luchan por ellos mismos. Conozco muchos colegas de este perfil, y son burócratas del *coaching*. Administradores de procesos incapaces de sentir o implicarse en un caso.

—Pero eso en realidad es bastante duro, siempre con mochilas como tú dices. ¿No hay un momento en que alguien debe parar de autocuestionarse?

—Cada uno es libre de parar o seguir. Pero recuerda que el viaje es lo que da sentido a tu vida, es lo que te permite ser cada vez más autoconsciente, lo que te permite ser más íntegro. Es duro porque siempre tienes la sensación de la inestabilidad, de estar dudando, de estar planteándotelo todo. Pero es lo que yo llamo la «inestabilidad estable», donde te permites momentos más flojos y momentos más fuertes, pero suceden siempre, y de modo normal vives con ellos.

—¿No es más fácil lograr el equilibrio que tanto predicas y quedarte de un modo estable en él?

—Ese equilibrio no es un fin, es un medio, debes luchar por él, pero no se llega nunca. Debe ser el destino de tu viaje al que sabes que nunca llegarás, al que sólo te acercarás. Esa vigilancia, ese verse a uno mismo en el viaje es la mayor garantía de que todo va bien.

No intentes llegar rápido, no intentes saltarte paradas, déjate llevar por ese viaje, duro, pero al fin y al cabo la esencia de la vida.

—No sé, me da la sensación de que quien inicia ese viaje deja de ser feliz, ¿no? Tanto autocuestionarse, no sé, tengo mis dudas.

—Bueno, es una manera de verlo. La ignorancia dicen que es el principio de la felicidad. Yo no lo creo. Creo que aunque el viaje es largo y duro, cada paso que doy soy más yo, y en ese ser más uno mismo, para mí es un paso hacia mi felicidad. Quizás es otra manera de ver la felicidad. Tú has comenzado un viaje conmigo pero es tu responsabilidad decidir si sigues y cómo. E incluso si tú haces de mentor de otros.

—¿Quieres decir que no puedo aplicar el orden y sistemática con mis empleados?

—Claro –contesté–, cada empleado tiene su propio camino como tú tienes el tuyo. Lo importante no es lo concreto sino lo abstracto, los valores, creencias y actitudes que se modifican en el camino. Si integras lo abstracto, encontrarás el camino con cada empleado, pues el equilibrio de competencias te permite una percepción completa que te indicará por dónde empezar y continuar. Pero recuerda, no se puede cambiar del día a la noche.

—¿Alguna recomendación?

—Primero te recomiendo integrar todo lo que hemos aprendido para fortalecerte en la relación con tus empleados. Analiza estratégicamente en qué te modifica a ti y a tu organización. Ese sería un buen comienzo, una primera fase.

—¿Cuánto? ¿Un año? –preguntó con algo de recelo José.

—El primer año lo podrías dedicar a cambiar tus relaciones con todos y a ir sembrando el cambio organizativo congruente con las nuevas relaciones. No te preocupes por que no lo consigas en el tiempo establecido, pues no es tan fácil y siempre habrá resistencias, algunas salvables y otras insalvables. Y no será emocionalmente neutro todo el cambio. Así que dedica lo mejor de tu equilibrio a tu organización. Vas a pasar días de gloria y días infernales, donde te vendrás abajo, pero mantén la confianza en ti y persevera.

Recuerda cómo comenzaste tu empresa, no fue fácil, ¿verdad? Pues esto tampoco lo va a ser. Pero te aseguro que vale la pena.

—¿Estarás tú en ese cambio?

—Yo ya no te voy a citar más, creo que ya no puedo hacer más por ti en este momento. Por eso prefiero que cuando lo desees me llames, aquí estaré, pero ahora el control lo tienes tú. Y cuando prepares el cambio organizativo, hablaremos, pues debemos formar y entrenar a tu personal. El resto está en tus manos. Recuerda, visualiza, siempre visualiza el cambio, y cree en él...

—Esto suena a despedida –comentó José con algo de nostalgia.

—Bueno, hay que romper un poco el lazo que tanto nos ha costado generar para conectar entre los dos. Ahora el camino es tuyo sólo, pero si lo haces bien, ya no estarás más solo, tendrás toda la organización para ayudarte; mira si has ganado con todo el cambio. Pero recuerda que cada uno tiene su propio camino de mejora, y por lo tanto hay competencias que tú y yo no hemos trabajado, pues no eran prioritarias. Puedes implantar esa cultura competencial para que cualquiera trace su senda, evolucione, madure y mejore.

A Pau siempre le costaba este momento en que de algún modo rompía parte de la relación, pero no creía en dependencias, era parte también de su historia. Había pasado por diferentes mentores que no supieron en su momento romper la relación. Y al final las personas necesitan tomar sus decisiones por sí mismas; tú puedes acompañarles, aconsejarles, pero, al fin y al cabo, cada uno tiene su vida y es responsable último de ella. No puedes vivir por otros ni a través de otros. Es quizás fácil hacerse el mentor o el consejero. Sin embargo, el mentor también tiene su propio camino que seguir. Los caminos se cruzan y se separan. Es la ley de la vida. Y en ese devenir sencillamente nos alegramos de las coincidencias y respetamos las separaciones.

La vida es una eterna sorpresa si eres capaz de verla en su globalidad. Si la miras a los ojos directamente. Si te planteas en todo momento vivir todo como si fuera la primera vez. Eso conlleva romper hábitos, ser creativo, diferente, pero sobre todo vivir, gozar, sentir. También sufrir, pero ¿quién quiere una vida sin sobresaltos, sin alegrías, sin amor? El hábito, la estabilidad estática acaba matando a la persona; bueno, sigue viviendo, pero se convierte en una sombra de sí misma. Muchas veces Pau se lo repetía también, porque la rutina te envuelve en cada paso que das, y tienes que estar casi constantemente rompiéndola. Y eso significa ser un activista de la vida.

Sabía que José tenía sus propias herramientas para seguir adelante. Habían trabajado en las sesiones para precisamente ayudarle a crear esas herramientas, no era importante protagonizar el cambio propuesto; por el contrario, el objetivo de Pau era que José tuviera su propio instrumental para poder hacer él mismo el cambio. Pau tuvo que afrontar sus emociones de separación también. No era fácil para él, con toda la inversión emocional puesta en José, y ahora notar esa distancia que él mismo estaba provocando. Era algo a lo que nunca se había acostumbrado. Y, como siempre, se iba algo apesadumbrado, aunque sabía que al día siguiente se sentiría feliz. Pero ¡es tan difícil trabajar las emociones! De momento, sabía que las tenía que respetar, sabía que estaban ahí, era consciente. Sentía pena y duda. Y eso era casi lo de siempre. Respetaba sus emociones y las dejaba salir. Sabía que era necesario. Ese día se dedicaría a su familia, a su pareja y a sus hijas.

Objetivos del capítulo

1 Reflexionar sobre el aprendizaje y la última transferencia que se hace última a la empresa. Toda experiencia formativa y de desarrollo directivo debería tener una constante transferencia al puesto y a la organización.

2 Comprender que el viaje del desarrollo es un viaje individual y personal, en que puedes recibir ayuda, consejos y dirección pero al fin y al cabo siempre será un viaje único.

3 Comprender que el objetivo del mentor y del *coach* es precisamente generar las herramientas en el directivo y no dar soluciones.

Preguntas que el lector debe considerar

1 ¿En su propio viaje que ha hecho en esta primera parte, cree que tiene herramientas para comenzar el cambio organizativo o profesional?

2 Tiene relaciones de dependencia con alguno de sus superiores o colegas profesionales? ¿Cree que podría cerrarlas como en el caso para poder asumir su propia dirección profesional?

3 ¿Es capaz de ver las diferencias competenciales de sus colegas para comprender que requerirían diferentes procesos de intervención al planteado con José?

Concepto clave

Todos los caminos son únicos. Todos los caminos son diferentes. La clave es tener las herramientas para generar tu propio camino.

13. Solo en el océano

Llevaba más de media hora de intervención en la conferencia y Pau notaba cómo había captado la atención y el interés de los asistentes, no hay nada como comentar un caso real a un público de empresarios.

En realidad, todos tenemos un pequeño José en nuestro interior. Ése quizás era el mensaje de fondo para el público; todos se veían, en cierto modo, identificados con alguna de las facetas y episodios de José.

Llegaba el momento de cerrar, de hablar de las conclusiones e incluso del método del equilibrio competencial. Por lo tanto, Pau dejó pasar un silencio, miró al público, tomó aire, y dijo:

Ha transcurrido más de un año desde la intervención de desarrollo del liderazgo de José. Yo, de hecho, lo llamo de vez en cuando aparte de nuestras visitas mensuales y quedo a comer con el amigo. Pero veo claramente las mejoras del momento que él, y sólo él, ha hecho. Sé que el camino que le queda no es nada fácil, pues las cosas no se cambian en once sesiones. Pero cuando ves claro el camino, no importa lo lejos que éste te lleve; al fin y al cabo, es tu sendero, tu luz, y ésa se le nota hasta en la mirada y la sonrisa que pone.

En sólo seis meses consiguió trasladar los principios del liderazgo y del equilibrio competencial a su empresa; de hecho, planificó un cambio estratégico importante que ha seguido desde entonces.

En lo personal, no es fácil, pero sigue trabajando mucho las competencias que tanto reflexionó en su momento. Con respecto a los resultados organizativos, éstos siempre se ven desde el corto al medio y largo plazo. Su plantilla ha acogido de modo perfecto los cambios, pues suponían siempre una mejora organizativa y de la relación con la dirección. Además, el clima organizativo ha subido de un 2,2 (escala de 1: muy malo; 2: malo; 3: regular; 4: bueno; 5: muy bueno) a un 3,5. Aún hay resistencias, algo normal que el tiempo ayudará a estabilizar. La línea ha sido creciente en los estudios de clima que se realizan cada seis meses. También ha habido abandonos de empleados así como incorporaciones nuevas; al menos la gente sabe ya a qué atenerse, y eso siempre genera un valor en la organización. Yo preveo que en un par de años logre superar claramente la barrera del 4 (bueno), pues lo que le baja la media es aún un grupo de empleados que necesitan tiempo para cicatrizar y perdonar, o abandonar la organización si lo consideran; es siempre un criterio personal e individual.

Para dentro de unos meses tenemos todo un plan formativo, pues al final cuajó la idea de universidad aplicada a la organización, y ha montado su propia adaptación de la idea, algo realmente que superó con creces mi planteamiento inicial. A su visión de empresario le dio proyecto y misión. Y eso le da alas a una organización. Al mismo tiempo, hemos rediseñado los puestos por un sistema de gestión por competencias capaz de integrar al personal y a la empresa en un mismo objetivo y camino. Cuando se ven las cosas claras, las competencias organizativas y estratégicas fluyen, y las específicas del puesto ganan al enriquecerse tanto en variedad como en autonomía.

Aparte, su trabajo como mentor está empezando a dar sus frutos y está trabajando el concepto de «organización que aprende» y todo con el equilibrio competencial en mente. Ya no quiere al mejor en diseño, ni al mejor vendedor, ni al más inteligente. Está potenciando en todos sus empleados el cruce de competencias, el equilibrio sinérgico con la organización. Esto ha permitido una mejora en la gestión de los proyectos, un enriquecimiento del puesto del trabajo y mejores condiciones laborales.

Los primeros efectos con los clientes ya se han visto en varias cuentas nuevas contratadas por el perfil diferente, novedoso e integral de la consultora, así como con cuentas antiguas que se han logrado fidelizar por un concepto de gestión por competencias que incluye valores y creencias organizativos de compromiso con los clientes.

La consistencia, estabilidad y apoyo constante que ha tenido José con sus empleados ha generado una nueva perspectiva relacional en la empresa. No es un José diferente, es el mismo, solo que este José se autocontrola, tiene en cuenta a los demás, y sobre todo aprendió los nuevos valores del equilibrio competencial. Hoy en día, no es que haga eso que tanto se dice en los manuales humanistas de preocuparse por los empleados, sino que considera a sus empleados como colaboradores maduros, los cuales tienen que aportar a la organización, y que al mismo tiempo se sienten parte de ella. Es un proyecto compartido. Esta sensación es creciente, y se nota en la productividad, en la eficacia y en la eficiencia.

El mérito es completamente suyo y la trayectoria que lleva es realmente ascendente. Sólo él sabe qué fuerza tuvo en su momento para iniciar un proceso de mejora conmigo como para asumir esos cambios tan importantes.

Este método de mejora en la gestión por competencias para lograr su equilibrio está basado en los sistemas de liderazgo y desarrollo directivo tradicionales, pero desde un enfoque nuevo e integrador. Estas diferencias se basan en un único aspecto: el claro enfoque de equilibrio competencial.

La gestión integral por competencias bajo este planteamiento no se centra en la búsqueda del problema, sino en buscar el equilibrio competencial que provoca las sinergias en la organización y por lo tanto las mejoras. No se plantea para aquellos a los que les va mal, sino a los que quieren mejorar. Ése es el verdadero viaje del liderazgo. Es un sistema en positivo, continuo, que busca la excelencia a través de personal comprometido en entornos humanistas y estratégicos.

Podríamos concluir que mi propuesta integra tres niveles de intervención. El primero es a nivel organizativo. Conceptualizar la empresa como un sistema vivo, único, competencial y emocional. Vivo porque está en continuo cambio y fluir. Único porque cada empresa es un sistema diferente con su propio camino que hacer y su propia identidad. Competencial porque se pueden conceptualizar y gestionar todos sus procesos y procedimientos a través de la gestión por competencias de sus profesionales. Y emocional porque es un sistema vivo, existencial, que siente y que basa su energía precisamente en su estado emocional.

El segundo nivel se basa en la cultura organizativa que integra tres metacompetencias o conceptos fundamentales: el equilibrio, el compromiso y el desarrollo. El equilibrio porque sólo a través de un sistema equilibrado se consiguen sinergias de las fluctuaciones constantes con el entorno. El compromiso porque sólo a través de relaciones de compromiso se puede tener una cultura de mejora y productiva que produzca con los mayores estándares de calidad. Y el desarrollo, porque sólo una cultura que quiere crecer puede existir en el mercado competitivo. Sólo el crecimiento y desarrollo permite anticipar y actuar.

El tercer y último nivel tiene que ver con las competencias directivas: equilibrio competencial, autoconocimiento, autoconfianza, compromiso por la mejora, habilidades emocionales y habilidades comunicativas. El equilibrio competencial es la base de un directivo capaz de afrontar los retos del presente y el futuro, la base de conseguir ese equilibrio en la organización. El autoconocimiento es el primer pilar de ese equilibrio competencial, aunque no suficiente, pues necesita de la autoconfianza y el compromiso personal con la mejora. De nada sirve saber o tener información personal o profesional si no sirve para la acción. Las habilidades emocionales base para gestionar en un sistema emocional como la empresa y para conseguir la energía suficiente que movilice la organización. Y las habilidades comunicativas porque al fin y al cabo las empresas son entes sociales como las personas, y por lo tanto, el éxito de su progreso depende de su capacidad de comunicar e implicar en los proyectos.

Como pueden ver, estos tres niveles se trabajaron en la intervención con José, de un modo integral, global o sistémico. La organización, su cultura y su dirección.

Acabó la conferencia, y mucha gente rodeó a Pau para comentarle aspectos concretos de su empresa o hacerle comentarios. Pau siempre disfrutaba de esos momentos, pues sabía que al menos había logrado movilizar actitudes en la sala. Contar por primera vez el caso de José en público, por supuesto con nombre cambiado y omitiendo algunos detalles más personales, le había permitido llevarse a los empresarios a su terreno, donde los términos *duda*, *miedo*, *emoción* son más fáciles de utilizar, pero él había preferido hablar de *mejora*, *autoconocimiento*, *cambio* y *progreso*, entre otros. Y les veía asentir en su lenguaje no verbal según avanzaba la conferencia.

En su momento Pau había invitado a José a la charla, pero éste no le pudo confirmar su asistencia, pues estaba por Italia ampliando negocio. La asistencia había superado las expectativas iniciales de los organizadores, pues normalmente estos temas denominados *micro* o *blando* (*soft*) no suelen tener la misma valoración en el mundo empresarial. Es difícil hablar a tanta gente si no lo haces de este modo tan directo con un caso.

Pau atendió a todos los que se acercaron a saludarle, y de reojo miró al final de la sala, donde una figura conocida para él le sonreía desde la distancia. Era José. Había venido al final. Italia estaba lejos, pero se ve que no lo suficiente. Una mirada de complicidad fue suficiente.

Pau estuvo un rato con los asistentes, con los organizadores y al final se acercó a José:

—¿Has podido venir al final? ¡Creía que no podrías! Me alegro mucho de verte. Creo que aprendí tanto como tú en el proceso.

—Recuerda lo que hablamos de las prioridades y de las urgencias. Para mí era una prioridad. Quería ver cómo resumías el proceso para animar a mis colegas a pensar en el equilibrio competencial. Además, siempre me llevo alguna idea nueva.

—¿Qué te ha parecido? –le dijo con interés de saber cómo su amigo había valorado la síntesis del caso.

—Muy real y muy cercano, claro –ironizó José–. Creo que es difícil desde fuera ver la potencialidad de lo que dices sin que suene a utópico, pero me parece que al menos has sembrado la semilla de la duda. Y eso en realidad es algo importante, pues un directivo o empresario normalmente se lleva las cuestiones inacabadas a su inconsciente y las deja reposar, pero vuelven a salir, no se permite cerrar el día así de fácil.

—Sí, en efecto me conformaría con esa semilla de la duda que dices.

—Por otro lado, la síntesis final que haces me ha servido mucho para integrar todo lo que pasó.

—Sí, de hecho me dedicaré varios años más a trabajar en mis sesiones de desarrollo directivo y *coaching* del equilibrio competencial para conseguir afianzar el modelo de intervención. Espero que me ayudes.

—Será todo un placer, pues quien prueba la semilla de la innovación, del aprendizaje, de la continua búsqueda, creo que necesita más estímulos.

—Bueno, ¿cómo te va? Igual deberías haber subido para comentar de modo más concreto cómo has avanzado en tu mejora profesional.

—Seguramente –sonrió José–, pero sigo prefiriendo mi anonimato; como tú dices, es mi camino. Cada uno debe buscar el suyo.

—En efecto, te veo muy sabio.

—Sencillamente estoy en ese viaje del que tanto hablas. Y me siento muy bien. Lo mejor de todo es que, aparte de seguir teniendo éxito en mi empresa, soy mucho más feliz, y veo a mi gente más feliz. Y eso no veas, sobrepasa claramente la barrera de lo meramente productivo. Noto que trasciende a la propia empresa, y eso me gusta.

Caminaban hacia la salida del local cuando se les acercó una mujer con aspecto de periodista y mirando directamente a Pau le preguntó:

—¿Podría contactar con el empresario del que nos ha hablado en la charla?

—Pues no sé –dudó Pau mirando de soslayo a José–. Debería antes hablarlo con él.

—Mire, señorita –interrumpió José–, hable con cualquier empresario de la sala y verá como se ha sentido reflejado en el caso que ha comentado el conferenciante –sonrió José y continuó–; todos los asistentes eran el mismo caso –concluyó José.

—¿Con quién tengo el gusto de hablar? –inquirió la mujer algo incrédula por las palabras de José.

—Con un empresario que se cree y aplica el modelo del equilibrio competencial –dijo José con un guiño mientras se llevaba a Pau para irse a comer juntos.

Objetivos del capítulo

1 Reflexionar sobre el modelo de intervención en las tres fases explicadas: organizativa, cultural y directiva.
2 Analizar el valor organizativo del modelo con sus dimensiones de sistema vivo, único, competencial y emocional.
3 Analizar el valor cultural del modelo tanto en el equilibrio, el compromiso y el desarrollo.
4 Analizar el valor directivo del modelo en su visión de equilibrio competencial que afecta al autoconocimiento, a la autoconfianza, al compromiso por la mejora, a las habilidades emocionales y a las habilidades comunicativas.

5 Comprender que cada caso empresarial es único pero que, al mismo tiempo, el modelo tiene suficiente capacidad de abstracción como para aplicarse a todas las empresas.

Preguntas que el lector debe considerar

1 ¿Puede considerar el modelo de intervención como un todo y analizar las áreas donde debería intervenir en su organización?
2 ¿Considera posible el cambio organizativo bajo el modelo propuesto?
3 ¿Cree que esta primera parte del libro le ha generado «la semilla de la duda» como para plantearse qué mejorar en su organización?

Concepto clave

La organización es un sistema dinámico que requiere innovaciones y sistemas de mejora continuos para poder crecer.

Autodiagnóstico del modelo de equilibrio competencial: las trece claves

Indique el grado en que se dan las siguientes características en su empresa:

1: nada; 2: poco; 3: regular; 4: bastante; 5: mucho.

Organización

- Podría definir su empresa como una organización viva y dinámica.
- Podría decirse que su empresa es única por su valor diferencial del mercado.
- Podría definir fácilmente las competencias que definen a su organización.
- Podría decirse que en su empresa se gestionan y tienen en cuenta las dimensiones emocionales en la toma de decisiones.

Cultura

- En su empresa se busca claramente el equilibrio y las sinergias entre todas las áreas funcionales.
- Podría decirse que su empresa tiene una cultura basada en el compromiso de sus empleados.
- En su empresa se percibe claramente la preocupación por el desarrollo y la mejora profesional.

Dirección

- Se percibe un equilibrio competencial en los directivos y mandos intermedios.
- En esta empresa los directivos tienen información objetiva de ellos mismos como profesionales.
- Se nota como los directivos confían en ellos mismos.
- Los directivos están comprometidos con su mejora y con la mejora competencial de sus equipos profesionales.
- Los directivos tienen las habilidades para gestionar los asuntos emocionales tanto en la toma de decisiones como en las interacciones entre las personas.
- Los directivos son un ejemplo de comunicación organizativa.

— PARTE II —

VIAJE DEL LIDERAZGO AL *COACHING*

1. El reencuentro: la confianza

Había recibido la invitación para dar una charla en una asociación empresarial de prestigio nacional. Pau, consciente de la necesidad de la empresa de ideas y ejemplos útiles, esta vez había optado por una charla provocadora más allá de un desarrollo de las competencias del líder. Había pasado la frontera hacia el *coaching* como herramienta del desarrollo directivo.

De hecho, en los últimos años, Pau había estado especialmente interesado en el impacto real que tenía el *coaching* en la empresa, y traía resultados de su última investigación, así como reflexiones sobre la necesidad de transformar al directivo actual de un modo natural y evolutivo. El *coaching* no puede ser asumido de lleno sin haber quemado unas etapas previas.

Sumido en sus pensamientos y jugueteando con un azucarillo del café, fueron a recogerlo varias personas de la organización. En ese mismo momento notó vibrar su bolsillo, era el móvil, lo había desconectado ya del sonido, pero como vio que le daba tiempo, miró quién era. Una sonrisa apareció en sus labios. Cuánto tiempo hacía que no sabía nada de él, de José. Casi un año. Pensó que José tenía el don de la oportunidad. Siempre aparecía en momentos de este estilo, estas cosas suelen pasar con gente con la que te comunicas muy bien y hay muy buena relación. Se apartó un poco de la mesa y con voz provocadora contestó.

—Amigo José, ¡cuánto tiempo!

—Sí, Pau, casi un año. Sabías que te llamaría, ¿no?

—Quedamos en eso, José, que me llamarías cuando vieras que me necesitabas realmente, ni antes ni después. En un año creo que tendrás muchas cosas que contarme, ¿no?

—Muchas, parece como si toda mi vida hubiera transcurrido en este último año. Sí, creo que debemos vernos. ¿Por dónde andas?

—Estoy en Madrid dando una charla sobre *coaching* y rendimiento directivo, pero regreso mañana. Creo que podemos vernos a comer si te apetece, y me cuentas. Estoy intrigado y lleno de curiosidad.

—Me lo creo. Me parece perfecto, nos vemos mañana a comer, te mando un mensaje con el lugar al que te llevo; ya sabes que en eso el profe soy yo.

—*O.K.* espero noticias.

Nada más se cortó la comunicación entre José y Pau, desde la mesa de la sala de conferencias le hacían ya gestos para que se acercara. Con paso lento pero firme, pasó por entre todo el público, muchos amigos y colegas, muchos expectantes, otros llenos de curiosidad. Subió al escenario y comenzó la conferencia. Después de las presentaciones se hizo un silencio, Pau llevaba un micrófono en la solapa y con un mando inalámbrico de ordenador en la mano derecha apretó suavemente. Una imagen de mucha luz inundó la sala, un gran rayo penetró la tela donde se proyectaba el ordenador, y después del sonido agudo, un silencio. Una música suave introdujo las primeras palabras de Pau:

Hoy más que nunca necesitamos un cambio, una transformación. Si sabemos que el cambio es necesario y que debe ser constante en sí mismo por naturaleza, hoy más que nunca sabemos que ese cambio constante debe ser transformador. Sabemos que podemos ayudar al directivo no sólo a liderar sino a ser referente en su empresa, a ser modelo de su gente, desarrollador de su contexto, agente de cambio de su organización.

Sabemos que todo eso no sólo es posible sino necesario.

Y también sabemos que el cambio no se puede imponer y la transformación tampoco. Por lo tanto, esta necesidad nos lleva a una paradoja en la empresa. Necesitamos cambiar pero no podemos imponer el cambio porque por propia naturaleza se corrompe. Necesitamos convencer desde la sabiduría, desde el ejemplo, desde el silencio y no desde la palabra. Necesitamos convertir en acólitos sin presionar, sin aleccionar, sin instrucciones ni órdenes.

Hoy más que nunca necesitamos el cambio de la dirección hacia un paradigma completamente introspectivo, hacia una revolución interior y silenciosa. Y en ese cúmulo de cambios se dará el cambio organizativo. Pero ese cambio no es posible desde mi palabra ni desde mi gesto. Ese cambio es una semilla de duda que se siembra en todos nosotros y que ahora tenemos que abonar. Mis palabras son el agua, pero necesitamos abono, tierra, sol… No todos darán el cambio, pero al menos tendremos a los innovadores, los que tirarán de este cambio. Y muchos de éstos ya no sólo serán grandes multinacionales, habrá pymes metidas en este cambio, porque habrá empresarios convencidos.

El *coaching* demuestra su rentabilidad con grandes números pero hoy en día eso solo no basta. El rendimiento que no venga acompañado de desarrollo se volverá estéril. En este sentido sí que podemos decir que hoy más que nunca el crecimiento directivo es un desarrollo organizativo e individual. La rentabilidad y productividad son éticas en la medida que crecen de la voluntad y del desarrollo. Y esto convierte a la rentabilidad en algo más que un resultado de un capital o recurso humano.

Estos tiempos se acabaron, ya no hay recursos ni capitales, hay humanos. Y estos humanos necesitan crecer y en su crecimiento serán mejores directivos, y pasarán a liderar proyectos y equipos. Y esto no bastará. El líder necesita forjar líderes y convivir con ellos. El líder necesita también ser *coach* interno. No hablamos, por lo tanto, de una evolución de la dirección al liderazgo, eso ya se quedó atrás, sino del liderazgo al *coach*. El *coaching* no será sólo una palabra o una profesión, será un paradigma organizativo basado en el talento que aprende, y en la organización que aprende. Todo ello nos llevará a un talento organizativo, una maquinaria diferenciadora capaz de sacar lo mejor de todos nosotros. De este cambio hablaremos hoy...

Las palabras de Pau habían sembrado el silencio en la sala, la expectación era máxima, más aún con un lenguaje y verbo tan provocador. Si algo tenía claro con ese discurso, es que generaría controversia suficiente como para que se debatiera más a fondo aún el sentido y aplicación de *coaching*. Pau era un *coach* certificado convencido, y eso le hacía tan vehemente con sus palabras. No era soberbia, sino atrevimiento. Atrevimiento osado, como dirían algunos de sus amigos.

Después de una hora de conferencia, decidió irse al hotel, pues estaba exhausto. Tenía esa sensación de haberlo dado todo. En su regreso, de nuevo volvió José a su mente; habían trabajado duro el año anterior. Pero, como decía Pau, era la primera fase de José, se, estaba convirtiendo en un líder. Y él mismo había dicho en la sala que no bastaba con ser líder. Sabía que José había mejorado mucho su empresa, la rotación había descendido, y mantenía un nivel de satisfacción del personal alto. Le había llamado. Pau había esperado esa llamada hacía ya unos meses. Pero no sabía aún si esta llamada le confirmaría lo que él pensaba. Pau quería pensar que José necesitaba aún más. Que quien se mete en el mundo del desarrollo aprende a aprender. Y eso sí que no tiene final, ese bucle retorcido del conocimiento que tanto nos da y que tanto nos pide. Pero igual no era por eso. Igual llamaba por algún problema puntual. Pau sabía que en ese primer año habían hecho un desarrollo directivo y del liderazgo. Le había situado escenarios continuamente donde José se pudiera reflejar, le había allanado el camino y eso cubría perfectamente las expectativas de José. Por eso lo había hecho Pau. Pero ahora llegaba el momento de recoger lo sembrado. Si todo iba bien, José le pediría más, le pediría eso de lo que había estado hablando en la charla.

Al día siguiente, a primera hora, Pau recibió un mensaje con una dirección para verse a las 14 horas con José. No conocía la calle ni tampoco el restaurante que pudiera haber en esa dirección. Este José siempre lograba sorprenderle. Llegó unos quince minutos antes y se adentró en el restaurante. El espacio era realmente innovador, mucho diseño y mucho espacio, no tenía mala pinta. José ya estaba dentro tomándose una cerveza. Su amplia sonrisa denotaba una serenidad digna de aprecio. Le gustó esa imagen de José. Le veía bien.

—Te veo bien, José. Si no conociera por dónde has pasado en estos últimos años, diría que eres una persona feliz.

—Bueno, feliz, esa palabra es muy compleja, sencillamente estoy satisfecho con muchas cosas de mi vida personal y laboral, y eso ya es mucho hoy en día.

—Sí, en efecto, la satisfacción y por defecto la felicidad es un bien mas bien escaso. Pero déjame abrazarte –dijo dándole dos fuertes palmadas en la espalda.

—Bueno, profe, de qué hablabas ayer. Si me hubiera enterado igual hubiera ido. ¡A ver por dónde anda esta mente inquieta! –exclamó José.

—Ya sabes, intentando evolucionar en mi modelo directivo.

—Sí, ya me imagino, pero algo he podido oír de un amigo que sí que estuvo.

—Vaya, ahora me espías, ¿eh? –dijo Pau con voz de sorna.

—Pues casi, ya sabes que me gusta leer y conocer nuevas ideas. Y según me han dicho ayer estuviste lanzando unas cuantas ideas atrevidas, algo así del liderazgo que necesita transformarse hacia el *coaching*. Y que esto es un nuevo paradigma organizativo. ¿No crees que te has pasado un poco? –dijo riéndose José.

—Bueno, si he conseguido que te llegue a ti en sólo doce horas, igual no está tan mal planteado. Ya sabes que, si no arriesgas hoy en día, no avanzas. Y eso hago yo, arriesgo basado en mi intuición. Por supuesto yerro, pero eso me permite trazar nuevas alternativas. Pero me gustará saber por qué piensas que me he pasado. Tú eres directivo, tú eres empresario. ¿No crees que necesitamos un nuevo paradigma en el liderazgo?

—Yo lo que creo es que necesitamos más que nunca hacer mucho mejor las cosas. Esa eficiencia de la que tanto se oye hablar.

—Bueno, ya sabes el riesgo de la eficiencia, que, hasta que llega, igual ya han cambiado los objetivos. Dicen que la eficacia funciona mejor. Pero, bueno, no nos liemos con las palabras. Dime cómo te va.

—No me puedo quejar. Después de todas las reuniones que tuve contigo, cambié muchas cosas en la organización. Desde el modo de ver la organización, la estructura, la relación con el personal e incluso algo de mi vida personal.

—Vaya, no está nada mal –exclamó Pau.

—No me quejo del rendimiento de nuestras reuniones, pero noto que aún me queda mucho camino. Repaso todo lo que trabajamos y noto como que no alcanzo con eso todo el cambio que necesito.

—¿Qué has hecho?

—He intentado, como me dijiste, comenzar a llegar por mí mismo a las conclusiones incluso a veces jugando a reunirme contigo y así plantear todo. Y creo que me ha ido francamente bien. La gente está más contenta, tengo menos absentismo, hay más implicación y la empresa en general va bien. Pero ya sabes que yo siempre quiero más. Y después de darle muchas vueltas vengo a preguntarte qué es lo que viene después de todo lo que vimos hace un año. ¿Hay algo más? Noto que el puzle avanza pero está incompleto. Y esa sensación de carencia la tengo desde hace unos meses. Antes no la tenía.

—Si te he de ser sincero, esperaba que te pasara esto –confirmó Pau.

—Creo que somos inconformistas por naturaleza, y me da la impresión de que he superado una fase directiva. Pero ¿qué viene después? Hablas en serio cuando hablas del tema del *coaching*. Crees que puede ser tan relevante como para marcar todo un paradigma organizativo. ¿Es eso lo que me falta?

—A ver, ¡vayamos más despacio! –exclamó Pau entre sonrisas.

—Como ves, vengo lleno de preguntas sin respuesta. Te aseguro que no se me han ocurrido hoy, llevo ya tiempo dándole vueltas. Y aunque veo a veces por dónde ir, quiero saber qué piensas. A mí no tienes que provocarme, no soy tu audiencia, necesito respuestas reales, directas.

—La verdad es que deseaba que me pidieras algo más en nuestro proceso de desarrollo. De hecho, tan sólo tu pregunta indica dónde estás ahora en ese proceso. Estás en un espacio del liderazgo que es capaz de reflexionar y visualizarse con los proyectos y los equipos de trabajo. Y eso genera mucho rendimiento organizativo.

—Sí, noto como la parte de procedimientos y competencias evoluciona ya sola.

—En efecto, has dado un gran salto, ya no sólo con todos los cambios que has hecho, sino con este sencillo «darte cuenta» de dónde estás ahora, y sobre todo de ser consciente de tus inquietudes, de escucharte. Si tienes tiempo para ti y tu reflexión, quiere decir que estás conectado con tu realidad. Eso, te aseguro, me permite verte en tu proceso.

—Eso está bien, vengo cargado de dudas, y me dices que son mis dudas las que en realidad te muestran mi evolución. Entonces, ¿es verdad eso de que cuanto más dudas más sabes?, porque entonces debo saber mucho –comentó irónico José.

—Tú lo has dicho, la duda es por naturaleza sabia. Duda del que no duda, te diría.

—Bueno, pero qué me dices de lo que te pregunto.

—Que mejor comencemos a comer y en el viaje, en este viaje hacia el talento, veremos qué hacemos. Creo que debemos vernos de nuevo como hace un año, pero esta vez las reglas han cambiado, esta vez tienes delante al *coach*. ¿Viajas al *coaching*?

—Sí, algo he leído del *coaching*, pero he de decirte que me suena demasiado psicológico todo, y yo no voy a ninguna consulta, ¿eh?

—Bueno –dijo Pau entre sonrisas–, todo depende de lo que te hayan dicho o hayas leído. Pero tú sabes que yo no hago psicoanálisis, que yo sólo hablo de competencias y de dirección de empresas. Pero, dime, ¿qué concepto tienes del *coaching*?

—Pues por lo que he leído se trabajan mucho tus miedos y, claro, para eso no he venido yo. Yo he venido para trabajar mis oportunidades contigo. Creo que el mensaje que tengo del *coaching* es como muy pesimista, muy relacionado con directivos y personas que no se adaptan o que no van bien.

—Bueno, pues creo que en tus propias palabras has definido perfectamente lo que es el *coaching*. Es el mundo de las oportunidades de mejora, de buscar cómo alimentar tu potencialidad. Lamento que te hayan hecho llegar un discurso negativo, pero te aseguro que para mí el *coaching* es realmente optimista tanto del ser humano como de la empresa.

—Bueno, pero entonces, ¿hablaremos de miedos?

—No sé, ¿quieres hablarme de miedos?

—Yo no.

—Ah, como te veo tan centrado en el tema de miedos, ¿tendrás miedo del miedo? –sonrió Pau

—Ya te veo. Pues me quedo más tranquilo con el mensaje optimista. Pero creo que eso depende del *coach*, ¿no? Porque tú eres una persona optimista y lo reflejas en tu manera de hacer *coaching*. Pero he ido a varias charlas de *coaching* que, en serio, parecía que nos iban a tumbar en el diván.

—Pues por eso mejor saber qué es el *coaching,* no sea que te tumben de verdad –ironizó Pau.

—Veo mucha diferencia entre lo que me dices y lo que he visto u oído. Y eso puede deberse a dos razones: o que hay mucha variedad de personas dedicadas al *coaching* o que no está muy claro aún esto del *coaching*. No me irás a meter en algo que no está claro, ¿verdad?

—Tranquilo, esto del *coaching* es pura lógica, sólo hay que creer. Si crees que las personas pueden mejorar y que tienen potencial para hacerlo, entonces métete de cabeza. Hay investigaciones que demuestran que precisamente el marco perceptual del directivo condiciona el progreso y la mejora de sus empleados. Y todo depende de si cree que las personas pueden crecer de modo incremental o si, por el contrario, las personas ya no pueden cambiar. Quizás ésa es la pregunta que te debes llevar a casa: ¿crees que tus empleados pueden mejorar? ¿Crees que tienen potencial para la mejora? ¿Crees que querrán desarrollar ese potencial?

—Vale, eso me lo llevo de trabajo, pero dime: ¿quién desarrolla el *coaching* en la empresa? ¿Se supone que yo?

—Bueno, existe la figura del *coach* interno, es decir, el directivo que tiene la formación en *coaching* y que puede facilitar el cambio en la organización. Con mi ayuda podemos desarrollar una serie de personas que hagan de *coach* en tu empresa. Pero lo mejor es comenzar con tu propio proceso de *coaching*.

—Y yo entonces ayudar al proceso con mis directivos, ¿no? Éste es de nuevo un concepto piramidal.

—En efecto, la gestión del talento funciona así, desarrolla el talento de la dirección general y sigue hacia abajo en la estructura, sin prisa pero sin pausa, eso sí, sin fisuras. Bueno, recuerda pensar en lo que te he preguntado.

—Entonces vamos de eso, vamos de talento. Ésa es la pieza que falta en el proceso.

—Dicen que el talento necesita del compromiso para poder sacar todo el potencial. Y una cuestión clave en el talento es la mentalidad de talento. Una competencia organizativa que todos los empleados deberían compartir y que genera grandes sinergias. La cuestión es si esa competencia está en tu empresa.

—Mmm…, no sé, ¿qué entiendes por *talento*?

—Por lo que me dices de tu empresa, se trabaja pero la gente no está dando todo su potencial. Y no es sólo una cuestión de que el empleado dé sino también de desarrollarlo.

—Ya, eso en parte lo he notado al mejorar mi liderazgo, he notado más compromiso y desarrollo.

—No es ningún paradigma del *coaching*, pero sí que es un cambio importante que el énfasis en el *coaching*, desde la perspectiva del talento, permite que cada uno se actualice y comparta como en un equipo de alto rendimiento. Te aseguro que las diferencias en productividad y satisfacción son importantes hasta en trabajos con alta carga de rutina.

—Pero entonces, para el enfoque del talento ¿necesitamos sólo el *coaching*?

—No, el *coaching* es la punta de lanza, la que tira de todo el proceso. La estructura de fondo es la gestión del talento; si consigues que tus directivos tengan mentalidad de talento, eso hará que ellos también lo consigan de sus empleados. Y conseguir esa mentalidad de talento es el verdadero reto de hoy en día.

—Ya veo, la mentalidad del talento necesita inicialmente de mi talento, ¿no es así?

—Sí, tú eres el ápice estratégico, la alta dirección, el empresario; debe comenzar por ti.

—Por eso es importante el *coaching*, porque es el primer trabajo que tenemos que hacer tú y yo. Y entonces, ¿cómo comenzar?

—Bueno, eso es lo que te tengo que preguntar yo.

—¿Cómo?

—En eso consiste todo, en comenzar a pensar en ti como parte fundamental del proceso donde tus competencias profesionales entran en juego, y donde veas que esto no es un juego individual sino organizativo. El paso fundamental de todo esto es trascender al individuo para llegar a la organización, trascender el talento individual para llegar al talento organizativo. Pero mejor que te quedes con todo esto que hemos comentado. Ahora mismo debes tener una reflexión crítica de todo lo que has hecho, y con toda esa información nos veremos la próxima vez.

Objetivos del capítulo

1 Reflexionar sobre el papel del liderazgo en la empresa y la necesidad de ir más allá a conceptos organizativos, a conseguir que

haya liderazgo en toda la empresa y no sólo a nivel directivo o individual.

2 Reflexionar sobre el rol de los directivos en su rol de líderes.

3 Analizar la gestión del talento como un paradigma de intervención global en la empresa basado en el desarrollo directivo y profesional.

4 Analizar el papel del *coaching* en la gestión del talento.

5 Comprender que el *coaching* es sólo posible si la empresa está preparada a nivel organizativo. El *coaching* es una técnica de alto rendimiento que sólo es viable si la organización está en la fase adecuada para su transformación.

Preguntas que el lector debe considerar

1 Analice el grado en que en su empresa hay líderes.

2 Analice hasta qué punto se fomenta este liderazgo a nivel organizativo.

3 Analice el grado en que su empresa está preparada para un cambio hacia la gestión del talento.

4 Reflexione sobre quiénes de su equipo de dirección podrían entrar en un plan de desarrollo directivo basado en el *coaching*.

Concepto clave

> *La organización que aprende estará preparada para gestionar su talento y con ello podrá beneficiarse del rendimiento óptimo de técnicas como el desarrollo del liderazgo y el* coaching.

2. La búsqueda: la inquietud

Tanto Pau como José eran conscientes del tiempo que había pasado desde la última vez que se vieron. Guardaban ambos un muy grato recuerdo de aquel periodo de desarrollo del liderazgo en que Pau había trabajado técnicas de escenarios en la dirección con modelos diferentes. Le había dado información de sí mismo en muchas ocasiones haciendo de espejo en las sesiones de trabajo con lo que le había iniciado a la autoevaluación y eso siempre es un paso importante para el *coaching*.

Ahora las reglas habían cambiado, se decían ambos, habían evolucionado a muchos niveles. José concretamente tenía ya unas competencias de liderazgo desarrolladas e inspiraba más confianza a su gente y equipos. Su sistema de delegación de responsabilidades funcionaba bien, en realidad era un buen directivo si se podía decir así. Sin embargo, con éxito en la empresa y siendo un buen directivo se planteaba dar un paso más. Ese paso más que sabía José que tenía que dar era un paso hacia lo desconocido en realidad, sabía qué quería pero no hacia dónde iba. No sabía en realidad qué implicaría el *coaching* aunque comprendía su significado. Sin embargo, la confianza es un vínculo de gran poder. Confiaba en Pau. Y esta vez quería confiar de nuevo.

Por otro lado, Pau también había aprendido; siempre se aprende, se dice, pero en este mundo de la dirección es todo tan cambiante que lo único que permanece es el cambio. Desde la última vez que vio a José seguía evolucionando como persona y profesional. Sabía lo difícil que era hablar de desarrollo en las organizaciones y más aún de conceptos como el *coaching*. Por eso siempre iba desde el liderazgo al *coaching*. Era todo más natural. Es un viaje más lento pero más real. Los directivos entendían más fácilmente los modelos cognitivos y emocionales del liderazgo y cuando comprendían su fuerza, algunos de ellos querían ir más allá. Éste era el caso de José. Afortunadamente, había directivos que se daban cuenta de ello, y que asumían el riesgo que esto conlleva. El riesgo de afrontar lo permanente y de buscar el cambio. El cambio siempre genera miedo, desestabiliza. Y como decía Pau: «te tiene que pillar con la cabeza y el corazón bien amueblados».

Los dos acudieron a la cita con una gran sonrisa y con la inquietud de ver hacia dónde iban. El viaje del *coaching* es tan desconcertante para el que viaja como para el que acompaña. Sabes de dónde partes, pero nunca adónde llegas. La sonrisa y espontaneidad de ambos hizo más fácil el nuevo encuentro. Esta vez el encuentro fue en la montaña. El frío de la sierra…, el contacto con la naturaleza siempre era un elemento estimulante, pero decidieron pasar al salón del hotel, amplio y espacioso, y que permitía hablar con suma tranquilidad. Se pidieron unos vinos de acompañamiento. Y José, directo y valiente, comenzó a narrar por qué quería ese viaje.

—Me alegro mucho, Pau, de que nos veamos de nuevo, creo que fue una experiencia muy buena la que vivimos hace un año. Y, desde luego, estoy convencido de que ésta también lo será. ¿Sabes todos los cambios que he hecho en la empresa desde que implementé el nuevo modelo acorde a nuestro trabajo?

—No, pero me alegraré de saberlo. Sé que has avanzado mucho.

—Sí —quedó pensativo José—. He logrado sentirme más a gusto con mi empresa y con mi gente. Y sobre todo me he ganado el respeto de las personas que tengo ahora. No pretendo esconder lo que fui, pues es parte de mi pasado, pero creo que en mi evolución estoy ahora mucho más a gusto y centrado.

—Eso me parece que se ve a simple vista –le interrumpió Pau.

—Me dedico más a lo que quiero hacer y te aseguro que el personal, a pesar de que sigue siendo importante, ya no es un quebradero de cabeza. Nos conocemos todos, sabemos lo que podemos esperar y nos respetamos. Nos exigimos cuando toca y nos escuchamos. A veces discutimos pero sabemos ya solucionarlo. Y desde la última vez que trabajamos ya no he vuelto a gritar a nadie en la organización, ni a presionar como para que la persona se pueda sentir dañada por mí.

—Eso ya es un gran paso, José –reflexionó en voz alta Pau.

—Cuando he tenido que despedir, lo he hecho, pero siempre objetivamente, vamos, con razones de peso, desde el bajo rendimiento a la falta de compromiso. Y creo que ninguno de los despidos de este año ha dado lugar al sentimiento de crisis que a veces sumergía a la empresa. El resto de empleados son conscientes de que no siempre elegimos bien y que el precio es ése. Pero también son conscientes de que quien trabaja y se implica tiene un lugar en mi empresa. Ese tipo de valores son compartidos por todos. Y a ese nivel creo que me siento afortunado. Alguna vez sigo tentado de pegar algún golpe en la mesa y mandarlo todo bien lejos, pero consigo distanciarme de mi «bestia emocional» y ubico dónde esta el problema.

—¡Vaya control emocional José, si te escucharas hace un año verías desde fuera cómo has evolucionado!

—La verdad es que la parte emocional siempre la he considerado la más difícil de todo este proceso. Y alguna vez que otra he estado tentado de llamarte pero siempre he resuelto que al final el problema era mío y que yo debía afrontarlo. Por eso quiero situarte: si estoy aquí, no lo hago desde una mala situación, al contrario, lo hago desde un momento estable de nuestro proyecto empresarial, que, a pesar de las sucesivas crisis que nos atacan, seguimos sobreviviendo. Estoy aquí por una sencilla razón. Necesito más.

—¿Qué buscas en realidad? –le inquirió Pau.

—Pues no lo sé exactamente. Como te decía, no sé de qué necesito más, pero quiero explorar hacia una evolución de mi empresa. Si algo he aprendido en todo este proceso, es que el que se queda quieto en este juego de la empresa es quien pierde su destino.

—Sí, José, qué gran lección, sólo desde el movimiento se puede evolucionar.

—Yo soy una persona proactiva al cambio, pero no a cualquier cambio, y en este sentido sé que tengo que buscar aunque no sé muy bien qué. Sigo leyendo mucho todo lo que escriben nuestros gurús y me dan respuestas, me plantean dudas y me hacen reflexionar de modo crítico, pero creo que me falta algo más. Tengo claro mi norte, pero no sé si quiero ese norte ahora. Creo que necesito reflexionar contigo sobre el modelo de empresa que tengo ahora, y pensar en eso que tanto se dice de reinventarse. Me quiero reinventar, pero necesito encontrarme algo más. Y para eso creo que necesito que me facilites el proceso. No sé si esto es *coaching* pero tengo claro lo que te pido.

—Bueno, eso ya es mucho, José; quieres que te facilite un proceso hacia donde no sabemos, pero quieres ver desde fuera una opinión, un reflejo de tus visiones. Eso sí lo tienes claro. Y para eso me tienes aquí. Creo que te puedo ayudar a catalizar ese proceso de transformación que en el fondo me pides. Pero el esquema de este viaje es muy diferente al que hicimos hace un año. En éste, como bien sabes, tú conduces y yo voy de copiloto. Miraré el mapa que tú me des y reflejaré lo que pone. Pero quien conduce eres tú. Creo que esa parte la tienes muy clara.

—Sí, asumo mi responsabilidad. Eso ya lo aprendí contigo.

—La última vez que nos vimos asumiste muy claramente la dirección de tu proyecto y eso es algo que siempre me ha gustado de ti, tu gran confianza en ti mismo, a pesar de ser tan consciente de tus áreas de mejora. A las personas, las debilidades las debilitan, y eso es un grave error. Las debilidades fortalecen, pues sólo con identificarlas es un paso excelente para su superación. Sólo el ser consciente de ellas te permite superarlas si obviamente lo acompañas de un plan de acción.

—Ya, bueno, de eso la experiencia te enseña mucho.

—Sí, pero ya sabes eso del aprendizaje y la experiencia, ¿no? La experiencia sola no enseña. Necesitamos reflexionar de modo crítico, actuar y después valorar nuestra actuación. Ese modelo de pensamiento-acción es una superación de los modelos que te decían que sólo con ser consciente bastaba. Eso es una intelectualización de una realidad más compleja. Necesitamos actuar, y que estos actos reflejen nuestras reflexiones o toma de conciencia, me da igual si es racional o emocional. Y así seguimos como en una espiral continua. Te veo en esa espiral de evolución donde has llegado a un tope y sabes que tienes que dar un salto cualitativo hacia algún sitio.

—Sí, soy consciente de que sé dirigir y liderar, pero siempre se me quedó esa espina del modelo de dirección que suscitaba una tercera competencia, desarrollar a la gente, sacar el potencial de mi equipo, ser capaz de no sólo tirar del equipo sino que cada uno fuera su propio líder. Distribuir mi liderazgo para que la empresa aprenda, que todos seamos líderes en parte, que todos estemos en una actualización constante. Lo he intentado, he de reconocerte, sin mucho éxito. A muchos no les importa para nada eso de desarrollarse o mejorar como directivo. Y precisamente por eso creo que he llegado a un tope de algo. Me falta algo más.

—Sí, como ya vimos en su momento, el modelo mentalista de la empresa dice que todo directivo llega hasta los límites de su propia competencia directiva. Y que esos límites son los límites de la empresa. Acabas de situar muy bien los límites de tu empresa. La pregunta es: ¿con qué empresa sueñas?, ¿cuál sería el modelo de empresa que crees que funcionaría en tu día a día? Y sobre todo: ¿por qué quieres ese tipo de empresa?, ¿qué necesidad tienes tú de esa empresa?

—Ya me advertiste por teléfono de que las cosas cambiarían y que ahora seguramente serías tú quien más preguntas tendrías que hacer. Está bien eso, te pago para que me hagas preguntas. Y yo te doy las respuestas y las soluciones. Me resulta claramente paradójica e incluso irónica la situación.

—Te comprendo. Resulta que ahora el *coach* no tiene solucio-nes, sino que trabaja con escenarios, metáforas y preguntas.

—Vale, intentaré contestar. No sueño con ninguna empresa, ese lenguaje tan retórico lo ponéis vosotros los teóricos. Sencilla-mente quiero que mi empresa vaya mejor, como cuando echas aceite lubricante a una máquina y ves como todo se desliza con suavidad sin fricciones, todo es ligero y fácil. Ése es el modelo que persigo.

—¿Y en qué punto te has quedado en tu empresa?

—Me doy cuenta de que sigo dando instrucciones a mi gente, que me siguen, que me apoyan, pero cuando dejo de tener esa ener-gía de líder, desaparecen. Mi pregunta es entonces: ¿dónde están ellos en la empresa? Si necesito estar siempre con esa energía extra que se requiere para liderar, comprendo que la dirección sea tan controvertida. Es como que es sólo mi proyecto, y quiero que lo compartan conmigo. Pero está claro que no sé cómo hacerlo, pues por mucho que hago, la situación no mejora. Y ya te digo que ac-tualmente el trabajo del personal no es un problema, tengo gente muy buena y dedicada, pero sin proyecto.

—Bueno, eso que dices es muy importante. No sé si sabes que las instrucciones suelen dar muy mal resultado en la implicación de las personas. Logras efectos a corto plazo pero, desde luego, nada más de lo que pretendes buscar de tus empleados. La instrucción es una orden, limita, no genera motivación y requiere una reinterpre-tación del empleado que le desgasta, no sale de él. La instrucción es casi antinatural. Como decía un autor muy conocido en *coaching* que escribió sobre la naturaleza psicológica del deporte, imagínate a una madre dando instrucciones a un niño para caminar. Ahora avanza el pie izquierdo, ojo con el derecho. ¡Cuidado no te caigas! ¿Te lo imaginas? Ahora piensa lo natural que lo hace el niño. Claro que se cae, pero qué puedes esperar de un cuerpo que ha estado siempre entre brazos o tumbado. Es normal, asumes la normalidad de que se caiga y dejas libre la intención de controlar su proceso de crecimiento. Por eso las instrucciones en sentido estricto y en el contexto que las vemos ahora igual tienen un efecto no deseado en lo que quieres en tu empresa. ¿Qué piensas?, ¿te parece que hagamos un ejercicio sencillo? Escribe las últimas instrucciones que diste a uno de tus directivos de cuenta.

José anotó unos párrafos donde pedía a su directivo que hiciera un mayor seguimiento del cliente, que lo visitara más y que hiciera más prospección de antiguos clientes para poder activar más la cuenta de resultados. Le parecía que lo que había hecho era bastante lógico.

—Ya está –dijo José.

—Bueno, ahora yo soy José y tú eres el directivo, déjame el papel.

—Ya veo.

—Venga, comencemos. Deberías intentar visitar más a los clientes y no dejar que siempre te llamen ellos, es importante que saques periódicamente un listado de clientes no activos para hacerles una visita comercial.

—Sí, vale, me pongo en ello.

—Bueno, ¿cómo te has sentido?

—Bien, ¿no? Me has dicho lo que tengo que hacer y lo hago, para eso me pagan.

—¿Pero ahora quién habla: José o el directivo?

—Bueno, es difícil separarlos.

—Lo siento, las reglas del juego son ésas, eres el directivo.

—Bien, pues me parece bien, bueno, me parece muy lógico todo lo que me has pedido.

—¿Y?

—Pues que no me noto especialmente mal con que me lo digas.

—¿Pero no decías que era muy lógico?

—Sí.

—Y si es tan lógico, ¿no crees que tu directivo podría haber llegado a eso por él mismo?

—Bueno, eso depende del directivo.

—Pero de éste en concreto.

—Sí, creo que es muy capaz y él solo podría haber llegado a eso.

—Y dime, ¿qué es mejor?, ¿que llegue él o que se lo mandes tú?

—Supongo que llegue él, es más libre.

—¿Podrías haberlo hecho de alguna otra manera para que él llegara a esa decisión?

—Pero ¿eso no es un poco rebuscado? Hacer que llegue a donde yo quiero llegar, eso es un poco maquiavélico.

—No entro en si es maquiavélico o no, pero sencillamente me quedo con que a lo que has llegado tú podía haber llegado él. E incluso me planteo que este directivo podría haber llegado a otras cosas diferentes que tú no has planteado. Luego ya no es lo que haga, sino lo que podría hacer desde su experiencia.

—Vamos, que es mejor que yo, ¿te refieres a eso? –dijo medio en broma.

—Me refiero a que has perdido una oportunidad de que ese directivo sea su propio empresario, que genere su trabajo y que incluso piense y sea creativo.

—Ya veo lo que dices, pero yo marco los objetivos, no puedo dejar que piensen libremente.

—Sí, claro –dijo Pau–, los objetivos generales, el gran timón nunca lo pierdes, pero no hace falta que seas tan concreto con tus empleados. Recuerda lo de las instrucciones. Ahora métete otra vez en el personaje. Dime, ¿qué sientes después de lo que te he dicho que tienes que hacer para captar nuevos clientes? –dijo Pau entrando de nuevo en el juego.

—Pues siento que te obedezco y está bien, pero creo que en estos momentos ésa no es la prioridad igual en mi trabajo. Igual ahora es momento de buscar nuevos clientes, bien de los que ya existen o hacer nuevas visitas. Y con lo que me dices me limitas e incluso limitas la posibilidad de expansión de mis cuentas. Sí, creo que no me gusta del todo que me den demasiadas instrucciones. Ese «tienes que» es demoledor, ¿no?

—En efecto.

—Pues debería ver cómo generar un diálogo más rico con mis empleados.

—Imagina si aplicas eso a toda la empresa, que todos saquen lo mejor de los demás. Ahora piensa en la pregunta que me habías hecho sobre tus empleados: ¿dónde están ellos en la empresa? ¿Podrías contestarla?

—Bueno, es diferente dirigir tus proyectos acorde a unos objetivos generales que ser dirigido. Sé que te refieres a que los empleados estarán más con la empresa si son capaces de tener responsabilidad y tomar decisiones por ellos. La cuestión es dónde está ese límite de responsabilidad para que no pierda control del proyecto claro.

—¿Puedes marcar esos límites tú? ¿Se te ocurre algo?

—Sí, creo que puedo marcar objetivos y hacer seguimiento de modo objetivo con las herramientas tecnológicas que estamos aplicando sin necesidad de controlarlos de modo continuo.

—Bueno, hemos llegado a algo concreto que puedes poner en marcha en un plan de acción. Pero déjame hacerte una pregunta ¿es ésa la empresa que quieres?, ¿cómo quieres compartir tu proyecto? Estaría bien que te hicieras diferentes escenarios de dónde te gustaría estar y cómo en esa empresa.

—Ya me da la impresión de que tengo que bucear un poco, quizás es que no alcanzo a ver el modelo de empresa y me refugio en ti. Y resulta que tú me devuelves la pelota.

—Sí, claro, es tu proyecto, defínelo, no temas errar, al fin y al cabo así harás el camino. Pero al menos ten esa visión que es tan importante y sobre todo dale tu impronta. ¿Quieres que sean diferentes las cosas? Pues comienza por preguntarte qué significa eso.

—¿A qué te refieres?

—Pues que es importante visualizar qué quieres cuando dices que te gustaría que las cosas fueran diferentes.

—Es algo más que una sensación, es una intuición clara de que las cosas pueden ir mucho mejor. Sé que tiene que ser contando con la gente, pero no alcanzo a ver cómo conseguir ese proyecto compartido por todos.

—¿Has preguntado a la gente qué proyecto tienen en tu empresa?

—No, sólo saco inferencias de lo que veo.

—Ya.

—Me imagino que no te sirve, pero por lo que veo debo construir un proyecto con todos, sobre todo con la dirección, como me dijiste con el tema del talento, ¿no?

—¿Te ves capaz de compartir un proyecto con todos?

—Sí, creo que sí. En realidad me importa mucho la gente, pero reconocerás qué es muy difícil en general.

—Sí, somos complejos, pero creo que son nuestras percepciones las que lo hacen todo más complejo. Pero eso ya lo veremos.

—Me veo compartiendo proyecto y trabajando codo a codo, aunque sufra del control que he llevado normalmente tan estrecho.

—¿Y cuál es ese proyecto?

—Es sencillamente un compartir continuo entre todos, un no necesitar tener que estar encima de la gente, sencillamente creer que todos somos adultos. Eso que te decía de engrasar la empresa. Que todo vaya fácil sin complejidades.

—Bueno, igual ese concepto de «todos adultos» es importante trabajar con él y lo que significa, y sobre todo lo que implica.

—*Adultos* significa que cada uno es responsable, que cada uno piensa por sí mismo, pero también le importan los demás. Yo creo que esta parte no es tan difícil, pero la realidad es muy diferente a todo esto.

—Para eso estamos, ¿no?, para construir la realidad. Si no la construyes tú, que eres el empresario, ya me dirás quién lo hace.

—Bueno, pues me llevo dos cosas hoy: un plan de acción que pondré en marcha en cuanto sepa cómo aplicarlo, y una pregunta por contestar sobre cómo me gustaría estar en la empresa. Vamos, qué busco en realidad. Necesito bucear algo más en mí. ¿Alguna sugerencia?

—Haz como yo, pregunta.

—Ja, ja –se rió José con naturalidad–, creo que me va gustar esto de las preguntas.

—Te sorprenderás del poder de la pregunta. Y sobre todo de la cantidad de información que obtendrás. Pero, sobre todo, de lo que implica que tu director general te pregunte a ti y a toda la gente.

—Creo que necesito entonces un fin de semana de relax y retiro.

—Cada uno busca su visión de modo diferente, desde luego apartarte un fin de semana te puede servir para buscar en ti.

—Vaya, cómo ha sonado eso de «buscar en ti», da la sensación que tengamos ya las respuestas dentro y que sólo haya que buscarlas.

—Bueno, es una manera de decirlo. Pues lo que le falta es tomar cuerpo a tu visión, ahora son sólo sensaciones, sentimientos, intuiciones. Dale forma a ver qué sale. Hazte preguntas, recuerda lo que decía Einsten, «lo importante es no dejar de hacerse preguntas».

Objetivos del capítulo

1 Reflexionar sobre el grado en que la instrucción es un limitante en la ejecución de los profesionales.
2 Reflexionar sobre el papel de la responsabilidad en la toma de decisiones de los empleados como herramienta de desarrollo y compromiso.
3 Analizar la necesidad de tener un modelo de empresa propio y trazado al detalle.
4 Reflexionar sobre la importancia de compartir ese modelo de empresa con los recursos humanos.

Preguntas que el lector debe considerar

1 Piense en las últimas instrucciones que dio a un empleado y analice si podía haberlo hecho de algún otro modo más libre para el empleado.

2 Pregunte a varios empleados y colegas sobre el grado en que se utilizan las instrucciones en la empresa.

3 ¿Podría dibujar su empresa como será en un periodo de dos años? ¿Es ésa la empresa que quiere? ¿Puede imaginar la que le gustaría?

4 ¿Se ha propuesto alguna vez retirarse a planear el futuro de su empresa? ¿Le ha dedicado alguna vez tanto tiempo y sólo concentrado en eso?

Concepto clave

Ser coach *de tu personal significa respetar a la persona y al profesional, y tener la capacidad de desarrollar el potencial que hay en cada uno.*

3. El espejo: mis reflejos

Estaba fresco como una rosa esperando que llegara Pau, su mirada clara penetraba todo lo que le rodeaba. Esta vez se veían en la terraza de su casa de verano. Esperaba que Pau encontrara el camino a su casa, pues no era fácil llegar. La primera vez que fue a verla, antes de comprarla, pensó que ya le gustaba por lo difícil de llegar.

Oyó el sonido de un motor y se acercó a la puerta principal. El día era claro, no muy caluroso pero con luz, y las vistas realmente hermosas. Tenía olivos, almendros y viñedos. Un amigo del pueblo cercano le cuidaba las tierras. Daba gusto verlas, rojo intenso, con una fuerza que contrastaba con el verde de las hojas. Definitivamente era un día de mucho contraste.

Bajó Pau del coche y se acercó a la entrada. Observó con detalle todos los alrededores y sonrió con una mirada de complicidad a José. Desde luego, si se había venido aquí con el trabajo pendiente, seguro que había recibido toda la energía de la naturaleza. Entre lo recóndito del sitio y la belleza salvaje del paraje, junto con la zona de cultivo tan ordenada y arreglada, estaba realmente sorprendido. Era un muy buen sitio para verse. Había valido la pena el viaje sólo por ese instante.

José respetó el silencio de Pau, se acercó a él y le dio un fuerte abrazo. Se dirigieron a la casa y pasaron directamente a la terraza. Por el camino Pau fue observando la casa sin decir palabra.

—¿Quieres tomar algo, Pau?

—Sí, gracias, tráeme una cerveza.

—Te acompañaré, tengo una cerveza alemana que te encantará, casi se saborea el trigo.

—Perfecto, gracias.

Mientras José fue a buscar las cervezas y algo de picar, Pau se levantó y se dirigió hacia los olivos. ¿Qué secreto escondían para que tuvieran tanto significado en las diferentes civilizaciones? Los griegos lo consideraban un árbol sagrado y mágico, y si alguien lo cortaba, era desterrado. Y a él le pasaba lo mismo que cuando estaba mirando el mar o el fuego, era como encontrarse con una naturaleza especial casi mística. Desde luego, era el sitio idóneo para la jornada de trabajo que tenían hoy. Se dejó caer sobre la silla y en ese momento apareció José.

—Toma, Pau, échala poco a poco y déjala reposar.

—No sabía que fueras cervecero.

—Bueno, me imagino que a quien le gustan los distintos placeres de la vida, le es fácil pensar que éste es otro más.

—Bueno, he de reconocer que este lugar es perfecto. ¿Es éste tu escondite?

—Sí, comprenderás que lo tenga tan callado, ¿no? Aquí vengo sólo con la familia y los amigos cercanos. Por supuesto nuestra relación ha pasado a ese espacio de amistad profesional, pero aparte creía que debías conocerlo.

—Gracias, sabes lo importante que es para mí el tema de los espacios.

—Sí, lo sé perfectamente.

—Bueno, ¿cómo te ha ido?

—Pues si te digo la verdad, no creo tener aún nada muy claro, a pesar de que tengo la sensación de que he avanzado mucho. Me encerré el fin de semana pasado y me dediqué a mí, a pasear, a relajarme, a vaguear y de vez en cuando tomaba una libreta y un bolígrafo e iba anotando cosas.

—Luego tienes anotaciones.

—Sí, eso es lo único que tengo.

—Bueno, ya sabes que los grandes planes de las empresas se han hecho en servilletas de bar, ¿no?

—Pues esto no llega a servilleta pero no lo desmerece –apostilló José.

—¿Y?

—Pues, mira, a ver si te lo digo de modo ordenado. He conseguido plantear primero que tengo que darle mi impronta a la empresa. Vamos, que asumo mi responsabilidad en ella. Esto de por sí me llevó todo un día, reconocer que durante tiempo sencillamente me he dejado arrastrar por lo que se considera una empresa. Y como que, al tener una empresa, haces lo que todos hacen. Sin embargo, asumo mi responsabilidad de hacer «mi» empresa tal y como quiero que sea, como mi persona, vamos, con defectos y virtudes pero con personalidad. Eso es, una empresa con personalidad. ¿Cómo llamáis vosotros a esto?

—Lo llamamos «cultura organizativa», donde se incorporan los valores, rituales, mitos y demás elementos simbólicos que conforman eso que denominas la «personalidad» de tu empresa.

—Pues eso, creo que tengo claro el asumir esa responsabilidad sobre la cultura de la empresa. Ahora bien, supongo que una cosa es el ideal que planteo y otra lo que me encuentro.

—¿A qué te refieres?

—Pues que en efecto pregunté a mis directivos y empleados, y aparte de que comenzaron a mirarme de modo raro como diciendo «a éste le pasa algo», pues aparte de esto, noté como estaba imponiendo mi visión. Así que decidí cambiar la pregunta, les pregunté dónde les gustaría trabajar y por qué.

—¿Nunca lo habías hecho?

—No.

—En los estudios de clima no habíais preguntado nada de esto, ¿verdad?

—No. El estudio de clima ya sabes que eso sólo es una foto de una realidad. La cuestión es qué haces con esa realidad.

—Ya, ¿y qué te contestaron tus directivos?

—Pues hubo de todo, vamos. Ahí te das cuenta de que es imposible tener un único modelo de algo. Cada uno es de un padre y una madre y la variedad es impresionante.

—Sí, en efecto, la diversidad es un bien que hay que cuidar.

—Pues me di cuenta de que había muchas diferencias pero que también había algunos factores comunes en lo que decían.

—¿Y?

—Creo que esos factores comunes es un buen punto donde comenzar. Por ejemplo, todos hablaban de un entorno agradable, claro, pasamos de ocho a diez horas diarias trabajando, entonces el espacio es muy importante, tanto el compartido como el privado. Y ya he puesto a un grupo de gente a trabajar sobre esos conceptos de espacios a ver adónde nos lleva. Pero sobre todo se hablaba de relación entre la gente, de poder saludarse, conocerse, compartir, hablar. Vamos, al principio no me lo tomé muy bien pues, claro toda reunión que veo tiendo a pensar que no trabajan.

—Pero eso tiene que ver más contigo que con ellos, ¿no?

—Sí, eso es lo que he vivido siempre en todas las empresas y creo que me es muy fácil reproducirlo aquí. Pero después de hablar con unos y con otros me di cuenta de lo importante que es para el negocio también. Por un lado, si hablan entre ellos, es como que el tiempo pasa más rápido, están a gusto o lo perciben así, pero también sale de modo natural comentar cosas relacionadas con cuentas determinadas o cambios o propuestas o incluso ideas nuevas.

—Bueno, veo que han sido fructíferas tus indagaciones. Has conseguido poner en marcha el tema de espacios y aparte relajar un poco el ambiente de trabajo, ¿no?

—Sí, desde luego, y ha sido relativamente fácil. Pero, claro, cuando me metí a mi despacho, me di cuenta del poder que tengo. De lo responsable que soy de todo lo que pasa en la empresa. Y por eso estoy muy contento también, pues la empresa va muy bien. Pero también tomé contacto con las cosas que no iban bien, y su peso cayó sobre una losa sobre mí. En efecto, yo era también el culpable de esas cosas. Y no la empresa en general o la sociedad. Yo era el culpable. Eso me hizo caer en un espacio de intranquilidad. No sé si estaba preparado para tanta presión.

—¿Sigues notando esa presión?

—Sí, desde luego. Creo que puedo diseñar un modelo de empresa conforme más pregunto y hablo con las personas y más preguntas me hago yo. Pero he de tener cuidado con esta carga que me supera.

—¿Por qué dices que te supera?

—Pues porque tomar contacto con esa responsabilidad sobre el modo de vida de tanta gente y saber que tus decisiones son capaces de amargar la vida a alguien o yo qué sé, desmotivarla, o hacerle que no sea feliz, es algo fuerte.

—Bueno, pero la cuestión es si tú quieres hacerle infeliz a la gente como objetivo organizativo.

—No, desde luego.

—Bueno, pues partamos de eso, ¿no? ¿Y no crees que es bueno que tomes conciencia de esa realidad de la que me hablas?

—Sí, claro, es bueno, aunque duro.

—Ya, pero sólo si eres consciente vas a poder hacer algo, ¿no?

—Sí, desde luego.

—¿Y quieres hacer algo?

—Sí, claro, quiero ver cómo establecer un modelo que sirva para que la empresa funcione bien, que sea todo fácil, que la información fluya, que se generen nuevos productos e ideas.

—¿Y por dónde empezamos?

—Pues claro, como te decía, el primer día me dediqué a asumir la responsabilidad. El segundo día me dediqué a mirarme al espejo. Necesitaba ver a la persona que iba a protagonizar el cambio. Y necesitaba ver si esa persona que veía en el espejo iba a ser capaz de hacer ese cambio.

—¿Y qué viste?

—Pues vi una persona fuerte, algo árida de aspecto, simpática, buena persona pero sin las ideas muy claras. Y eso no me acabó de gustar. Pues si yo veía todo eso, qué verían los demás. Me di cuenta cuando hablaba con la gente de que, igual que cada uno tenía un proyecto de empresa, cada uno también me miraba de una manera diferente. Y, claro, entendí que las dos cosas iban unidas. Proyecto y persona que lidera el proyecto. El proyecto creo que lo puedo sacar adelante sin problemas; de hecho, veo que el método de sencillamente preguntar y establecer objetivos reales y compartidos funciona. Pero ¿y la persona? ¿Qué ven en mí? ¿Cómo compartir proyecto si no sé qué esperan de mí o si lo que les diga les da igual o si no me consideran ni siquiera líder?

—Bueno, ¿y que podemos hacer?

—Ya te veo, te aseguro que me cuesta pagarte por tu trabajo, ¿eh? –sonrió José–. Está claro, les pregunto.

—En efecto, pregúntales, ¿ves qué difícil es mi trabajo?

—Pero a mí no me contestarán sinceramente, ¿no?

—Bueno, para eso tenemos métodos en *coaching*. No te preocupes, dame diez personas de tu entorno, no por afinidad, quiero variedad, cinco directivos y cinco empleados de diferente áreas pero que tengan contacto frecuente contigo. El lunes mismo reciben un correo donde se les explica que van a evaluarte de modo anónimo y que su información servirá para que tú tengas una visión más clara de lo que los demás perciben de ti. ¿Qué te parece? En la próxima sesión vemos los resultados.

—¿Así de fácil?

—Claro, así de fácil, preguntando, ¿no?

—Vale, perfecto.

—¿Y tú cómo te ves?

—¿A qué te refieres? ¿A si puedo tirar del proyecto?

—No, ¿cuál es tu propia percepción de tus competencias para sacar adelante el proyecto?

—Pues creo que tengo algunas competencias que me ayudarán claramente a sacar el proyecto adelante, como la energía y pasión que pongo a las cosas. También creo me gusta llegar hasta el fondo de las cosas, no soy tan versátil que cambie de pensamiento cada tres días, con lo que eso daría fiabilidad al proyecto. Y por otro lado, me gusta la relación con las personas, necesito ese entorno humano.

—¿Y?

—¿Cómo?

—Vamos, que tengo claro de dónde sacarás los recursos personales para tu proyecto, pero ¿cuáles crees que pueden ser los inconvenientes desde tu perfil competencial?

—Supongo que la parte emocional es la que más trabajamos en su momento, y aún sigue siendo una barrera algunas veces. No sé bien cómo salir de ciertas situaciones emocionales. También creo que tengo muy enraizada la visión del control, y aunque sé que me tengo que desembarazar de ese lastre, suele estar ahí.

—Bueno, ésa es tu realidad, ¿no? Como tú te percibes. Estaría bien que me dijeras cómo ves el entorno del cambio en tu empresa. ¿Qué aspectos de la empresa crees que favorecerán este cambio?

—Creo fundamentalmente que la gente quiere ese cambio, al menos en líneas generales. Vamos, que es positivo en todos los sentidos. Me imagino que es un deseo compartido. Aparte, muchas otras empresas no están haciendo nada de esto que hacemos nosotros, creo que eso también es muy positivo, pues lo valorarían más.

—¿Y qué crees que puede impedir u obstaculizar el proyecto?

—Pues me imagino que el histórico de la propia empresa, las cosas no se cambian de un día para otro. Eso creo que va en mi contra. También que el rol de jefe como tal es una barrera clásica que yo no he intentado romper nunca, la he visto normalmente más como una aliada aunque ahora no lo vea así.

—¿Tenemos aliados en este proyecto? ¿Con qué gente crees que podemos contar de inmediato a nivel de dirección?

—Pues creo que a la mitad de mi cuerpo directivo. Creo que de los seis directivos que canalizan el poder en mi empresa, al menos tres estarán inmediatamente entregados en el proyecto. Los otros tres, no sé, de momento no. Me imagino que deberíamos convencer.

—¿Y recursos, cómo vas a apoyar el proyecto?

—Inicialmente no lo he pensado pero lo considero algo estratégico y por lo tanto tiene todo mi apoyo financiero, dentro de lo posible, claro.

—¿Qué crees que he conseguido con estas preguntas sobre ti y tu entorno?

—Pues creo que me has hecho un análisis DAFO, un análisis de mis debilidades, fortalezas, oportunidades y amenazas.

—Nosotros no lo llamamos «debilidades» sino «áreas de mejora», creo que es más optimista y va más en línea con el espíritu de mejora que intentamos fomentar –le puntualizó Pau–. ¿Por dónde crees que deberíamos comenzar?

—Debemos tirar de nuestros puntos fuertes en la línea del entorno más favorable y con los apoyos seguros. Debemos comenzar demostrando con éxito. Y para eso tenemos que garantizar que los primeros pasos son firmes y en la dirección adecuada. Por lo tanto, en cuanto establezca los objetivos que hay que cubrir en el proyecto, pondré todos los recursos financieros, humanos y apoyos emocionales en él.

—¿Y esos objetivos de dónde salen?

—Del proyecto, claro.

—Luego ¿primer paso de todos?

—Concretemos el proyecto.

—Dame unas pinceladas de él.

—Pues he pensado remodelar la dirección; con lo que me dijiste del talento y del talento directivo, creo que necesito desarrollar mejor a mis directivos. Comenzaría por ahí. Después cambiaría la organización en cuanto estructura, la haría más abierta y fluida, con más espacios comunes y con un entorno completamente diferente. La claridad y la transparencia deben ser valores de mi organización. Y la espontaneidad y el respeto. Quiero que todo eso se respire en el ambiente. Así también, necesito que los empleados asuman la dirección de sus puestos y los creen ellos mismos. Eso les dará responsabilidad. Quiero que tengan responsabilidad como yo. Cada uno dueño de su área y todas las áreas conectadas entre sí.

—¿Y cómo comenzamos?

—Pues, si te digo la verdad, en este momento no lo sé.

—¿Quién tiene la responsabilidad del cambio?

—Yo.

—¿Y qué fiabilidad tienes de cara a tu gente?

—Pues no sé, lo veremos con los resultados que me traigas, ¿no?

—¿Y para qué nos servirán esos resultados?

—Pues en función de cómo me perciban, el cambio será posible o sencillamente fracasará desde el comienzo.

—Si la percepción es positiva en general, trabajaremos tus potencialidades y áreas por mejorar. Y el proyecto puede comenzar. ¿Pero qué podemos hacer si no es positiva?

—Pues trabajar esas percepciones, ¿no? Pero eso es como el pez que se muerde la cola, ¿cómo cambiar la percepción si no me dejan demostrarlo?

—¿Cómo se demuestran las cosas: con opiniones o con conductas?

—Pues las opiniones sirven pero la conducta determina si la percepción era buena.

—¿Entonces?

—Entonces trabajaremos *coaching*. Venga, si estabas deseando oírlo.

—En efecto –sonrió Pau–. *Coaching* haremos de todos modos. Pero si la evaluación tal y como comentas tiene algunos puntos en contra importantes, deberemos analizarlos. Tú lo dijiste antes: el proyecto y la persona son lo mismo. Un proyecto puede ser maravilloso pero si la persona no genera confianza, no sirve de nada.

—¿Descansamos un rato?

—Sí, vamos a comer y después continuamos.

—Me noto realmente cansado, ¿sabes? Esto de pensar... –sonrió José mientras dejaba la frase en el aire.

Pasaron dos horas comiendo plácidamente en un restaurante a quince minutos de la casa de José. Durante ese tiempo, la conversación cambió de dirección, ya no abordaron más el tema de la empresa. Sin embargo, los dos tenían los resortes activos y sabían que casi de modo inconsciente sus cerebros seguían cerrando espacios e ideas abiertas. Lograron disfrutar de una comida variada aunque no copiosa para evitar tener que abortar la sesión posterior. Dieron un largo paseo y continuaron su conversación. José no pudo aguantar más y comenzó con una pregunta.

—Pau, ¿es tan importante esto del espejo?

—Sí, ves como cada uno que te mira ve una cosa, y necesitamos todas esas percepciones. Los proyectos caen no porque no sean buenos sino porque no hay gente que los implemente adecuadamente. Y para llevarlos adelante se necesita del equipo y de la organización. Necesitamos tu espejo lo más ajustado posible para saber los límites de tu espacio mental en la empresa. Esos límites marcarán un punto de partida con respecto a los proyectos que tengas. Pero dime una cosa, ¿por qué buscas el cambio?

—Me da la impresión de que volvemos al principio, ¿no? Busco el cambio porque creo que hay otra manera posible de hacer las cosas. Busco el cambio porque creo que es mi responsabilidad. Y busco el cambio porque quiero ser mejor persona —después de decir esta última frase se detuvo un momento y miró a Pau—. ¿Era esto lo que querías oír?

—Te aseguro que no quería oír nada, sencillamente te preguntaba. Pero me parece muy interesante tu última frase. Me has dado tres posibles razones del cambio. Sin embargo, cuando has llegado a la última es como que no esperabas ni tú decir eso.

—Sí, se me ha escapado, aunque contigo no tengo ningún tipo de control al respecto.

—¿Y qué significa que quieres ser mejor persona?

—Pues eso, creo que estoy en una etapa de mi vida en que no sólo puedo ser mejor persona hacia mí sino también hacia los demás. Me parece que es importante que sea mejor persona hacia fuera. Mejorando mi persona mejoro el quehacer profesional. Y sobre todo mejoro mi entorno. Es que me doy cuenta de que puedo mejorar mi entorno.

—Sí, fíjate, lo interesante es que veas las repercusiones sociales que tendrá. Sabes que ahora se habla mucho de la responsabilidad social corporativa, la RSC; creo que acabas de llegar a este punto tú solo. ¿Ves lo importante de la mejora personal y profesional?

—Alto, alto. A ver, ser mejor persona significa querer mejorar cómo soy profesionalmente. Creo que en mi fase actual de madurez quiero hacerlo. Sé que no será fácil, pero creo que puedo llevarlo adelante. Y lo vinculo al trabajo porque, si mejoro mi vida mejoraré seguro mi empresa y mi entorno. Recuerda que te dije que me di cuenta de la responsabilidad que tengo de cómo soy capaz de influir en mi entorno y que durante mucho tiempo no he querido ser consciente de ello.

—Bueno, esto no sé si te das cuenta pero es un punto de partida bastante nítido. Ahora tenemos que ver cómo mejorar esa persona y en qué áreas. ¿Cómo crees que recibirás lo que te vayan a decir tus empleados?

—Pues aunque me hago una idea de muchos, sé que habrá sorpresas, pues en estos días que he preguntado tanto ya me he llevado sorpresas en este aspecto.

—Esto del espejo es duro, ¿te sientes preparado? Hablo emocionalmente.

—Ya, es mi talón de Aquiles. No sé si estoy preparado pero me da tranquilidad hacer este proceso acompañado. Confío en ti y creo que, si hicimos tantas cosas el año pasado, fue precisamente por esta confianza. Emocionalmente sé que será un área de mejora, seguro. Pero en este momento me siento valiente para seguir adelante. Quiero hacerlo y afrontarlo. Nada puede ser tan negativo como a veces me llego yo mismo a recriminar. Aun así, me da miedo no contar con nadie en realidad.

—¿Crees que no habrá nadie?

—No lo sé. Una cosa es cómo te responde la gente cara a cara y otra de modo anónimo, cuando aparte les pides que contesten sinceramente.

—En efecto, pero quieres afrontarlo, ¿no?

—Sí, sí, lo tengo claro. ¿Qué proyecto puedo hacer si no soy capaz de sacar adelante mi propio proyecto?

—Bueno, creo que esa reflexión final es muy interesante. ¿Crees por lo tanto que el proyecto personal directamente influye en el proyecto empresarial?

—Sí claro, la persona es la persona, vaya adonde vaya. Necesito ser capaz de verme nítido, sin nieblas ni presiones, para poder saber hasta dónde puedo llegar. Como tú decías, necesito conocer mis límites personales y empresariales.

—Bueno, comencemos entonces. Recuerda que tú también recibirás el correo electrónico para evaluarte. Por favor, sigue escribiendo notas sobre tu proyecto, objetivos, empresa, organización, estrategia…; es importante conocer tu mapa organizativo.

Objetivos del capítulo

1 Reflexionar sobre la responsabilidad social corporativa y el grado que es importante en la empresa de hoy en día.
2 Valorar el papel del empresario como motor de la sociedad y no sólo del mundo empresarial.
3 Valorar el papel del empresario desde su autoconocimiento como responsable del perfil de empresa.
4 Valorar el papel del *coaching* como proceso de desarrollo del modelo empresarial desde el empresario mismo.

Preguntas que el lector debe considerar

1 Reflexionar sobre la responsabilidad que conlleva dirigir una empresa y las personas que dependen de esta empresa.
2 ¿Ha preguntado alguna vez a sus empleados sobre el proyecto de empresa?
3 Si dirige algún proyecto determinado, ¿considera importante o incluso determinante la información de sus colaboradores?

4 ¿Ha pensado alguna vez en la responsabilidad que tiene de todo lo que pasa en su empresa? ¿Cree que puede asumir y reflexionar sobre dicha responsabilidad y sobre su efecto en resultados objetivos como la rotación del personal, el absentismo, la motivación, la satisfacción y la productividad?

Concepto clave

Ser empresario, directivo o líder requiere asumir los resultados de las tomas de decisiones continuas. Esos resultados no son más que un reflejo del propio estilo directivo. Si quiere cambiar resultados, piense qué tiene que cambiar usted.

4. La toma de conciencia: pisando firme

No es fácil ser evaluado por los demás. Ni tampoco lo es la auto-evaluación. Consciente de esta dificultad, Pau sabía que esta sesión de trabajo iba a ser crítica. Tomar conciencia de las distintas realidades que nos rodean es un ejercicio tan sabio como complejo. Uno de los grandes problemas del líder actual es precisamente la falta de conciencia de su equipo y de la gente que le rodea, eso genera que el líder se vuelva un visionario donde normalmente él es el único que tiene la visión, y donde además pretende que los demás le acompañen sin saber si la comparten. Puede ser un ejercicio de ego, o sencillamente una incapacidad de desdoblarse en otros, o sencillamente que su percepción está tan acostumbrada a ver lo que quiere ver, que su realidad sólo sirve para ratificar sin observar ni dudar. Digamos que éste es el punto donde muchos líderes se convierten en lobos solitarios.

Por eso, esta sesión era especialmente crítica. Así que, ese día, trabajarían en una sala de reuniones de su oficina profesional. El salón era luminoso, cargado de una perceptible tranquilidad y con sillones que invitaban a estar relajado y en armonía. Pau iba con su ordenador portátil donde tenía los resultados del proceso de *feedback* 360º que le habían hecho a José. Tenía las opiniones sintetizadas en unas gráficas donde se destacaban las competencias fuertes y las áreas de mejora. Y traía también una tabla comparativa de *gaps*, de distancias entre la autopercepción y autoevaluación de José con lo que habían opinado personas referentes de su contexto. ¡Qué importancia tiene el contexto en el talento!

Cuando llegó, José se quedó gratamente sorprendido, pues nunca había visitado el despacho profesional de Pau.

—Vamos, qué escondido lo tenías. Sí que te vi en tu despacho de la universidad pero no en el profesional. Y la verdad es que creo que te pega mucho, ¿sabes?

—Ya, me imagino que todos intentamos hacer que nuestro ambiente sea un reflejo de nuestros deseos.

—Bueno, me tienes expectante. Me miraban de un modo especial algunos empleados desde que rellenaron esa encuesta *on line* que les pasasteis.

—Ya sabes, y de hecho hablamos hace tiempo de la importancia de la percepción de los demás, pues nos ayuda a entender esa múltiple realidad que nos rodea y nos saca a veces de nuestro egocentrismo.

—¿Me estás preparando para algo? –ironizó José.

—Bueno, en cierta medida sí. Ya sabes que lo más importante en realidad de esta fase que acabamos de hacer es precisamente el grado de consonancia entre lo que uno piensa de sí comparado con lo que los demás dicen. Esa distancia o *gap* perceptivo es como una medida del grado en que la persona está aislada o en conexión con el contexto.

—Ya, algo así como el grado en que estoy realmente solo en la empresa –ironizó José.

—Un menor *gap* indica una persona que recibe mejor las percepciones de los demás y que las utiliza en su propia construcción de la realidad. Un mayor *gap* indica, claro, una persona más aislada del contexto y menos sensible a los estímulos externos y a señales del exterior. El método que nosotros utilizamos, independientemente de que se basa en evaluación por competencias directivas, obtiene una medida global que para mí es lo más importante. La medida global me indica el esfuerzo o energía que el directivo tiene que hacer para superar ese *gap*. Las valoraciones concretas por competencias me ayudan en la sistemática del trabajo de *coaching*. ¿Comprendes?

—Sí, y por tus palabras me da la impresión de que tengo un *gap* grande ¿no? Creo que no me sorprendería –expresaba ansioso José por saber los resultados como si de un examen se tratara.

—En efecto, el *gap* lo medimos como en una nota de 0 a 10, sólo que en este caso un 10 no es precisamente la mejor nota. En tu caso concreto tienes un 8, es decir, un aislamiento del contexto muy alto.

—¿Y qué podemos hacer con este resultado?

—Eso nos indica que tenemos una vía de trabajo inicial basada precisamente en este observar y captar mensajes y realidades diferentes. Éste será nuestro primer paso en *coaching*. Posteriormente, pasaremos a ver de las competencias analizadas las que tienes como área de mejora, y nos apoyaremos en tu progreso en las que tienes como fortaleza.

—¿Qué fortalezas o áreas fuertes tengo?

—Tienes fortalezas en creatividad, orientación al logro, liderazgo directivo, planificación e iniciativa.

—¿Y áreas de mejora?

—Y como áreas de mejora cinco: liderazgo *coaching*, mentalidad de talento, delegación, comunicación asertiva y *coaching* de equipos. Creo que han salido bastante fiables pues coinciden en la mayoría de fuentes de información. Esas cinco áreas son fundamentales para el proceso que te planteas y de algún modo coinciden bastante con la situación de tu empresa en la actualidad.

—Bueno, pues dime cómo establecemos el plan de trabajo.

—Primero necesito que me digas cómo te sientes con todo lo que te he dicho. Recuerda: emoción y razón van siempre de la mano.

—Racionalmente las entiendo o creo entenderlas, en el proceso lo veremos. Emocionalmente me cuesta un poco ceder tanto espacio a la gente que me rodea; vamos, que no me gusta ser el centro de las observaciones. Eso creo que me hace sentirme vulnerable.

—Explícame ese concepto de «vulnerabilidad».

—Creo que es muy sencillo de entender. Comienzo a mostrarme a los demás con mis virtudes y defectos y eso es como llamar demasiado la atención. No sé, nunca he sido el centro de un proceso similar. Y, claro, cuando hay una relación jerárquica con la gente, como que pierdo poder al permitir esto.

—¿Pierdes poder?

—Sí, vamos, que les estoy dando poder a ellos al poder hablar de mí o incluso al pedírselo yo.

—¿Y cómo te sientes al ceder ese poder?

—Pues eso, vulnerable, algo inestable, incluso puedo llegar a pensar en algún momento en sentirme molesto.

—Bueno, pues esa emoción negativa que surge precisamente de la vulnerabilidad, fíjate en que me has dicho que permite dar poder a los demás, sabes cómo se llama eso en la empresa, ¿no?

—Sí, *empowerment*, ¿no? Delegas y das responsabilidad, con lo que el empleado gana en motivación. Si la teoría me la sé.

—¿Y?

—Pues que aun sabiendo qué es lo que tengo que hacer, me noto como algo estresado o ansioso por todo este proceso.

—¿Y esa ansiedad te paraliza?

—No, me activa.

—Y cuando estabas pensando en tu proyecto de empresa, diseñando cómo iba a ser, viendo la organización y sus cambios, ¿no notabas una ansiedad también?

—Sí, claro, pero ésa la relaciono con una ansiedad positiva.

—¿Y la otra la relacionas con una ansiedad negativa?

—Sí.

—Y si te digo que la ansiedad es neutra, sencillamente es ansiedad, y que la tonalidad negativa o positiva es la percepción y actitud que tienes hacia el contenido concreto, ¿qué significaría esto para ti?

—Pues que, si la ansiedad es la misma en una situación que en otra, no debería temer a la ansiedad.

—En efecto. ¿Y?

—Y que el color negativo de esa ansiedad viene de mi falta de delegación y confianza en los demás; vamos, esa competencia que ha salido como área de mejora. Eso significaría que incluso esa ansiedad es una activación que debería canalizar de otra manera.

—En efecto.

—Y si la canalizo como una activación hacia mi cambio, y encima trabajo mi percepción de la delegación como algo positivo y no negativo, podré sentirme mucho mejor.

—Sí, eso parece

—Ya voy entendiendo este proceso: mi sentimiento es un resultado de una activación y un juicio que hago de algo concreto. La activación en sí es buena porque facilita el cambio. El juicio es lo que tengo que trabajar igual más a fondo. Vale, ser vulnerable es positivo, pues das parcelas de tu poder voluntariamente a gente de tu contexto. Y esas parcelas de poder mejoran su motivación y, claro, la relación incluso contigo, ¿no?

—Sí, claro.

—Mejoran porque de repente muestras tu debilidad. Ése es mi punto débil. Y, sin embargo, creo que lo voy captando mejor. Mi debilidad es mi punto fuerte y no mi punto débil. Si la muestro, la hago fuerte, pues sirvo de ejemplo a los demás. Eso no lo había pensado antes.

—Y servir de ejemplo te sirve para…

—Me sirve para que tengamos todos una mentalidad más crítica. Si yo escondo cosas, la gente también lo hará. Genero un clima de desconfianza.

—Bueno, a eso lo llamo yo «tomar conciencia».

—Ya, a eso lo llamo yo «aterrizar» –dijo José bromeando para distender un poco la conversación

—Esta parte ha sido muy interesante, pues si somos capaces de transformar en positivo un sentimiento negativo, imagina el poder que te das a ti mismo.

—Ya, pero me imagino que todo no será tan fácil.

—Bueno, eso de fácil es muy relativo. Darte cuenta es un primer paso pero no significa que después actúes en consecuencia. Por eso, aunque es un gran salto cualitativo el darte cuenta o tomar conciencia de algo, enseguida debemos hacer un plan de acción, ¿te parece?

—Sí, claro

—Pues venga, ¿cómo lo hacemos?

—A ver si lo entiendo bien, me dices que haga un plan de acción de este tema que podemos llamar «mostrar mis debilidades». Pues un primer paso que me viene a la cabeza es hablar con la gente que me ha evaluado, agradecerles su apoyo y comentar mis resultados. Así les muestro mis debilidades.

—Bien, eso está bien. Comencemos por ahí, ¿te parece?

—Sí me parece; creo que incluso esto lo he dicho muy rápido, pero, vamos, que sí, que tiro para adelante. Tengo una competencia que no me has medido y es el coraje. Así que adelante.

—Ahora que ya hemos visto un ejemplo de ese tomar conciencia, me gustaría que me comentaras el resultado global que te he dado, ese 8 de *gap*.

—Pues, obviamente, lo que me dice es que no veo lo que tengo alrededor. Bueno, que no quiero verlo. ¿Ves? ya solo me tiro yo de la lengua –bromeó José.

—Ése no ver el contexto ¿qué supone?

—Pues que no soy capaz de ver a los demás, veo a los demás en función de mi «ver» y no del de ellos.

—¿Y?

—Pues que necesito unas gafas de *coaching* –continuó bromeando José.

—¿Y eso cómo podemos plantearlo de modo más concreto?

—Pues que igual debería ponerme mañana a observar a la gente, lo que hace, lo que me dice, lo que no me dice…

—Y ¿te ves entrenado para eso?

—Pues, hombre, me costará pues, si no he visto antes, no creo que ahora vea mucho, ¿no?

—En efecto, tus heurísticos[3] cognitivos, perceptivos y emocionales hacen que veas una parte de la realidad. Si mañana observas igual, sigues observando desde tu «ver».

—Y entonces, ¿cómo sugieres que haga este ejercicio?

—Primero con entrenamiento. Tendremos que hacer ejercicios de ponerse en el lugar del otro muchas veces. Y en las situaciones más dispares. Tenemos que trabajar esa habilidad que no está desarrollada antes de hacerlo en tu empresa.

José entró en un programa de entrenamiento personalizado con otros consultores en el que trabajó ejercicios de asertividad, comunicación, empatía, ponerse en el lugar del otro y visualización, entre otros. En este proceso estuvo durante dos meses hasta que los entrenadores informaron del progreso efectivo de José. Así, José pudo observar la empresa después de otra manera. Comenzó por hablar más con las personas de su alrededor, conocerlas más, observarlas más y sobre todo percibirlas y sentirlas más. Los resultados fueron inmediatos y concluyentes. En esos meses, José se dio cuenta de las múltiples realidades que anidaban en su empresa. Y pudo comprender mejor algunas cosas que antes no tenían explicación. Eso le hizo ser más atento, adelantarse a muchas cosas del contexto, y notó una receptividad mucho mayor de los empleados. Tampoco había hecho tanto, había escuchado más, se había preocupado más, y sólo con esto la gente era muy agradecida. Pero sobre todo este ejercicio le sirvió para percibirse a través de los demás. Comprendió que había gente que apenas le hablaba porque no querían ni acercarse a él. Se vio en el antes y en el ahora. Y esto le permitió comprenderlo. No quería convencer a nadie con palabras, él era una persona de acción, y, sin prisas, los propios comportamientos demostrarían el cambio que se estaba dando en él. El efecto inmediato se había notado ya con un grupo de empleados que normalmente tenían buena relación profesional pero que al

---

3   Reglas personales que utilizamos como atajos mentales para no tener que elaborar de nuevo toda la información.

mostrarse más humilde, se fueron acercando más. La humildad y la vulnerabilidad generan confianza y cercanía. ¡Qué gran lección estaba aprendiendo! Sobre todo cuando su lema había sido precisamente el contrario, cada uno en su puesto y sin mezclar jerarquías.

Llamó a Pau, pues habían parado el programa de *coaching* precisamente para su entrenamiento en este punto. Y, desde luego, ahora entendía bien la importancia de esta primera medida global de *gap* perceptivo.

—Pau, la verdad es que de repente es como que descubro otra empresa dentro de la empresa; bueno, otras empresas.

—¿Sí?, ¿y eso? –le contestó Pau curioso.

—Pues con el programa de entrenamiento he practicado tanto el ponerse en el lugar del otro que es como si sobredimensionara mis sentidos. Pensaba que los sentidos eran como más fijos, ¿no?

—¿A qué te refieres? –inquirió Pau.

—Percibo esto y ya está. Pero veo que entrenándose se puede ampliar mucho ese horizonte. La cantidad de detalles que antes no era capaz de ver. La cantidad de gestos, tonos, posturas, miradas, conversaciones… Claro, es como que de repente comienzo a tener mucha información y aprendo a codificarla. Y, claro, me veo en este proceso donde he sido tan ciego, que asusta. Pues si en tres meses he conseguido esto, si sigo rascando más tiempo y lo convierto en una competencia fuerte mía, seguro que veré una empresa muy diferente.

—Seguro –le repitió Pau.

—Y, lo que es más importante, de repente veo gente que me puede acompañar en el proceso de cambio organizativo. ¿Comprendes? Comienzo a ver aliados en mi proceso. Y eso me da más fuerza aún, claro, no me veo tan solo.

—Bueno, me alegro de que te permita ver los apoyos que puedes tener en la empresa también, pues aunque no lo comentamos y esperaba que saliera en el proceso, es vital para el cambio organizativo.

—Ya, me veo más negociador, más permisivo pero también más directo con lo que quiero. Y sobre todo me veo más cercano. Creo que necesito aún convencer mucho más, pues hay un grupo importante de empleados que creo que no se fían un pelo de lo que están viendo en mí.

—¿Lo comprendes?

—Sí, comprendo que crean que es una simple estratagema. Y por eso no me disgusto. Al contrario, sé que voy a necesitar mucho tiempo para poder reducir ese *gap* perceptivo. Pero es verdad que el darme cuenta me ha dado alas en el proceso. Y te aseguro nunca pensé que fuera a afectar tanto a mi visión de la empresa, no sólo la que tenía en el aspecto del negocio, sino incluso mi proyecto de cambio.

—¿Qué situaciones llevas mejor, José?

—Pues me veo mejor en la cercanía y en la humildad de mostrar mis debilidades, como dijimos. Me cuesta más ser asertivo, creo que para eso hay que ser psicólogo o tener mucha experiencia negociando. Estoy en ello, pero me noto que fracaso más en esas situaciones.

—¿Puedes darme un ejemplo? —le pidió Pau para comprenderle mejor.

—Por ejemplo, hablando con mi directora financiera me di cuenta de que sigo siendo algo directo y brusco con ella, como que le estoy mandando dos mensajes diferentes: por un lado, me acerco a ella y charlamos de modo cercano, pero también el mismo día le solté un par de «órdenes» algo bruscas, y, claro, me noté violento, y sobre todo noté la diferencia de mensajes entre lo cercano y lo autoritario.

—¿Te diste cuenta entonces?

—Sí, claro, le mandé dos mensajes contradictorios. Y creo que pensará que, aunque lo intento, soy y seré el de siempre. Y el problema es que yo también lo he llegado a pensar después de que me pasara esto con ella.

—Bueno, no seas duro contigo, tienes tiempo para practicar y, sobre todo, cuanto más consciente seas de las situaciones, más rápido podrás actuar y corregir esas situaciones tan contradictorias. Esa autoconciencia es vital. ¿Te acuerdas de que hablamos también hace tiempo de esto?

—Sí, aún tengo grabadas nuestras conversaciones de hace tiempo –dijo José más pensativo.

—*Autoconciencia* y *acción*. Esas dos palabras deberían estar juntas constantemente. Te recomiendo que hagas un listado de situaciones contradictorias o de *gap* para poder no sólo ser consciente en el momento sino también poder trabajar y visualizar otros comportamientos en esas situaciones. No dejes todo al azar; recuerda: entrenamiento.

—¿Y qué hago con ese listado?

—Pues primero tener constancia real de esas situaciones. De modo que analizas la situación pones toda la información, lo que te permite encontrar patrones de comportamientos contradictorios. Es decir, situaciones que se repiten aunque cambien los actores o actrices.

—¿Puedes ponerme un ejemplo para que lo entienda mejor? –le requirió José.

—Por ejemplo, si analizamos veinte situaciones que hayas escrito, nos podremos dar cuenta de que en realidad se pueden igual resumir en tres situaciones genéricas. Y eso te hace comprenderte mejor en esas situaciones. Y también te hace poder resolverlo mejor, pues no resuelves la situación concreta sino que atacas a nivel abstracto con ese patrón que genera tu comportamiento contradictorio.

—¿Me estás hablando, entonces, de una especie de diario?

—Sí, bueno, llámalo como mejor veas, es tu *check list*, tu diario, tu resumen, tu libreta de incidentes críticos…, puede ser muchas cosas. Pero piensa que necesita de mucha constancia, y si lo consigues, verás como es una fuente de trabajo en nuestras sesiones importantísima.

—Vale, anotaré, y haremos seguimiento del diario de incidentes críticos. Me gusta llamarlo así.

—Perfecto. De hecho, te animo a que, cuando nos veamos, vengas con el diario trabajado, no solamente relatado. ¿Entiendes?

—Sí, claro, que analice yo la estructura de los incidentes críticos que anoto. Hecho.

—Bueno, pues ya me contarás, acaba la última fase del entrenamiento que te queda y nos volvemos a ver.

—Vale.

—De todos modos hacemos como siempre, mándame semanalmente un *email* de verificación de cómo vas y así no te pierdo la pista en el entrenamiento, aunque, como bien sabes, me llega todo tu trabajo por mis colegas que te dan el entrenamiento.

—Sí no te preocupes, no me perderás la pista. Me dijeron que en efecto, había pasado el entrenamiento y que esta semana era de puesta en práctica en situaciones reales. Vamos, se acabó la simulación, la visualización, el *role playing*, la silla caliente y las cien mil técnicas que me han hecho en sala. ¿Sabes que estuve toda una tarde sentado en un café sencillamente viendo gente pasar?

—Ya me imagino, ¿y qué tal?

—Pues que, claro, como técnica de observación, me doy cuenta de lo acelerado que voy, pierdo muchos detalles de las personas. Esta técnica la hemos hecho tres veces, y como que mi cuerpo se revelaba, pues era como estar ocioso, ya sabes, la herencia del utilitarismo del tiempo. Pero fue realmente increíble.

—Cuéntame –le pidió Pau interesado.

—Primero sólo observaba, después me dieron una «rejilla de observación», vamos, una tabla donde anotaba si se daban gestos, movimientos o determinados elementos en las personas que me pedían que evaluara en las tablas. Fue realmente espectacular. Claro, también tenía la impresión de ser un mirón, porque al cabo de unas horas ya miras por defecto sin importarte si el otro se da cuenta.

—Sí la verdad es que perdemos mucha información del entorno. La cuestión ahora es que lo apliques a la fase de transferencia, ya sabes, nos sirve para validar los resultados positivos de la sala. Nuestro método de trabajo requiere una continua verificación.

—Ya, pero nunca me imaginé tanta práctica y tanto ejercicio.

—La verdad es que siempre la gente se queja de la teoría pero de la práctica aún no lo había oído. Lo que pasa es que el sistema que trabajamos por competencias requiere un entrenamiento por cada uno de los niveles competenciales. Vamos, que si tenemos que pasarte de un nivel 2 a un nivel 3 en la competencia de comunicación y asertividad, es porque lo has demostrado en suficientes casos en el aula o en sesiones *outdoor*.

—Sí, eso está bien.

—Se acabó en cierto modo la «titulitis» superflua en la que con asistir a un curso basta. Ya no hay más de eso en la nueva formación del talento. El talento necesita de acción y, si no hay acción el talento no se demuestra. Por eso, estos programas de entrenamiento son de acción y de validación. La parte de validación se da cuando la persona después de la formación es evaluada por el superior; en nuestro caso, la validación la hago yo en el proceso de *coaching*. Es decir, se puede dar el caso claramente de entrenarte, pagar y no progresar. ¡Imagina!

—Ya, vaya, lo veo todo muy práctico, muy operativo, me gusta bastante.

—Veo que vas entrando en la mentalidad del talento.

—A mi tócame objetivos y productividad y ya sabes que me enterneces rápidamente –ironizó José.

—Ya sabía que te gustaría.

Conforme salía de la sala, José iba reflexionando sobre los conceptos analizados. Se estaba metiendo en una parte del proceso de *coaching* en el que se nota si realmente se implica el *coachee* o pupilo. Eso de que te evalúen otros, que digan cosas de ti, que te comenten áreas de mejora, eso dolía en realidad. Y tenía que trabajárselo. En efecto, s2u debilidad podría ser su fortaleza, lo creía realmente. Iba dando vueltas a sus reflexiones sintiendo que la sesión le había servido para cerrar dudas que le salían en su programa de entrenamiento. Estaba decidido: la información es necesaria para desarrollar a sus directivos, y todo comenzaba por él mismo.

Objetivos del capítulo

1 Reflexionar sobre el efecto «lobo solitario», en que el responsable se queda solo en la visión de la empresa.
2 Valorar el grado en que la vulnerabilidad, o grado en que un directivo es permeable y accesible con su entorno organizativo, es importante en el desarrollo directivo.
3 Valorar la importancia de comprender a los demás desde su punto de vista.
4 Comprender el papel de los heurísticos mentales en la percepción de la realidad empresarial.

Preguntas que el lector debe considerar

1 ¿Diría usted que tiene el síndrome del «lobo solitario»? Reflexione sobre su respuesta con algunas personas de su entorno.
2 ¿Se considera usted vulnerable en su empresa? Reflexione sobre el posible impacto que tiene esto entre sus colaboradores.
3 ¿Cómo se sentiría si lo evaluaran sus colaboradores? Analice las emociones que le surgen sólo con plantearse este escenario.
4 ¿Conoce realmente las opiniones de sus colaboradores? ¿Es capaz de ponerse en el lugar y punto de vista de ellos? Razónelo.

Concepto clave

El lobo solitario no comparte ni es líder realmente en la empresa. El líder coach *comprende las múltiples realidades que se dan en la empresa al ponerse en el lugar de los demás.*

5. El proyecto de empresa: el sueño real

Después del programa extenso de entrenamiento en observación y comunicación, José tenía que volver a su empresa y mirar de otra manera. Con la nueva mirada debería obtener mucha más información del entorno, no sólo lo que le decían, sino cómo lo decían, y por qué lo decían. También debía observar todo tipo de detalles, gestos, y memorizar caras y nombres. Lo que no era un hábito tendría que serlo para poder relacionarse mejor con su entorno. «Eso le haría disminuir el *gap*», –le había dicho Pau.

José estuvo casi un mes más sin ver a Pau. Su objetivo, captar información, seguir hablando con la gente, pero esta vez mucho más preparado. Con toda esa información se reunirían para diseñar el proyecto que tenía en mente. Y que, por lo que estaba viendo, hubiera sido un desastre de haberlo llevado a cabo tal y como pensaba. Ahora comprendía José por qué tantos programas y estrategias no se llevaban a cabo o eran un fracaso en un alto porcentaje. Ahora entendía que sin tener en cuenta toda esta información de los agentes del cambio es imposible materializarlo. Sí, se puede imponer, pero el resultado es a corto plazo. Y no sirve, claro.

Quizás una de las cosas que más le habían llamado la atención a José era el efecto colateral de la escucha. En su entrenamiento personal sobre la escucha, había tenido que escuchar discursos desagradables, discursos agradables, discursos llenos de elementos que distraían (el ruido, que llaman los técnicos), discursos emocionales, discursos racionales, y en todos tenía que trabajar la escucha, la síntesis, ponerse en el lugar del otro, adivinar la intencionalidad y objetivos, comprender la utilización de las palabras y elementos no verbales. Todo eso le daba una composición final que al principio costaba mucho por la cantidad de datos que almacenaba pero que con la práctica iba poco a poco integrando y le era mucho más fácil. Y lo ponía en práctica todo, obteniendo sobre todo mucha atención del que hablaba sencillamente por ser escuchado y comprendido. ¡Qué gran arma la escucha activa!

En ese sentido, sin casi saberlo, José estaba plantando la semilla del talento y la comunicación en la empresa. Y los empleados fueron más conscientes de que algo estaba pasando, que su información al menos se escuchaba, ¡qué gran privilegio tenían! Eso tuvo efectos claros en la actitud de muchas personas. Y José lo percibía. Siguió trabajando con sus objetivos con Pau, y almacenó información según fuera estratégica, visionaria, táctica, informativa, y así con todo. Con todo esto tenía pensado modificar su proyecto y volver a ver a Pau. Ese mes fue de mucho trabajo para José; de hecho, obtenía tanta información que se seguía asombrando de la participación de la gente.

—En serio, Pau, la gente me contestaba y me hablaba con extrema sinceridad. Yo en su caso no sé si lo hubiera hecho, sabiendo quizás para qué utilizaba antes la información.

José había comenzado con estas palabras la siguiente reunión que tuvo con Pau en un restaurante cercano a la empresa de José.

—Bueno, en efecto, la gente suele ser sincera con su realidad. Creo que ése es el matiz que se debe tener en cuenta. Creemos que nos mienten o que nos falsean la realidad porque no coincide con la nuestra. Claro, desde ese prisma todo el mundo miente, ¿te imaginas? —exclamó Pau.

—Sí, la verdad, esto de la conciliación de las diferentes verdades es fácil verlo así de pasada, el problema es cuando las tienes que afrontar personalmente. Y creo que eso me tocará pronto, ¿no, Pau?

—Sí bueno, primero quiero que trabajemos tu proyecto de cambio en la empresa. Me gustaría que pudiéramos diseñarlo con toda la información que has traído y con todos los cambios que hemos hecho.

—Pues con este proyecto vengo. Imagina, he avanzado ya cosas al organizar equipos para mejorar la ambientación y el lugar del puesto de trabajo. La gente está volcada al ver que pueden cambiar el entorno y hacerlo más agradable.

—¿Qué más estás haciendo? –le preguntó Pau.

—Estoy esperando propuestas y unas reuniones que tenemos en un par de semanas. Aparte, como hablé con tanta gente al comienzo, me iba dando cuenta de las cosas que no funcionarían. Y ya, después de todo el mes de observación y comunicación, la cosa ha cambiado drásticamente. Mis nuevas ideas van un poco más por iniciar un gran proyecto de participación del empleado en la empresa. Es la base de todo. He notado y sentido sus efectos en poco tiempo, y he visto la diferencia entre gente que simplemente está y gente que participa. Y desde luego tengo claro que apuesto por los últimos.

—¿Cómo crees que se debería hacer?

—Ese elemento de participación quiero que sea bajo un plan de *marketing* interno. Las bases del proyecto se establecerán en las siguientes reuniones que tengo con el cuerpo directivo. Creo que entre todos podemos hacer de la empresa como un ente único pero al mismo tiempo que considere las diferencias. ¿Comprendes? Cada uno con su talento, pero todos con objetivos comunes.

—Muy interesante, José. ¿Cómo piensas hacerlo?

—Para eso necesito que montemos este plan de *coaching* en mi empresa, y quiero ser yo el primer *coach* interno. Estoy completamente decidido: este proceso, que me afecta ahora a mí, si lo llevo a cabo, puedo trasladarlo a toda la organización.

—Bueno, eso es un salto importante, ya no sólo trabajar como *coach* con tus directivos sino hacer del *coaching* una filosofía de la organización. Eso lo llamamos nosotros tener la competencia del directivo *coach*.

—Sí, me gustaría que mis directivos fueran *coach* internos y la pirámide bajara, pero que todos estuviéramos en alguna de las áreas del desarrollo. Me he dado cuenta estos días, de que si digo precisamente esto, dura dos días el proyecto. En mi empresa ahora nadie piensa que pueda estar diciendo esto. Sencillamente, es un plan por demostrar. Por un lado, sigo trabajando contigo. Cuando acabemos el proceso, lo incorporamos a la empresa y trabajamos con mi cuerpo directivo.

—Y seguramente ahí tendremos que hablar del *coaching* de equipos. De hecho, si todo va en la línea, una de las últimas fases de tu aprendizaje en *coaching* es precisamente trabajar conmigo la parte del *coaching* de equipos y su traslado a la organización.

—Vale, me di cuenta hablando con muchos de que el comentar desarrollo o mejora profesional o sencillamente hablar de cómo mejorar, lo vinculan directamente con el miedo. Sí, he encontrado mucho miedo en la organización, ¿sabes?

—Me lo puedo imaginar, José.

—Creo que tenemos que demostrar con acciones más cercanas. Fíjate en la que he comenzado al cambiar el entorno y lo rápido que ha calado. Porque eso lo tienen todos en la mente, les es muy fácil comprenderlo e incluso aplicarlo. Y entonces me pregunté: ¿y por qué no hago eso con mi plan? Estructuro un plan desde lo simple y cotidiano que afecta al empleado para que al final pueda comprender que el cambio es posible, y que lo comprenda cuando ya está metido en él. En este sentido, tengo que fomentar la participación para esos pequeños ajustes cotidianos laborales. Y en ese proceso ser cada vez algo más ambicioso.

—Bueno, en realidad me quieres decir que no traes un proyecto ya escrito y establecido de cómo va a ser la empresa.

—Sí, no tengo ni idea de cómo va a ser la empresa. La vamos a construir.

—¿La vais a construir?

—Sí, todos estos cambios y mejoras irán en progresión, y así poco a poco estaremos cambiando nuestra empresa sin fin, sin objetivos tan generales. ¿Comprendes? Creo que muchos de los objetivos que incluso trazamos nosotros en la empresa son bastante obvios, y si vivimos el cambio, lo obvio podrá desaparecer, será tan lógico que se perderá en la novedad y el cambio. Ese concepto de organización que está en eterno movimiento.

—Bueno, bueno. ¿Estas diciéndome que tu gran proyecto tiene que ver más con la forma que con el contenido y que facilitarás la participación organizativa para que esa participación te haga los deberes que te pedí?

—En efecto, comprendí la trampa que me tendiste. Pensé: si me pide que observe, me mete en un programa extenso de entrenamiento, me hace hablar antes, durante y después del programa… Claro, con todo eso deberías suponer que me daría cuenta de que al final el programa fuera el que fuera se iría al traste. Claro, entonces vino la chispa. No hay programa.

—¿No hay programa? –le repitió Pau con gran interés.

—Mago tramposo, sencillamente me tenía que dar cuenta de que el programa debe nacer de todos. Cada uno con sus competencias y aportaciones, pero sólo un programa así podrá sobrevivir en el tiempo. Y entonces, como en un puzle o un rompecabezas, me di cuenta de que la solución no estaba en encajar las piezas sino en cambiar la perspectiva antes de cómo debería montarlas. Y que entonces ese cambio de perspectiva me pondría las piezas una delante de otra.

—Bueno, no sé si mago o tramposo, asumo mi parte de responsabilidad, pero te aseguro una cosa: yo no sabía tampoco que la solución era ésta. ¿Me comprendes? Creo que la solución sólo podría estar en tu cabeza, porque precisamente es tu solución. Te aseguro que si fuera «mi solución», flaco favor te estaría haciendo. Recuerda: estamos en *coaching*, intento ayudarte, facilitarte el proceso, pero no resolverlo yo. Es que no lo sé, sinceramente.

—Bueno, pues entonces me gusta más aún –sonrió pícaramente José.

—¿Por?

—Pues sencillamente porque me gusta eso de «mi solución», que al fin y al cabo es una aportación de tu facilitación, más la solución que aporten todos los talentos de mi empresa. Y, por lo tanto, la solución es que no hay solución o que será una solución compartida. Esto comienza a ser ya un rompecabezas en sí. ¿Cómo es el lenguaje, eh? Tengo todo clarísimo y por las palabras parece que sea complejo.

—Bueno, eso que dices sí que es una conclusión realmente importante. A veces le damos tanto valor al lenguaje que es mejor trabajar con sentimientos, visiones, ideas, proyecciones u otros códigos compartidos. Dime, entonces, ¿cómo comenzarás?

—Pues ya te he dicho bastante, no creas que sé mucho más. El tema central lo tengo ya trazado. El gran objetivo es conseguir la participación del talento. Si consigo que el talento participe e interactúe, conseguiré que se genere un gran proyecto de empresa. Sería entonces comenzar desde lo pequeño y cotidiano a lo más importante para aprender todos en el proceso de cambio. Luego, entre todos valoraremos cómo llevar adelante mejor este proyecto; claro, habrá diferentes niveles de responsabilidad aunque el proceso de participación debe ser completo. Y así, sobre unas posibles realidades se construirá esa realidad que cuajará como nuevo proyecto empresarial. Y ese proyecto estará sujeto al cambio en determinadas áreas, manteniendo las directrices que la retroalimentan.

—Bueno, bueno, ¿sabes lo que acabas de hacer?

—Pues pensar en voz alta, claro –dijo José espontáneamente.

—No, has hecho algo más, has planteado lo que nosotros denominamos el modelo *GROW* en *coaching* aplicado a tu empresa. Planteas objetivos (*goals*), una realidad (*reality*), unas opciones (las que vendrán) y una solución final que requiere compromisos y apoyos para llevarla adelante (*wrap-up*). Hay un autor, llamado Downey, que introduce una variable más antes de los objetivos y es el tema (*topic*), es decir, el territorio o entorno en que te mueves. Y eso también lo has hecho. Siempre he dicho que es un modelo que no hace falta ni explicar por su lógica sencillez.

—Vaya, podría hasta llevar mi nombre, ¿no?

—Bueno, precisamente porque es tan lógico, creo que podría llevar miles de nombres, perdona que te quite mérito. Lo complicado del *coaching* no es cómo se planifica todo, eso es lo más sencillo, lo complicado es la vivencia compartida que crece, enriquece y estructura cambios. Eso sí que es difícil y aún estoy esperando un modelo que hable de esto. Racionalizar el *coaching* es casi como banalizarlo.

—Ya, bueno, en todo caso, a pesar de su sencillez, a mí me sirve, como estructuración y pasos que hay que seguir, ¿no?

—Sí, claro, eso es también lo brillante, que sea simple y poderoso.

—Pues entonces necesito comenzar a comunicar ese gran objetivo de la participación desde lo sutil y cotidiano. Creo que es importante que pueda realizar cambios pequeños, incrementales, y con repercusiones en diferentes áreas donde al final todos puedan ser agentes de cambio. Si te fijas, estoy plantando la semilla del cambio, quizás eso sí que lo impongo, ¿no, Pau? Me refiero a que estoy buscando yo el cambio y al final, como gran proyecto, sale que cambie toda la organización.

—¿Y qué sientes con esto que me dices?

—Me da miedo que pueda de nuevo recurrir al principio de la imposición que tanto se ha vivido en la cultura de mi empresa.

—¿Y qué podemos hacer con eso?

—Pues eso te pregunto yo, ¿no?

—¿Y si te devuelvo la pregunta?

—Pues igual debo pensar que la gente participará en función de si quiere o no. El cambio es una opción hacia la mejora continua, y eso sí que debería ser un principio en la empresa.

—A eso lo llamamos nosotros «competencia organizativa», una competencia que debería compartir todo miembro de tu organización.

—*O.K.*, pues, una competencia organizativa. La participación es voluntaria, se supone, claro.

—La participación por principio debe ser voluntaria; si no, deja de ser participación.

—Luego eso resuelve mi enigma; si la participación es voluntaria, no puedo imponerla; sencillamente participará aquel que quiera una mejora o un cambio en su contexto. Desafortunadamente o afortunadamente, no sé cómo valorarlo ahora; creo que la mayoría están por hacer unos cuantos cambios. He tenido muchos años para hacerles desear que haya cambios. Aunque algunos querrían que cambiara el jefe, claro —acabó José ironizando.

—Bueno, eso lo ves ahora, tengamos en cuenta el contexto del pasado, valoremos el presente y actuemos sobre el futuro.

—Pues teniendo en cuenta el contexto anterior, me va a costar bastante. Valorando el presente, ya ha habido algunos cambios positivos incluso de gente que no creía que contaba. Y actuar sobre el futuro es crearlo, y eso sí lo tengo claro.

—¿Cómo?

—Pues me aferro al cambio suave, paulatino, demostrativo y compartido. Eso hará que la gente vaya confiando en el proceso. Creo que, aparte de los pequeños cambios, seguiré con los estudios de clima. Eso me dará también pautas para objetivar mi evolución. ¿Qué te parece?

—Cuanto más objetivo sea todo, mejor, y si exteriorizas eso, mejor. Suele dar muy buenos resultados. Lo que pasa es que un estudio de clima es como el *feedback* 360° del *coaching*, es una foto que puede servir o no, depende de qué se haga con ella. Pero es una foto que, si se hace, lanza un mensaje al empleado de querer ver cosas, y si después no se hace nada, pues como que mejor entonces no hacerlo. Si la haces e introduces esas mejoras e incluso los temas que salgan se van introduciendo paulatinamente en la empresa, seguro que te guía en el proceso de mejora.

—Sí, eso busco, que la participación cuente con información, no sólo con voluntariedad. De todos modos quiero que montemos un seminario de una semana con toda la empresa para trabajar conceptos de participación pero desde ese entrenamiento que he vivido yo. Necesito que sea no sólo un elemento comunicativo, sino que la gente participe y sepa cómo hacerlo. Que tenga los instrumentos, competencias e información para que la participación dé resultados. Por eso estaría bien que montaras ese seminario, ¿te parece?

—Sí, y si me lo permites, lo acabamos con un *outdoor training*.

—¿Y eso?

—El entrenamiento en participación que haremos trabajará el conocimiento y habilidades de las personas. Como bien has dicho, no trabajará las actitudes; eso o lo llevan o no lo llevan. Pero si introducimos un *outdoor* final, nos permite también valorar esta semilla en un contexto ajeno al puramente laboral y la información es muy buena para valorar los resultados del entrenamiento.

—Bien, eso lo dejo en tus manos.

—Bueno, dime ¿cómo visualizas los resultados de este proceso?

—Pues creo que tendrá éxito en unos tres o cuatro años, aunque muchos resultados concretos son casi inmediatos, que me va a costar mucho, pues aunque noto que la gente va a apostar por el cambio, tengo mucha gente con actitudes algo negativas Y me parece que cambiar eso va a costar un tiempo.

—¿Ves el éxito del cambio?

—Sí, no tengo dudas, en serio, hace un mes te diría que no tengo ni idea, pero en estos momentos tengo muy clara esa intuición.

—¿Cómo es esa intuición?

—Pues clara, firme y no sólo proviene de mi energía. Proviene de lo que he ido observando. En serio, estos meses han sido un aprendizaje muy alto para mí, porque me han demostrado que en el mismo espacio que he estado siempre, no he sabido ver otras realidades que estaban ahí. Creo que ahora que he hablado con tanta gente, que me veo más fuerte en mis competencias de observación y comunicación, se me queda como una imagen, más que palabras del éxito, de que irá correctamente, de que en realidad el cambio es posible.

—De nuevo las palabras.

—Sí, en efecto, de nuevo las palabras quieren hacerme jugar una mala pasada, pero no estoy ahora con ellas. Mi intuición no se ha construido con palabras.

—¿Y qué sería entonces el éxito para ti?

—Creo que sería ver mi empresa en ese proceso de cambio, sencillamente verla viva, activa, crítica con ella y en cuestionamiento continuo pero creciendo. La veo dinámica y resoluta, aprovechando lo que hay pero trabajando para lo que viene.

—Luego el eje de todo qué es: ¿el cambio o la participación?

—Creo que el uno sin el otro no tienen sentido, al menos en la organización. ¿Cómo puedo promover el cambio sin participación? Puedo imponerlo, pero sé que no funciona, esto lo he vivido mucho tiempo. Luego la participación es un requisito para el cambio, porque el cambio proviene del resultado de esa participación.

—¿Entonces?

—Pues bueno, no sé, el profe eres tú, ¿no?

—No, ahora no, te lo aseguro. Te aseguro que aprendo y tomo notas de lo que dices, y construyo contigo. Igual deberíamos ponerle un nombre a esta relación.

—Sí, *particambio* —dijo José con humor.

—Eso parece la fiesta (*party* en inglés) del cambio.

—¿Por qué no?

—¿Por qué no?

—Bueno, ya sabes, el eje es el particambio, igual hasta te cedo los derechos de explotación en consultoría —continuó bromeando José.

—Me gusta verte con ese humor.

—Sí, la verdad es que me veo en la cresta de la ola, pero no en productividad ni riqueza, sino en…

—En qué…

—No sé si decir felicidad, tranquilidad, bienestar..., no sé qué palabra mejor define cuando uno tiene un proyecto como éste entre manos. Tener la posibilidad de llevarlo a cabo creo que es un privilegio.

—Sí, creo que lo es.

—Bueno, pues me siento privilegiado.

—Yo también.

Había sido una jornada bastante fructífera. José salió exultante de la sesión y Pau también estaba muy contento. Habían llegado a soluciones realmente simples y directas. Implantar el cambio desde lo más sencillo e ir aumentando la complejidad en los proyectos para buscar el compromiso de los empleados. Poner el peso del cambio en la participación con el «particambio». Y, sobre todo, basar el proyecto en visualizaciones, mapas mentales e intuiciones, la base de todo gran proyecto.

Sin embargo, los dos eran conscientes del siguiente paso. Ahora comenzaba el proceso de afrontar los resultados competenciales de José. Hasta el momento habían afrontado el resultado global del *gap* o distancia de José con su entorno. Ahora tocaba concretar más, analizar una a una, planificar objetivos de *coaching* poniendo prioridades, y al mismo tiempo, afrontando el cambio organizativo. «Todo es cambio últimamente», se dijo para sí Pau.

Objetivos del capítulo

1 Reflexionar sobre la importancia de la semilla del cambio, por la que se debe comenzar desde lo más sencillo para incrementar la complejidad.

2 Valorar la participación en la elaboración de los proyectos de empresa.

3 Comprender el valor de la visualización e intuición del empresario en el desarrollo de la confianza en un proyecto nuevo.

Preguntas que el lector debe considerar

1 Analice el último cambio importante que se haya hecho en su empresa. ¿Se hizo desde la participación?

2 En los cambios introducidos en su empresa ¿se ha considerado la variable complejidad el cambio?

3 Cuando se desarrolló un cambio en su organización, ¿llegó a visualizar el cambio?, ¿procedía de su intuición?

Concepto clave

No hay cambio sin participación. En esto reside la clave del éxito de la implementación de su estrategia.

6. La transformación: el debate escolástico

José no sabía en realidad adónde iba, pero le había pedido Pau que bloqueara todo el fin de semana y le había dado una dirección. «Misterioso Pau», pensaba José. Las instrucciones concretas eran: «llevar ropa cómoda, viaje de dos noches en un hotel rural»... Venía la ruta y el horario aproximado de llegada.

Conocía el pueblo, pues era bastante pintoresco, pero nunca se había quedado. Las montañas lo rodeaban y tenía cuevas donde vivía la gente. Las instrucciones decían rodearlo para ir a una montaña en frente, y el camino cada vez se hacía más estrecho y menos transitable. «Eso también tiene su encanto», se decía José. Venía con muchas cosas que contar a Pau, aunque el objetivo del fin de semana no era verificar nada de la anterior sesión, sino revisar las competencias que tenía José que trabajar para afrontar el cambio.

Estaba ya en plena transformación en la organización, de momento había ya gente trabajando en pequeños proyectos de mejora de la organización; la mayoría no eran aún suficientemente trascendentes, tenían más que ver con las condiciones donde trabajaban, la mejora de la comunicación, pero como mera aproximación, no como proceso de mejora o cambio inmediato. Digamos que la organización estaba como en un proceso de reflexión y debate. Ese tiempo le beneficiaba a Pau, pues él tenía que seguir trabajándose. Y para eso era el fin de semana.

Al principio le extrañó un poco, pero no por ello dejó de pensar que sería incluso mejor. Les quedaba mucho trabajo para plantearlo en un proceso normal de *coaching*. Ese fin de semana podía ser suficientemente intensivo como para saber más de su desarrollo como directivo. Él tenía claro sus áreas de mejora, los resultados habían mostrado claramente unas áreas según el modelo de liderazgo de Pau de las competencias directivas. Y ahí estaba, de nuevo confiando, pues sabía que no le esperaba un fin de semana fácil. Pero ahora no podía detener todo, había demasiado en juego, y sobre todo creía realmente en ese proceso de transformación que había iniciado. Se notaba mejor, incluso dormía mejor. Le extrañaba que con mucha más actividad ahora durmiera mejor. Claro, antes no se llevaba actividad, se llevaba más problemas a su dormitorio. Ahora es como que era más él, y eso le hacía dormir más tranquilo. Había conseguido que fuera más productivo y feliz. «Y eso sólo era la punta del iceberg», como le decía Pau. ¿Cómo iba a negarse a continuar?

Al final del camino se veía un alojamiento rural, y también bastantes coches. Le extrañó, pues pensaba que sería un lugar más solitario. Más sorprendido se quedó aún cuando a la entrada del hotel rural ponía un letrero: «Bienvenido al seminario de talento y *coaching*». José no sabía nada de un seminario, ¿sería una encerrona para formarle con otra gente? ¿Y por qué no le había dicho nada Pau con anterioridad? O igual era pura coincidencia. Nada, este leve pensamiento le duró tres segundos. No era una pura coincidencia, vamos, imposible conociendo a Pau; estaba todo organizado.

Aparcó el coche y con su bolsa colgada de la espalda se dirigió a la entrada. Una figura surgió de la puerta. Era Pau. Llevaba unas zapatillas de correr y un chándal azul oscuro. Su silueta deportiva le chocaba con la imagen que siempre le había visto, informal pero elegante. Ahora iba completamente deportivo, bueno, no se debería sorprender porque en el mensaje que le dejó le sugería ropa cómoda de chándal.

—¿No me digas que me has traído a un seminario de talento y *coaching*?

—Pues sí.

—¿Y por qué no me lo dijiste?

—Se me debió de pasar –sonrió Pau.

—Ya, no me creo ese tipo de deslices, ¿qué me ocultas?

—Bueno, no sé si te comenté una vez que de vez en cuando nos reuníamos *coach*es certificados para trabajarnos conjuntamente y revisar planteamientos. Bueno, pues ésa es la reunión de este fin de semana, vamos a realizar actividades para desafiar nuestro talento, vamos a trabajarnos en sesiones de equipo, y sobre todo vamos a hacernos todo el espejo posible entre nosotros.

—Pero ¿yo qué pinto aquí? Yo no soy *coach* certificado.

—Bueno, pero pedí permiso a mis colegas para traerte y estaban encantados; de hecho, no eres el único directivo que viene hoy. Hay al menos tres más. Somos un total de doce y con vosotros dieciséis.

Pero ¿qué somos: conejillos de Indias vuestros? Me traes como si fuera el señor X, como si fuera un experimento.

—No, tranquilo, todo es más relajado. Aquí todos venimos a revisar nuestras competencias. Todos venimos con un informe cruzado que hacemos entre nosotros para poder seguir trabajándonos. El *coach* que se descuida, deja pronto de ser *coach*. Por eso, cada seis meses nos cruzamos un cuestionario *online* de alguno de nosotros. Esta vez hemos utilizado mi metodología, con lo que te será más fácil comparar tus resultados con los demás. Aquí todos somos en realidad conejillos de Indias, eso sí, de nosotros mismos.

—Vaya, qué cosas más curiosas. Has de reconocer que sois unos tipos un poco raros –le dijo José dándole una palmada en la espalda.

—Bueno, si lo quieres llamar así. Para nosotros es como una puesta a punto, la ITV del coche, la revisión médica anual, ya sabes…, un pensar que siempre tienes que estar ajustando la maquinaria cognitiva y emocional. Recuerda que nadie es perfecto, y el que lo parece, piensa por qué quiere parecerlo.

—Bueno, visto así…, pero me siento como si estuviera fuera de mi contexto, vamos, como que no va a ser lo mismo que otras veces que nos hemos visto.

—¿Lo dices porque hay más gente?

—Sí, creo que es fundamentalmente por eso. Es como que se rompe algo nuestra intimidad.

—Ya verás qué gente más formidable. En serio, quien viene a estos seminarios sabe lo que es ser humilde en toda su expresión. Para mí son como mi pilar profesional. Fíjate que a muchos los veo en reuniones periódicas que hacemos donde nos actualizamos cosas más formales. También los veo mucho en mis charlas, todos en realidad intentamos ir a las sesiones públicas de los demás. Y ahí incluso nos divertimos pues, como nos conocemos tanto, sabemos dónde hemos tenido «un descubierto» en la charla o dónde estamos arriesgando. Claro, cuando venimos aquí, venimos con la misma actitud con la que vienes tú, la de trabajarte ayudado por los demás.

—Bueno, pues nada, ya me dirás cuál es el programa.

—Bueno, pasa y tómate un zumo conmigo y te lo comento. Después ya si quieres te subes a tu habitación.

—Vale, bueno, déjame subir primero y bajo en diez minutos.

El programa era bastante completo. Aún quedaba gente por llegar, era viernes por la tarde y estaban todos convocados a las ocho de la tarde. José había llegado a las seis, con lo que tenían suficiente tiempo para charlar. A las ocho tenían la primera reunión convocada por Pau; esta vez había sido él el encargado de organizarlo todo. Lo primero sería un plan de bienvenida con regalos sorpresa para todos. Así también se le daría a cada uno un corazón antiestrés, un chupete, una brújula, una linterna, unos prismáticos de juguete, una libreta con portada medieval pequeña para anotaciones y un bolígrafo. Se suponía que todo lo utilizarían el fin de semana. Todos esos objetos estaban en las respectivas habitaciones junto con un traje medieval, que encarecidamente se rogaba que se pusieran todos para todo el fin de semana. Esto les transportaría a la universidad medieval, que era el eje del fin de semana.

Después, siguiendo la tradición escolástica de las universidades medievales, uno de los ponentes, en este caso Pau, tenía que defender públicamente sus argumentaciones teóricas. La tradición en estas catedrales medievales de la sabiduría utilizaba el debate donde cada profesor universitario debía comparecer varias veces al año ante el cuerpo docente y alumnos, para defender los principales puntos de sus enseñanzas frente a todo aquel que lo pusiera en duda. Así también, los alumnos no realizaban exámenes salvo al final de su carrera (examen *privatum*) y una semana antes visitaban al rector para jurar los estatutos de la universidad y también que no tratarían de corromper a sus examinadores. Por ello, en este fin de semana no habría evaluaciones, sólo esa exposición pública abierta al debate duro y riguroso de los asistentes que tratarían de demoler los cimientos teóricos del ponente. El debate duraría en torno a cuarenta minutos. Diez de exposición y treinta de debate. Después todos se irían a la cena.

La cena, medieval también, suponía un acto lleno de esparcimiento y compartir, eran platos que compartir entre todos. Y donde el vino también rodaba. Con esto los dieciséis participantes tendrían una bienvenida bastante peculiar y temática.

El alojamiento rural tenía espacios de agua con piscina climatizada, sauna, *yacuzzi*, baño turco y demás maravillas de tratamiento corporal. Así los asistentes podrían en todo tiempo libre utilizar los servicios para relajarse y buscar también su soledad o su compartir más íntimo.

—Bueno, me parece que ya has visto parte del secreto –le dijo Pau a José al verlo bajar por las escaleras.

—Sí, la verdad es que me he quedado impresionado, ¡qué maravilla de traje tengo en mi habitación! Será todo un placer ponérmelo.

—Bueno, eso es sólo el comienzo. Ya irás viendo las cosas que pasan.

—No me vas a contar qué nos espera hoy.

—No, sencillamente toma este informe que fue el que obtuvimos de tus competencias directivas e intenta analizarlo y sentirlo. ¿Te acuerdas? De las competencias analizadas, cinco las tenías en áreas de mejora. Una de ellas ya la trabajamos, la comunicación, ahora nos toca pensar y sentir las otras cuatro: liderazgo *coaching*, mentalidad de talento, delegación y trabajo en equipo. Aquí tienes tus puntuaciones, las que te pusieron en *feedback* tus colegas, los comentarios abiertos y anónimos, y el informe final. Si quieres tómate algo o busca un espacio donde leerlo tranquilamente. Recuerda: en este alojamiento tienes todo tipo de espacio termal y de aguas para relajarte y estar en intimidad. Yo me voy, que tengo un debate público algo peculiar, no te puedo adelantar más.

José se fue con su informe en mano al bar y se tomó un zumo de naranja. Subrayó lo que consideraba más importante de los comentarios y puso ideas en los laterales de las hojas. Después se quedó pensativo. Le quedaba aún hora y media. Igual sí era buena idea irse a la zona de aguas y relax.

A las ocho en punto estaban todos en la sala de reuniones. Todos con sus atuendos medievales, sonrientes, sorprendidos unos de otros por lo fácil que entraban todos en el juego propuesto por Pau. Y después de unos cinco minutos de espera y comentarios entre todos, apareció Pau con una toga, un anillo de oro, un birrete, unos guantes blancos, una bocamanga (puñeta) de color celeste, y una capa (muceta) también celeste. Aunque éste no era un acto universitario, Pau había considerado oportuno hacerlo como tal, al fin y al cabo todos estaban en esa época. Y el primer juego de la tarde era precisamente un debate escolástico. Pau sabía que debería provocar para dar animación al debate tal y como establecía la norma medieval. Tenía sólo diez minutos. Así que comenzó su alocución con un simple mensaje.

—Amigos todos, estamos reunidos para debatir sobre una nueva teoría que trabajo sobre el *coaching*. Y la denomino el «*coaching* transformacional». Se basa no tanto en las corrientes teóricas tradicionales como en la capacidad del *coach* para lograr un proceso de transformación. Por lo tanto, os diría que es incluso ateórica, es sencillamente intuitiva y aplicada. Sé que algunos sois de la corriente de la PNL, otros de la Gestalt, otros humanistas puros rogerianos, otros más conductistas y de planteamientos más breves, e incluso otros sencillamente aplicáis técnicas sin planteamientos teóricos tipo GROW. Pero a todos os he de decir algo, no me creo que logréis transformar a los demás si no os habéis transformado antes vosotros. Si no habéis traspasado vuestro ego hacia una nueva infancia. Retornar a la infancia, a su pureza, y transformaros, quitaros toda capa de adulto que envenena vuestra autenticidad. Como diría un gran amigo mío, ¡volver al chupete!

En esos momentos cogió una bolsa y uno a uno repartió chupetes a su audiencia. Con eso había terminado su mensaje, corto pero altamente provocador. Sus amigos se quedaron sonrientes, pues en la entrada de la sala les habían dado a todos las instrucciones de los debates medievales. Así que parte de la sala aplaudió y dio golpes en las mesas, y otra parte abucheó la ponencia. Y comenzó el debate encarnizado. Fueron treinta minutos de deleite lingüístico, de citas, nombres, teorías y modelos. Pau había sabido golpear la falta de acuerdo entre los teóricos del *coaching* como para poder enfrentarlos entre sí. Y al final atacaba algo aún más serio, la responsabilidad de actuar sobre los demás con marcos que no se han aplicado los propios *coach*. Hubo que parar la sesión, pues la media hora se consumió enseguida. Todos acabaron sonrientes ante el comienzo del fin de semana.

La noche se les echó encima, la cena copiosa y variada, las múltiples conversaciones que se dieron, el buen ambiente y el humor generalizado dejaron a todos con una energía positiva inicial maravillosa. Era necesaria, pues les esperaba una jornada realmente dura.

Al día siguiente les esperaba una actividad de tiro con arco después del desayuno. La empresa Man-at les había organizado una serie de actividades. En este caso, el arquero estaba explicando a todos la técnica de la concentración en el disparo. Todos estaban absortos pensando cómo algo que parecía tan mecánico se podía explicar de esa manera. «Buscad vuestro momento, donde casi sin mirar sepáis que estáis apuntando al centro. En ese preciso momento soltad y liberad la tensión.» Y así lograba que los asistentes utilizaran la concentración. Un líder debe saber concentrarse, inspirarse, parar todo pensamiento y sencillamente sentir con todos sus sentidos. En eso consistió el primer seminario de la jornada. Johnny, un afamado consultor estadounidense, estaba sentado delante de todos. Iba con una túnica para no desentonar con todos, y su discurso suave y envolvente fue magnetizando a los dieciséis. El líder *coach* necesita concentrarse, trabajarse como un atleta de alto rendimiento. Necesita entender que su función es la de desarrollar a sus empleados, debe ser algo más que un líder, debe permitir que afloren los potenciales de cada uno. Ésa es su misión, considerar la empresa como un cúmulo de potenciales. Saber cómo desarrollarlos, cuándo, con qué prioridades, y sobre todo saber facilitar y acompañar en el proceso. «¡Distingamos al líder del líder *coach*! –decía gritando–. ¿Qué sois vosotros? ¿Dónde os ubicáis? ¿Dónde queréis estar? Os doy tres minutos para que me describáis qué tenéis cada uno de líder *coach*, si es que hay algo.»

Su fuerza provocadora hacía que los dieciséis estuvieran concentrados en las tareas. José comprendía, ésa era una de sus competencias por desarrollar. Tenía un nivel uno mientras que se suponía que tenía que desarrollar un cuatro. «Tres niveles más», pensaba para sí. Estaba en un nivel uno, donde el líder sencillamente es capaz de escuchar y se convierte en un líder que atrae por su «estar ahí» pero no tiene la energía necesaria para desdoblarse en el otro, para meterse en la comprensión y ratificarla, no considera al otro como un todo donde las energías confluyen y las competencias se equilibran. Sí, necesitaba mucho más en esa competencia, no cubría lo que el ponente Johnny les había planteado.

La sesión fue muy interactiva, pues cada uno fue reflexionando sobre lo que le quedaba en el proceso. José se sintió algo aislado, pues era el único que tenía un nivel uno. El resto de profesionales del *coaching* tenían en su mayoría nivel tres y alguno cuatro, el máximo. Los otros tres directivos tenían un nivel dos. A pesar de tener la más baja competencia, nadie le miró de modo especial, sencillamente estuvieron muy amables y atendieron su explicación. Le dieron a José mucho *feedback* de lo que los demás entendían de su situación y de lo que comentaba. José planteó un escenario de cómo poder progresar en esos niveles competenciales, con qué recursos y apoyos contaba, cómo creía que debería superarlo. Y fue tan enriquecedor todo lo que le dijeron que José se sintió gratamente alagado a pesar de ser «el peor de la clase». «Tres niveles es mucho, plantéate un año por nivel... Piensa sólo en el nivel dos, hazlo tu obsesión, convierte su definición en tu rezo mañanero... Haz que su sentido penetre en ti y te transforme... Ponlo en práctica continuamente, no dudes, utilízalo todo lo que puedas... Practica continuamente y sin descanso, haz que el hábito lo interiorice como cualidad tuya... Repite, analiza, repite, siente», le decían. Y así, José comenzó a rellenar su libreta de comentarios, dibujos, reflexiones, frases... Fue su gran regalo de la mañana. Se sintió parte de un equipo donde todas las voces eran uno, donde todos tenían la misma misión: apoyar al eslabón que estaba en debate. El equipo se sintió uno, tenían una misma conciencia.

Se fueron a comer después de una mañana tan activa y agotadora. Tenían tiempo libre hasta las seis de la tarde, José decidió echarse una siesta y levantarse para ir de nuevo a la zona de aguas. Le gustaban esos momentos de reflexión en el baño turco mirando las estrellitas del techo que brillaban. José aprendió a concentrarse en ser un líder *coach*. Ésa fue la gran lección de la mañana. Tenía ya el plan elaborado para cómo ir superando los diferentes niveles en los próximos años. Ya sólo por esa mañana con Johnny había valido la pena. Pero a Pau le gustaba concentrar y presionar un poco. A las seis les esperaba una actividad de expresión corporal, donde un actor les dio una pequeña charla sobre su niño interior. En *coaching* se habla mucho del mundo interior, de conectar con el interior, evitando a veces ese ser externo que manipula y muchas veces altera la naturalidad y la espontaneidad. Ya lo decía Gallwey en *The Inner Game of Tennis*, dejar que fluya el juego que lleváis dentro.

El arquero de la mañana se convirtió en la voz del seminario, repasó cómo sacar lo mejor de nosotros y conectar con nuestro niño. Eso hizo que se trabajara una hora la espontaneidad, y muchos de los asistentes descubrieron que incluso tenían talentos escondidos que no sacaban porque los coartaban. Se trabajó el cuerpo, el baile y la expresión corporal. Y acabaron con cinco minutos de espontaneidad cada uno ante los demás. Ese último ejercicio fue como una eclosión de comunicación entre todos ellos, un brillante final que permitió que todos estuvieran ya no sólo en la misma conciencia sino en el mismo corazón.

Retomó el final otro ponente profesional del *coaching*, y lo dirigió hacia la competencia del talento. «La mentalidad de talento es eso, pura conexión con vuestro jugador interior, bajo los objetivos del jugador exterior.» Analizaron los cuatro niveles de la competencia del talento y cerraron de nuevo con una reflexión de equipo sobre el lugar de cada uno y su plan de acción. José tenía un nivel uno también en esta competencia, le quedaba mucho por avanzar, y comprendió que tenía como áreas de mejora precisamente las relacionadas con el desarrollo de los demás. Él quería ese cambio pero se daba cuenta de que debería ser líder *coach* y que tenía que imbuirse en la mentalidad de talento.

Tan sólo le quedaba una sesión por la mañana pero tenía dos competencias que trabajar. Esperó impaciente por la mañana del último día para comprobar qué sorpresa les aguardaría. Todos recibieron instrucciones de reunirse en la sala después del desayuno. A los cuatro directivos les dieron cuatro hojas de instrucciones. El ejercicio consistía en dirigir sin dirigir. Tenían que decidir quiénes de los asistentes harían las tareas, incluso la dirección deberían delegarla a una toma de decisiones individual de su equipo. Ellos tan sólo tendrían que esperar, verificar, animar, y comprobar que todo iba bien. Así, fueron dando instrucciones a su equipo, uno por uno, repartiendo roles, e incluso les rotaban el papel de dirección, donde por lo tanto ellos sencillamente se reunían con el director de vez en cuando para comprobar resultados. La práctica duró casi dos horas. Todo el rato delegando, dando responsabilidad, e intentando que los mejores estuvieran en las tareas correspondientes en función de sus mejores competencias.

Parecía un juego, pero lo que inicialmente fue un juego se convirtió en algo incómodo. Ya no tomaban apenas decisiones y su verificación a veces venía de decisiones que no habían sido tomadas por ellos; sin embargo, los equipos funcionaban bien. Tener que tomar durante más de dos horas más de cien decisiones de delegación fue una práctica implosiva que generó situaciones algo contradictorias. La práctica se cerró precisamente preguntando a los cuatro directivos cómo se habían sentido al tener que delegar. Y los cuatro lo habían pasado mal. Tenían sentimientos de que perdían el control de la actividad, que nombrar un adjunto de dirección era perder control, que si daba responsabilidad a los miembros para decidir, su autoridad se perdía, y así un sinfín de argumentos racionales y emocionales en contra de la delegación.

Esta última sesión fue un regalo de todos los *coach* a los cuatro directivos. Fue una práctica hecha exclusivamente para los cuatro directivos. Y, de hecho, estuvo después más de dos horas trabajando cada directivo con su equipo recibiendo *feedback* del proceso. Ése sí que fue un regalo final para José, que ya había descubierto qué competencia habían trabajado en esa última sesión. Sin embargo, cuando le preguntó a Pau sobre la competencia de trabajo en equipo, Pau sorprendido le contestó:

—¿Te parece poco la experiencia de equipo que has vivido en ese fin de semana? En la primera sesión tuviste conciencia de equipo, en la segunda sentimiento de equipo y en la última todos compartíais la responsabilidad y el objetivo de la práctica. Si consigues eso con tu gente, estarás en el nivel de trabajo en equipo de alto rendimiento. Piénsalo.

Objetivos del capítulo

1 Comprender la importancia de estar continuamente en un plan de desarrollo y mejora.
2 Valorar la opinión y participación en programas con otros expertos o especialistas.
3 Comprender la importancia de la concentración y el trabajo consciente sobre las competencias de cada uno, y aprender la capacidad que todos tenemos de trabajarnos y desarrollarnos de modo objetivo y sistemático.

Preguntas que el lector debe considerar

1 Reflexione sobre la periodicidad con que se analiza usted en su desempeño profesional. ¿No lo cree importante?
2 Piense en cuándo fue el último programa vivencial que realizó con su equipo directivo. ¿Fue hace mucho?
3 ¿Qué competencia se está trabajando actualmente? Recuerde: es importante tener objetivos profesionales y que éstos estén guiados por un modelo competencial y de talento.

Concepto clave

El talento se desarrolla continuamente. Depende de usted. Sólo hay que comenzar cada mañana y acabar cada noche. ¡Así de fácil!

7. Las interferencias

«¿Qué hace uno cuando tiene toda la información, sabe cómo actuar pero reconoce que los cambios no son rápidos?» Eso pensaba José, tenía mucha información sobre sí mismo y los demás. Sabía cómo encauzar su cambio. Tenía apoyos y proyecto. Pero le faltaba algo, comenzar a andar. Se dio cuenta de que, mientras se hablaba de la empresa o de los demás, todo parecía más fácil. O incluso que, cuando se habla de uno mismo en un contexto como el que había pasado el fin de semana anterior, es todo bastante más sencillo. Pero cada uno se ha ido a su casa, y cada uno después interviene en la realidad como puede. Éste es el famoso «salto al vacío» de que le advirtió Pau. «Comprender no es actuar, es un requisito nada más.» Eso le pasaba a José, comprendía, hacía esquemas, planes, pero después notaba como que le faltaba algo. Él era una persona con iniciativa y energía. Lo había demostrado durante mucho tiempo, luego qué estaba pasando, que no acababa de tomar las riendas de su propio proyecto. Necesitaba llamar a Pau.

—Perdona, sé que no nos toca aún la reunión, me diste dos semanas de trabajo personal, pero es que necesitaba llamarte.

—Por supuesto, José, no lo dudes tanto la próxima vez. Hacemos una cosa, llámame dentro de media hora, que tengo un hueco para poder hablar con tranquilidad.

—Perfecto, te llamo.

Al cabo de media hora José estaba algo inquieto por la llamada que tenía que hacer. Le daba la impresión de que lo decepcionaría si le decía que no sabía cómo actuar. Que lo habían preparado todo, estaba claro, lo cerraron todo en el fin de semana de *outdoor* que hicieron, la última hora la pasaron juntos trabajando el plan de acción, pero algo no encajaba.

—Pau.

—Hola, José, perdona, estaba reunido; ahora sí tengo tiempo. Cuéntame, ¿cómo te va?

—Pues por eso te llamo, no sé en realidad por dónde comenzar.

—Pero, ¿tienes el plan de acción a mano?

—Sí, claro, me lo sé de memoria. No es eso.

—Entonces, ¿qué sucede?

—Pues que el primer paso era observarme en las cuatro competencias críticas que necesitaba mejorar. Pero me doy cuenta de que me es muy difícil darme cuenta de muchas cosas. Todo lo veía mucho más fácil con vosotros el pasado fin de semana, pero ahora sólo dudo más de todo.

—¿A qué te refieres con que dudas?

—Pues que cuando observo un comportamiento que creo que puede ser un incidente o aspecto crítico de una competencia, como que en seguida me sale una voz que me dice: «Es que es así».

—¿Y?

—Pues que esa voz es realmente poderosa porque mi cuerpo no reacciona tanto y me dejo llevar, considero que no es incidente crítico ese comportamiento y entonces sigo trabajando. Pero algo se queda en mi interior que me dice que no lo hago bien.

—¿Qué dice esa parte que piensa que no lo haces bien?

—Pues como que en realidad piensa que mi persona se defiende de afrontar determinadas realidades.

—¿Y por qué crees que haces eso?

—Pues es como que no quisiera hacerlo pero lo hago, como que racionalmente lo tengo claro pero emocionalmente mi cuerpo y mi toma de decisiones van por otra vía.

—¿Qué dice tu cuerpo?

—Que me relaje y que no me machaque tanto, que esto no es terapia.

—¿Por qué piensas o mencionas la terapia?

—Pues no sé, me imagino que es lo más parecido, ¿no? Y como que parte de mi cuerpo se revela.

—Pues terapia no es, te lo aseguro, es crecimiento directivo. Quizás en determinadas situaciones con directivos la línea es bastante sutil, pero normalmente se diferencian muy claramente. Pero dime, de todos modos, ¿qué pasaría si fuera terapia?

—Pues que mi cuerpo se revela, no lo necesita, como que todo va en general bien. ¿Qué necesidad tengo de meterme en todo esto?

—Sí, claro, tienes todo el derecho para pensar esto, pero recuerdo que fuiste tú quien vino diciéndome que quería mejorar y crecer en lo profesional, ¿sigues pensándolo?

—Sí, creo que necesito mejorar más, pero ¿hace falta valorar mi capacidad de desarrollar a los demás o de dirigir equipos con talento?

—Bueno, contéstamelo tú mismo.

—Sí considero que hace falta pero algo en mí me paraliza.

—Lo podemos llamar «bloqueo», ¿te sientes así?

—Sí, tengo la cabeza a cien, pero el cuerpo bloqueado.

—¿Has intentado algo para desbloquearlo?

—Sí, claro, he probado de todo, distraerme, leer, analizar punto por punto todo el proceso… Vamos, lo he intentado todo.

—¿Y?

—Noté que estaba con más fuerza cuando salí a distraerme. Pero me da la impresión de que evito el tema, ¿no?

—En efecto, estás evitando el tema de un modo directo. Pero ¿por qué crees que lo evitas?

—Bueno, por eso te llamaba.

—Ya, pero conoces las reglas del juego. Te podría decir muchas cosas, pero no necesariamente serían las que más te beneficiarían. Indaga en ti.

—Bueno, pues creo que lo evito porque no quiero en realidad ver lo malo que soy en esas competencias. Creo que sería como abrir algo difícil de cerrar después donde hay metidas muchas cosas.

—¿No quieres ver?

—Sí, en efecto, creo que no quiero ver.

—¿Qué pasa cuando lo intentas?

—Me pongo muy ansioso, y eso me asusta, nunca me había sentido así.

—La ansiedad, recuerda, no tiene por qué ser mala, una relativa dosis es recomendable para la actividad.

—Ya, pero cuando te digo que me pongo ansioso, es que se me dispara el ritmo cardíaco, lo noto.

—¿Puedes pensar en la última vez que te pasó eso?

—Sí claro, me pasó ayer mismo, quise tocar mi competencia de equipo y me puse a pensar en reuniones pasadas o en proyectos realizados en equipo.

—¿Y?

—Me pareció ver rasgos comunes con otros análisis que llevo haciendo los últimos años.

—¿A qué te refieres con *rasgos comunes*?

—Pues que algunas cosas se repiten, y en ese proceso me doy cuenta de qué se repite y tiene que ver conmigo. Entonces se me dispara el corazón.

—Bueno, ¿y qué es lo que se repite?

—Creo que yo, vamos, me veo ahora analizándome como lo hicimos el fin de semana, tan crudamente asumiendo cada uno su parte, que me doy cuenta de que yo siempre la he tapado o decorado. No me interesaba verla.

—¿Y ahora te interesa?

—Sí, pero creo que no me atrevo, es duro afrontarlo.

—Bueno, al menos te interesa, ¿te das cuenta de que eso es un paso adelante? Conozco muchos directivos bloqueados y paralizados en ese estadio y tú, sin embargo, eres capaz de afrontarlo. ¡Ése es un gran paso!

—Visto así, desde luego, pero creo que quiero ir más deprisa que tú.

—En estas cosas no hay velocidades, sencillamente personas, profesionales que buscan mejorar y ellos mismos imponen el ritmo, nadie más. Ni siquiera yo, claro.

—Ya, me parece que los cambios van a ser más lentos de lo que pensaba. Pues si esto me pasa a mí, al resto también le pasará. Me refiero que los demás en mi empresa no asumirán un nuevo concepto de mí tan rápido como pretendía. Entiendo quizás mejor ahora el juego de fuerzas que intervienen. Son como pequeños hilos que se van hilvanando que casi son imperceptibles pero capaces de hacer una malla dura y resistente. Yo quizás pretendía hacer algo mucho más rápido, pero, claro, mucho más endeble. En esto me juego el corto o el medio-largo plazo.

—En efecto, ¿qué quieres?

—He estado demasiado tiempo jugando al corto plazo. Tengo claro que quiero algo estable en el tiempo.

—Bueno, pues ya has tomado una decisión, ¿no?

—Sí, creo que sí. Pero aún no he afrontado el tema principal.

—Digamos que has dado un paso adelante con todo esto. Has tenido miedo de afrontar que eres tú el causante de lo que hay en tu organización, sobre todo ahora que afrontas algunas competencias como área de mejora. Descubres que por debajo de trabajar todas las competencias hay un resquemor de fondo que te impide en realidad atacarlas una por una. Pero, sin embargo, llegas a la conclusión de que ese resquemor te paraliza y que te alerta de que algo «peligroso» se acerca, quizás un cambio personal, y te muestras emocionalmente aversivo. Pero avanzas valientemente, reconoces el miedo, tomas conciencia de tu situación y decides que, a pesar de no hacer caso a tus emociones, sigues adelante. Ahora dime, visto así, ¿qué tipo de paso has dado?, ¿pequeño o grande?

—Creo que grande.

—Sí, grande, realmente grande, piensa que lo que más te cuesta es por algo. Muchas veces identificamos erróneamente las causas de nuestros comportamientos por miedo inconsciente a tocar una realidad adversa y peligrosa emocionalmente. Tienes todo el derecho a hacerlo, pero, claro, si quieres mejorar y desarrollarte, ese paso es más que necesario. ¿Piensas que es necesario?

—Sí, creo que doy el paso porque veo que necesito darlo. Es como que quien ha vivido esta nueva realidad, como cuando estuve con vosotros el fin de semana, como que es difícil asumir viejos modelos de pensamiento y comportamiento. Pero aún noto que necesito mucha ayuda en ese aspecto. Creía que sería más fácil. ¡Qué complicados son los sentimientos!

—Creo que son complicados porque nuestra sociedad no suele hablar de ellos, y cuando lo tienes que hacer, eres quizás ya un poco maduro, con muchos esquemas y defensas. Nosotros los complicamos. Nuestra naturaleza real, nuestro yo interior pequeñito es mucho más sencillo y adaptativo. Pero lo vamos alejando cada vez más con nuestros miedos, nuestras barreras, nuestras capas sociales... Al final uno no llega ni a reconocerse. Y entonces para, mira hacia dentro y reconoce que ya no se reconoce. En realidad, todos necesitamos ayuda. Ya viste como el *coach* necesita ayuda también, no hay que mitificar a ningún ser humano, hay que verlo en su realidad.

—Sí, la verdad es que escuchando algún amigo tuyo *coach*, me preguntaba: «Pero este es realmente *coach*». Me di cuenta de que no era tanto el contenido del problema o de la situación sino cómo lo afrontaba.

—Cuéntame esto, me interesa, ¿Qué quieres decir, José, con que es el cómo afronta la situación?

—Que no era tan importante la decisión que tomaba, sino cómo la tomaba. Para mí siempre ha sido importante intentar acertar, vamos, eso de optimizar la información para acercarte a la decisión más certera. Siempre pensaba que había una decisión correcta a mi alcance. Pero con tu gente vi que no era eso lo importante. Cuando uno de tus amigos dijo eso de «si hubiera sido por mi emocionalidad, le hubiera dado un par a ese cliente». Claro, yo pensaba que todos os autocontrolabais, vamos, no necesariamente un estado de nirvana pero similar. Y, claro, los vi tan humanos. Entonces me fijé concretamente en ese *coach* que habló con esa emocionalidad tan agresiva. Y me di cuenta de que al rato ya estaba normal, sacaba sus emociones fácilmente, y cuando se quitaba ese estado emocional agresivo, reflexionaba y decidía. No antes. Si vieras la de decisiones que he tomado en estados alterados emocionales. No quiero ni acordarme.

—Gracias por devolvernos al mundo de los humanos —dijo Pau con ironía admirativa del proceso de reflexión de José.

—Ya, necesitamos ídolos, dioses. A mí me parecieron muchos de ellos cercanos a eso, por su saber estar, su manera de hablar, mirarte, reconocer las situaciones de los demás. Vamos, me hiciste un flaco favor el día que me llevaste allí. Seguiría pensando que quien habla de emociones tuvo una infancia difícil o que no era muy hombre. Igual exagero, pero hay parte de verdad en pensar que el manejar los estados emocionales te permite sobrellevar muchas de las competencias.

—Bueno, cada persona elige su camino y tú veo que lo vas decidiendo solo.

—Sí, creo que necesito estar más alerta de mis emociones. Busco fluir y respetar mis emociones un poco más para poder entonces trabajar el resto de competencias.

—Bueno, lo puedes hacer en paralelo: sé consciente de tus emociones en todo momento y anota las decisiones. Trabaja al mismo tiempo las competencias y verás la influencia que tienen.

—Sí, pensando en todo esto, creo que la competencia de mentalidad de talento, a pesar de ser de las más importantes, es la que creo que tengo más al alcance en estos momentos, como que puedo reconocer fácilmente el talento en los demás, quizás sufrir personalmente al ver que no está tanto en mí, pero al menos me ha permitido ver esa distancia con algo más de objetividad. Creo que las que más me van a costar son las otras dos, ser líder *coach* y trabajar en equipo. ¿Quién lo iba a pensar? Toda la vida trabajando en equipo para ahora decir que no alcanzo el nivel tres siquiera.

—¿Es eso un lamento?

—Es una añoranza de no haber tomado decisiones antes.

—Bueno, recuerda plantear objetivos hacia delante, no te quedes anclado en el pasado, cada persona tiene su historia. Te aseguro que hay mucha gente que se jubilará en cargos de dirección sin haber llegado al nivel tres como dices tú. Ni mirar hacia atrás es un consuelo, ni compararte con los demás.

—Sí, es mi camino, son mis millones de decisiones en la vida las que me han llevado hasta aquí. ¿Cómo fijarme en unos cuantos miles de decisiones? Es realmente absurdo.

—¿Sabes los millones de decisiones que tienes aún que tomar? La cuestión es cómo quieres tomar esas decisiones.

—Pues algunas decisiones, tal vez miles, van a tener que esperar aún a que mejore en mi camino. Me queda tanto.

—¿Te queda tanto?

—Sí, me queda mucho.

—¿Comparando otra vez?

—¿No decías que éramos animales sociales?, no lo puedo evitar.

—Sí, es el mal del directivo, todos quieren ser iguales. Y dejan de ser ellos.

—Pero es que es verdad, mi mensaje pesimista es real, me queda mucho aún por navegar y llegar a puerto.

—¿De qué puerto me hablas?

—Pues de llegar a ser un chico diez en mis competencias, de tener niveles cuatro en las competencias del líder *coach*.

—Bueno, ya sabes lo de Itaca. Recuerda que si sólo piensas en llegar, deja de tener sentido todo lo que haces. El camino, el progreso, la mejora es lo importante. No tienes por qué llegar a ningún puerto. Sencillamente intenta no marcarte metas tan lejanas que te hagan sentirte como te sientes hoy, algo pesimista.

—Sí, pero realista.

—Ya sabes que la realidad es subjetiva, lo hemos comentado.

—Pero hay una realidad que pesa, que es más real que estas piedras.

—No sé qué diría la física cuántica de todo esto que dices.

—Yo tampoco, pero sé que estoy siendo muy impaciente. ¿Quieres llegar ahí, te refieres a eso?

—Sí, no tengas prisa en el proceso, cada paso es importante, disfrútalo. Si vas rápido, no podrás reconocer en otros su evolución.

—Ya, necesito un pepito grillo que me recuerde la importancia del «paso a paso».

—Eso es lo importante, que ese pepito grillo esté en ti. Que tú lo generes.

—Palabras, nos quedamos muchas veces en las palabras.

—Sí son importantes, pero recuerda lo que te digo muchas veces, es tu cuerpo, tu energía, tu espíritu lo que en realidad cuenta. Las palabras condicionan el discurso, pero hay una esencia más allá de las palabras. Estaría bien que acompañaras el programa de mejora con una actividad corporal. ¿Haces deporte, meditación, yoga, estiramientos, tai chi, relax, o alguna otra actividad corporal?

—No, actualmente no tengo mucho tiempo.

—Si tuvieras que elegir una, ¿cuál sería?

—Siempre me ha gustado jugar al tenis, no lo hago mal.

—Imagina que haces una partida semanal. ¿Con qué podíamos complementar esa semana, para tener dos actividades al menos semanales?

—A mí no me metas yoga, que soy demasiado activo.

—Por eso.

—Por eso ¿qué?

—Que precisamente por esa hiperactividad que muestras necesitas alguna actividad que te desconecte o te desacelere. ¿Por qué no intentas el yoga? Necesito que intentes parar el pensamiento. Parar la centrifugadora, como digo muchas veces.

—Déjame que lo piense, necesito ver los beneficios.

—Todos, te lo aseguro.

—Bueno, pero de qué me servirá.

—Imagina que quieres tomar una decisión importante, y tu mente va a cien mil revoluciones, te atacan los problemas, muchos de ellos de menor alcance pero están ahí, y te dispersan. ¿Cómo paras la centrifugadora? Seguramente en tu caso te vas encendiendo emocionalmente y, cuando no puedes más, tu cuerpo lo paga con una situación extrema. Entonces tomas decisiones de importancia en situaciones emocionales adversas. Y, por el contrario, debes tener la menta quieta, los sentimientos estables, y saber ver lo que es importante y lo que no. Eso es fácil decirlo pero difícil realizarlo. Una de las cosas que funcionan es precisamente el deporte o la actividad corporal; no te imaginas los beneficios personales que tiene. El cuerpo es la expresión emocional, recuerda. Si quieres hablar y estabilizar las emociones, habla con el lenguaje del cuerpo. No pretendas parar los pensamientos desde el propio pensamiento; es como un bucle, nunca para realmente.

—Bueno, lo intentaré. Te aseguro el tenis. En todo caso miraré qué otra actividad puedo hacer para cubrir ese mínimo que me dices.

—Estoy pensando que igual te debería recomendar otro fin de semana experiencial. Es la mejor solución para el cambio de actitudes y la relación cuerpo-mente.

—Reconozco que no me lo pasé mal la última vez, me sorprendió mucho.

—Pues entonces prepara las maletas para dentro de dos fines de semana, organizo un *outdoor* con una gente muy especial sobre la mente, las emociones, el cuerpo y las energías. Tranquilo, no es esotérico, pero nosotros hablamos mucho de energías; es inevitable, el ser humano es una pequeña pila voltaica.

—Pero qué haremos.

—Nada, todo lo que pase allí es espontáneo y vivencial. Lograremos una mayor conexión de tu cuerpo con tus emociones. Y eso te aseguro que te ayudará mucho.

—Todo lo que sea ayuda en estos momentos, bienvenido.

—Pues ya está, no lo pienses, te vienes ese fin de semana.

—¿Va alguno de los del otro día?

—No, aquí vienen otros que viven del cuento.

—¿Qué?

—Nada, que trabajaremos mucho la expresión corporal, son actores profesionales.

—¿Pero esto servirá para mis competencias de líder *coach* y de trabajo en equipo?

—No lo dudes, ahora más que nunca te servirá. Necesitas ese paso adelante que te da el entrar más en tu interior y vivir mejor tus emociones. El líder *coach* vive de sus intuiciones, de su conexión natural con él mismo. Y para trabajar en equipo necesitas comunicar con todos los sentidos. Imagina que necesitas 17 músculos para reír y 43 para fruncir el ceño y 200 para caminar. O nos coordinamos de modo intuitivo dejando a nuestro ser primitivo trabajar sin presión nuestros objetivos o lo bloqueamos. Y ahí es cuando vienen los problemas, pues decimos unas cosas que después no comunicamos a nivel no verbal o no sentimos. Y el ser humano, igual que tiene instinto para mover los músculos, lo tiene para interpretar lo falso de lo veraz. Necesitamos cada vez más ser coherentes con nosotros.

—Creo que hay momentos en la vida en que hay que confiar ciegamente. Y tengo la sensación de que éste es uno de esos. Nos vemos entonces el fin de semana. Llámame.

José se había visto de repente paralizado por la ansiedad del propio proyecto. No todo era teorizar, había que contactar desde lo más íntimo de uno mismo. Y las palabras engañan, pues una cosa es hablar y otra provocar los cambios. José se había visto de repente sin esa fuerza de la que presumía. Se sentía solo en el cambio y, por eso, esto significaba que había contactado por primera vez. Era un paso importante pero a veces la ansiedad paraliza y no hace ver que lo que pensamos que es un obstáculo es la luz del nuevo camino. Eso le costaba ver a José. Pero, como todo en la vida, era un aprendizaje más.

Objetivos del capítulo

1 Comprender que la implementación de cualquier proyecto está llena de obstáculos pero la mayoría son humanos.
2 Valorar el grado en que la ansiedad de un directivo puede condicionar la visualización del éxito en un proyecto.
3 Aprender la importancia de expresarse y ser uno mismo en las decisiones que se toman.
4 Valorar la importancia de tomar decisiones en estados emocionales equilibrados.

Preguntas que el lector debe considerar

1 Analice la última vez que tuvo ansiedad en la realización de un proyecto.
2 Analice en alguno de los últimos proyectos los principales obstáculos con que se encontró. Valore el papel de las personas.
3 Valore cómo toma las decisiones. ¿Puede recordar su estado emocional?

Concepto clave

La diferencia de un directivo de éxito de otro que no lo es, no radica sólo en lo acertado de sus decisiones sino también en su capacidad para reconocer y aprender de los errores.

8. La voluntad

Para Pau, afrontar la propia realidad de cada uno desde una perspectiva abierta y permeable era una de las tareas más complejas del ser humano. Uno puede vivir su realidad tan distante de las otras múltiples realidades, que acaba convirtiendo un muro difícilmente superable con el tiempo. ¡Cuánta gente parada en su madurez emocional e intelectual, sencillamente por no afrontar! Pero Pau era consciente, afrontar es el elemento más importante del proceso de *coaching*. No es ya ser consciente, es querer hacer algo con ese nuevo ser que se vislumbra. Y todo cambio es dolor, pero no sólo eso. ¿Vale la pena?

Sabía que José estaba en ese momento, ese momento crucial que delimita en qué lado quieres estar: en los que evolucionan o en los que se paran. Pararse es degradarse en cierto modo, pues cada vez te alejas más de ti mismo. Pero seguramente es menos doloroso. Pau lo había pensado muchas veces: «No estamos preparados para el dolor», se decía. Ese residuo existencialista marcaba claramente el camino de las personas.

José había pasado unas semanas no muy buenas, había contactado con el dolor del cambio personal, de valorar en una balanza lo que mejoraría comparado con el coste que suponía, sobre todo sabiendo que ese coste parecía no tener final; «era un camino», le decían todos. Era un estilo de vida.

En ésas estaba. Le había mostrado todas sus dudas a Pau en las últimas reuniones, y Pau no le había presionado, sencillamente aceptaba su camino, eso le hacía más consistente, más fiable. José estuvo tentado de pararlo todo cientos de veces. Comprendía que tanta gente sencillamente dijera: «No más, no quiero cambios». Pero había avanzado demasiado ya, y podía ver algo los beneficios que tenía asumir esos nuevos retos. Era ser más él mismo, y a su vez ser más él mismo con los demás. Y eso traía resultados y entornos de talento y competencias. Pero llegar a esos entornos era el privilegio sólo de unos cuantos. Mucha gente sucumbía en el camino, y José lo sabía, él también había pensado ser uno de los que lo dejan, por dolor, por ansiedad, por no aguantar o querer soportar más el mirarse al espejo del alma.

No, ser consciente no era suficiente, saber qué competencias tenía como área de mejora no bastaba, no era el camino para la superación, era el punto de partida, nada más. No, arrancar necesitaba de una fuerza especial que José dudó de tener. Dudó tantas veces que no sabía cómo al final había decidido seguir y asumir que el cambio no podía ponerse en cuestión, era ya una necesidad. Había entrado en el mundo del cambio continuo, del aprendizaje continuo, de la porosidad yoica, de la contemplación a través ya no sólo de uno mismo sino de los demás. Esa flexibilidad mal llamada «debilidad» por algunos era su fuerza, su energía. Esa flexibilidad era un estado de perpetua pregunta y mejora pero ya de modo intuitivo. Sí, había decidido seguir adelante. Tenía la voluntad y entereza no sólo de ver sus áreas de mejora sino de poner herramientas y acciones concretas para la mejora. Ahí estaba la diferencia entre la mera información y *feedback*, y el *coaching*. En el *coaching* había una decisión clara por la mejora, y eso suponía ponerse en marcha continuamente con diferentes planes, con revisiones continuas, casi en un estado flotante en el cambio.

—No sabía si vendrías –le dijo Pau levantándose de la mesa del restaurante en el que le esperaba.

—Ha sido una verdadera crisis, ¿pasa siempre así?

—Cada persona lo vive de una manera, pero la fase concreta en la que estás, sí, es crisis para quien decide seguir, para el resto sencillamente es un cerrar el proceso cuando reciben el *feedback* y viven el famoso «darse cuenta».

—Sí, el darse cuenta es muy importante, a mí me ayudó mucho.

—Te ayudó a verte.

—Sí me ayudo a verme y a plantearme todo lo que se me venía encima. Sólo desde el darse cuenta te puedes plantear el crecimiento y la mejora profesional.

—En efecto, es un paso vital, pero no suficiente.

—Sí, te entiendo; si no hubiera decidido venir hoy, me habría quedado con el darme cuenta.

—En efecto.

—Y eso significaría reconocerme en mi estado pero no hacer nada por la mejora. ¿Se puede vivir así?

—Claro que se puede, la cuestión es si se quiere. Podrás estar un tiempo con el desequilibrio de tal percepción distante de tu estado ideal, pero el ser humano es tan adaptativo que acaba por reducir esa «disonancia cognitiva» para poder tener una salud psicológica estable.

—Es decir, que, si no vengo, hubiera sido igualmente feliz.

—Sí pero de otro modo.

—Ya, es difícil hablar de la felicidad cuando depende de tanta subjetividad. Pero, desde luego, el camino que tomo hoy no es el más fácil. Me ayudó ver a gente como tú el fin de semana de tus amigos, parecían felices de verdad, quizás no exultantes, pero felices, muy equilibrados con ellos mismos. Y eso creo que me convenció. Pero tengo la sensación de que éste es el camino difícil y pedregoso.

—Puede ser, pero es tu camino, por lo que dices.

—Sí, es mi camino, he venido con la voluntad clara de decírtelo así.

—¿Crees que es un tema de voluntad?

—Sí, creo que es un tema de tener la voluntad para querer ser tú mismo y seguir afinando cada vez más en tu descubrimiento personal.

—Luego lo reduces todo a la voluntad.

—Creo que la voluntad es fundamental. Yo me he llegado a visualizar en mi empresa, pero en realidad he podido tener muchas visiones en ese proceso de transformación. Al final, me quedé con una visión determinada y tuve la voluntad de perseguirla. Por eso creo que la voluntad es la clave.

—Interesante lo que dices, José, porque la voluntad es como esa energía interna que te mueve a hacer algo que quieres. Quizás es muy sencillo verlo así cuando ya has tomado una decisión. Pero, realmente, ¿la gente hace lo que quiere? ¿Tú haces lo que quieres, José?

—Pues creo en estos momentos estar persiguiendo ese querer, y para mí es una sensación algo nueva. Me he dejado llevar mucho tiempo por los roles sociales de cómo comportarme en público, con mis compañeros de trabajo, con mis empleados, con mis vecinos. Y al final, como que pones en duda muchas cosas que antes eran realmente incuestionables.

—En efecto –le confirmó Pau.

—Ese demoler para construir es tan importante. Pero, claro, sabiendo que primero tienes que demoler, tirar abajo esquemas que te han funcionado un tiempo y que te darán algún quebradero que otro. Por otro lado, en la empresa me he dejado llevar mucho por el concepto tradicional de «jefe», de persona que desconfía, que se centra más en las tareas que en las personas, que busca el beneficio a corto plazo, que no ve lo intangible y que intenta establecer cuantos más límites mejor para evitar emociones en la organización.

—Sí, tristemente es la corriente que aún funciona en la mayoría de las empresas.

—Imagina demoler muchas de estas capas sociales y laborales, es duro y lento. Por eso te decía que entendía que mucha gente no se lo planteara. Me imagino que entran la ansiedad y el miedo de qué pasa después de la demolición. Antes aún tenías un modo de funcionar; si tiras abajo esos esquemas, la pregunta es con qué nuevos esquemas funcionarás. Y ahí es donde entran las dudas. ¿Qué pasa cuando modificamos tanto nuestros hábitos? ¿Qué pasa cuando cambiamos nuestras referencias y prioridades? ¿No es un momento de debilidad donde se sufre? ¿No hay otra manera de llegar a eso? Todas éstas han sido mis preguntas de los últimos días.

—Y ¿a qué conclusión has llegado?

—No sé si es una conclusión, creo que mi máquina inconsciente sigue trabajando en ello, pero al menos creo que eso de «reinventarse» no es ninguna tontería. Si tenemos esa capacidad de reinventarnos y lo asumimos desde nuestra responsabilidad personal, se abre todo un mundo de posibilidades. Aunque en el proceso se pueda pensar que te vayas a perder. Porque la cuestión es que todos los procesos psicológicos siguen siendo una gran incógnita. ¿Qué pasa si deconstruimos un hábito? ¿Qué hemos tocado?, ¿es reversible? ¿Y cómo se reconstruye otro hábito? Me da la sensación de que es como meterte directamente a experimentar, y, claro, nadie experimenta con su vida.

—Sí, pero hoy estás aquí, ¿no?

—Sí, porque, por otro lado, tengo la intuición de que podré generar nuevos hábitos más beneficiosos para mi persona y mi contexto. En el fondo hablamos de eso, ¿no?, de generar hábitos que pasen a tener un apoyo inconsciente y eso nos permita vivir de un modo más fluido con nosotros mismos. Creo que en esta fase soy valiente, vamos, que no temo o no pienso que no vaya a poder construir esos nuevos hábitos.

—Te veo muy centrado en el tema de hábitos. ¿Puedes ponerme un ejemplo?

—Sí claro. Sabes que tengo «vicios» de trabajo en equipo, que suelo ir con las ideas claras de cómo va a acabar y que, por lo tanto, muchas veces es la profecía autocumplida. Pero al querer controlar tanto las reuniones, se genera muy poco espacio a los demás, y, claro, va en contra también de la competencia o mentalidad de talento. Luego tengo claro que no es evolucionar simplemente de una competencia nivel dos a un nivel tres, sino que tengo que reconstruir primero para poder avanzar. Ésa creo que es la clave de lo que me pasa y de lo que me ha generado tantas dudas.

—Entonces, por lo que comentas, precisamente ¿es ese pensar que igual no puedes construir nuevos hábitos lo que te ha hecho dudar tanto?

—Sí, creo que sí.

—Sin embargo, cuando dices que lo quieres hacer, eso supone que crees firmemente que podrás construir la competencia.

—Sí, claro, creo que podré hacer los hábitos que yo mismo me pueda visualizar.

—Me parece interesante eso de la visualización, ya sabes que es fundamental en *coaching*, no sólo por verse uno sino por ver hacia dónde le lleva esta interacción organización-equipo-individuo.

—Bueno, he dicho *visualizar* porque me manejo mejor con objetivos que soy capaz de anticipar y ver.

—Perfecto. De hecho, la visualización es una de las técnicas más poderosas en *coaching*, aunque requiere mucha destreza poder manejarla bien, pues hay que tener la mente libre, los objetivos claros, y después tienes que creer firmemente en ella.

—Bueno, yo me imagino que la hago de modo intuitivo pero me funciona. En este caso concreto, sí me veo dirigiendo un equipo de otro modo, con otro fluir que el actual. Pero también he de decirte que lo veo lejano.

—Eso significa que has de ser muy constante y perseverante.

—Sí, no dudo que lo podré hacer. Necesito mucho entrenamiento, pues he comprobado que precisamente el entrenamiento en habilidades como el que hice de ponerse en el lugar del otro es realmente efectivo. Esos consultores que me mandaste fueron realmente efectivos. A mí me gusta así, aplicando, haciendo... Pero ya este segundo seminario que hicimos, lo tengo metido dentro aún. Me removió muchas cosas, aún no sé cómo, pero consiguieron que me metiera en mi niño interior, en mi espontaneidad, como decían ellos. Eso me hizo sobre todo sentir.

—Sí, el cuerpo se expresa con las emociones, así que, si mueves el cuerpo, se remueven las emociones. Es fundamental hablar con los códigos oportunos. Tú hablaste emocionalmente ese fin de semana.

—Eso me pareció. ¿Por eso me han venido todas estas dudas ahora?

—Sí, claro, ahora estás más cerca.

—Yo creía que estar más cerca sería tener más seguridad.

—Bueno, ese afán de seguridad que siempre vamos persiguiendo es casi una historia sin fin. De hecho, estar cerca significa dudar más, por eso te tambaleaste más después. Por eso dudaste más. Creíste que la duda era un signo de debilidad o de falta de voluntad. Y, sin embargo, es todo lo contrario. No se puede emprender un proyecto así, sin dudar. La duda, si es razonable, es muy beneficiosa, permite esa flexibilidad que comentábamos antes, permite no ser rígidos, permite comprobar, verificar y comprender que nuestra realidad es completamente subjetiva.

—Esto sí que es bueno: cuanto más cerca estaba, más creía que me alejaba.

—Así son las cosas, creemos que tenemos las cosas cuando a veces estamos más lejos de ellas. Y sin embargo, cuando tenemos claro que nos alejamos, a veces estamos más cerca. ¿Cómo entonces distinguirlo?

—Pues, por mi experiencia de lo mal que lo pasé después del último seminario y todas las dudas que experimenté, debo concluir que precisamente estaba afrontando mi propia realidad emocional.

—¿Y?

—Pues que creo que cada vez estoy más cerca, cuando creía que me alejaba. Esto en realidad sí que me sirve y mucho. ¿Cómo podemos alejarnos tanto en nuestra percepción?

—Tenías en tu interior una regla mental, un heurístico, que indicaba que, cuando emocionalmente te alteras, es negativo. El que no quiere sentir piensa que sentir es negativo. Pero todos sentimos.

—Claro, me vi alterado y reaccioné como si fuera peligro.

—En efecto, eso es lo que llamo yo «abrir la puerta de las emociones». Por eso, del seminario de la espontaneidad que hicimos saliste removido. Los profesionales que lo impartieron te provocaron emocionalmente pero no a través de la razón. No te hablaron de los sentimientos, sino que utilizaron el lenguaje directo de las emociones. Y en eso te pillaron. No estabas preparado. Tu cuerpo habló perfectamente, porque ese lenguaje es universal, lo llevamos en nuestros genes de millones de años.

—Interesante. ¿Entonces he abierto la puerta de las emociones?

—Sí, es una manera de decirlo. Has comenzado a utilizar el lenguaje emocional de modo directo, no filtrado ni alterado por la razón.

—¿Y qué papel tiene la razón en todo esto?

—Imagina que intentas hablarle a un ruso en francés para que te entienda, y tú eres español. Siempre será mejor hablar directamente en ruso, ¿verdad? Nos podemos perder en la traducción del español al francés y del francés al ruso. De la otra manera hablas el lenguaje directo.

—¿Tanta importancia tienen las emociones?

—Sí, la tienen. Imagínate que estás en la empresa, ¿sientes?, ¿qué momentos te vienen a la cabeza?

—Pues muchos, notar lo que noté de alteración en ese último seminario, lo he notado en muchas ocasiones. Cuando echaba la bronca a uno de mis empleados, yo me alteraba, claro. Cuando tenía que hablar con un cliente complicado. Cuando me venía una queja de alguien del trabajo. Cuando no se hacía lo que yo quería. Cuando los plazos no se cumplían y tenía que buscar culpables. Sí, claro que recuerdo muchas situaciones.

—Y ahora que has practicado algo más ese lenguaje emocional, dime cómo ves ahora esas situaciones.

—Veo como dos conversaciones diferentes. Por un lado, mi ira, mi enojo, mi frustración, mi enfado, mi irritación y mi ansiedad. Todo esto me hacía sentirme alterado y por supuesto aceleraba todo mi cuerpo, mi lenguaje verbal era más atropellado y más extremo. Era como si alguien de mi interior saliera de golpe.

—¿Y?

—Pues que quizás debería distinguir precisamente esas dos conversaciones. La de mis emociones conmigo mismo. El por qué me siento así. ¿Qué hace que esta situación me provoque esto?

—Eso es muy interesante. ¿Puedes recrear alguna situación lo más reciente posible?

—Sí, claro, con tanto preguntar a la gente, he visto y oído de todo. Algunos comentarios no fueron del todo correctos conmigo, y me sentí atacado. Me puse a la defensiva y noté mi agresividad de inmediato. Aunque intenté calmarme, creo que la persona que tenía delante se dio cuenta y cambió su expresión de golpe. Ahí supe que había fracasado con esa persona. No supe afrontarlo emocionalmente, cuando racionalmente sí que lo podía haber sobrellevado. Me doy cuenta ahora.

—Y si pudieras reaccionar ahora ante esa situación, ¿qué harías?

—Creo que me seguiría sintiendo algo agresivo. Pero al menos se lo comunicaría a mi empleado para que fuera consciente de que es algo mío que estoy trabajando. Algo así como: «Mira, te agradezco lo que me estás comentando. Como comprenderás, para mí es muy duro afrontar estas palabras, pues me hacen verme como no quiero verme. Pero, a pesar de mi mala reacción, quiero que sepas que intento afrontarlo poco a poco. Si te lo digo, es porque espero que me comprendas, y no juzgues mi reacción».

—¿Qué crees que hubiera respondido la otra persona?

—No sé, creo que es difícil responder en esta situación. Igual hubiera dicho que esperaba no haber ofendido con las palabras, pero que al menos supiera que había sido todo lo sincero que le había pedido.

—Y ahora, imagina que te vas al despacho con toda esa carga emocional. ¿Qué hacemos con ella?

—Pues antes creo que hubiera dado un puñetazo en la mesa, maldecido a todos los empleados por su inconsciencia, y me hubiera ido a comer.

—¿Y ahora?

—Pues ahora lo tengo más difícil, pues me daría cuenta de que tiene que ver conmigo y no con el empleado. Es obvio que no vamos a agradar y caer bien a todos, luego que alguien opine de este modo debería ser incluso normal. Quizás primero me hubiera defendido diciendo que es normal que alguien esté en contra. Pero después, y sigo pensando en el fin de semana que trabajamos las emociones, me preguntaría por qué me sienta mal que alguien no me valore positivamente. Ahí creo que está la cuestión del tema, ¿no?

—Parece que sí. ¿Y qué harías?

—Pues entonces aplicaría alguna de las técnicas que nos enseñaron de relajación muscular, de distensión, para al menos controlar la agresividad. Y cuando estuviera más tranquilo, creo que anotaría aquello que me ha dicho esa persona sobre mí y la empresa. Vamos, seguiría siendo información útil.

—¿Así de sencillo?

—De sencillo nada, creo que me costaría mucho, pues sólo con un fin de semana no se entrena todo esto. Estoy aún en pañales en el tema emocional. Me doy cuenta.

—Bueno, para tu consuelo, es una de las áreas más complejas de trabajar. Muchos de los *coach* que viste en el primer fin de semana están continuamente trabajando esta parte. Así que, como todo, sin prisa pero sin pausa. Si llegas a trabajarte bien las emociones, las competencias se convierten en un camino mucho más fácil de recorrer. Por eso, siempre valoramos si entrar o no en el terreno emocional en función de la necesidad de la persona que tenemos delante.

—¿Y por qué no me dijiste todo esto antes?

—Bueno, de las emociones ya habíamos hablado, pero, como todo en la vida, las cosas tienen que venir en el momento adecuado.

—Ya, desde luego esto sí que lo he aprendido bien hoy. ¿Te puedo hacer una pregunta personal?

—Bueno, no es la pauta normal, pero no tengo barreras ante ti. Dime.

—Yo noto que emocionalmente estás normalmente en equilibrio. ¿Eso es verdad o es una máscara?

—¿Te acuerdas de lo que comentamos de la inestabilidad estable?

—Sí.

—Pues en esa fase me encuentro normalmente. Intento que mi vida sea atractiva y emocionante pero distinguiendo la emoción positiva de la ansiedad negativa. Cuando me noto más alterado negativamente por múltiples razones que pueden pasar, sencillamente respeto la emoción, no trato de ocultarla ni de atacarla, sencillamente la veo, la reconozco, la saludo, y de algún modo espero que pase. Hablo con mi cuerpo para que pueda afrontarla mejor y espero comprender después qué ha pasado. Esto me ayuda mucho, pues cuando analizo la situación, mi cuerpo está ya relajado. ¿Preguntabas eso?

—Sí. Luego la trabajas primero a nivel corporal y después la intentas comprender.

—Sí, en efecto.

—¿Y funciona?

—A mí sí. ¿Y a ti?

—Pues no sé, pero probaré. ¿Y si no funciona?

—Habla con tu cuerpo. Él te lo dirá.

—Bueno, con todo lo que hemos hablado casi no he comido.

—Eso tienen las emociones.

—Pero salgo con el firme propósito de seguir adelante. Entré convencido de que seguiría sin saber muy bien por qué. Creo que ahora comprendo mejor mi inquietud y mi decisión de afrontar este proyecto de empresa. Creo que necesito madurar ahora todo lo que hemos hablado. Seguramente te llame antes de que nos veamos la próxima vez, pues la conversación de hoy ha sido muy nutritiva a pesar de que no haya comido nada.

—Me alegro, no pierdas el humor. Sabes que me puedes llamar cuando quieras –dijo Pau mientras se despedía de José a la puerta del restaurante entregándole una nota que ponía sólo una palabra: «resiliencia».

Para Pau ésta era el área más difícil de trabajar en *coaching*, pues normalmente el primer acercamiento a las emociones siempre era verbal y eso siempre era un problema. El lenguaje limita tanto que no hay palabras capaces de expresar los estados de ánimo, emociones y sentimientos del ser humano. Poder hablar emocionalmente a través del cuerpo es una de las mejores maneras de entrenarse. Y para eso se necesita mucho tiempo.

Objetivos del capítulo

1 Valorar la importancia de la decisión y el compromiso por la mejora.
2 Comprender el papel emocional en la voluntad de seguir creciendo profesionalmente.
3 Aprender a comunicar emocionalmente con el cuerpo y poder hablar tanto desde la razón como desde la emoción de modo equilibrado.
4 Comprender que la excesiva seguridad es una falta de flexibilidad que impide afrontar los cambios con fluidez. El ser humano busca el equilibrio desde la inestabilidad.

Preguntas que el lector debe considerar

1 ¿Cree que tiene la suficiente voluntad como para afrontar un cambio profesional?
2 ¿Se ha planteado alguna vez el cómo poder «dialogar» con sus emociones? Obsérvese cuando hace deporte o cuando baila o cuando medita.
3 Valore cómo toma las decisiones. ¿Puede recordar su estado emocional?

4 Analice a los directivos de la empresa y considere a los «excesivamente seguros de sí mismos». Piense si son realmente valores para la empresa o esconden la máscara de la rigidez. Recuerde: pueden ser agentes adversos al cambio.

Concepto clave

> *El que admite su debilidad y dialoga emocionalmente, muestra su fortaleza. ¡No dude en ponerlo en su equipo!*

9. El *coach* que nace...

Para Pau siempre era reconfortante ver el progreso que hacían los directivos gracias al *coaching* ejecutivo. Pero más aún era para José, que vino exultante a la siguiente reunión. Esta vez se fueron al despacho de José. Estaba eufórico, había trabajado mucho después de la última reunión, y estaba en un momento de los que se pueden denominar «dulces».

—Pasa, Pau. Mira, en todo este proceso que llevo trabajando he remodelado mi despacho. Está lleno de anotaciones, recordatorios, frases, datos de informes. Es como una pequeña NASA informativa. Imagina. Quiero que sepas que la última reunión la considero realmente de una gran importancia en mi proceso de acercamiento al *coaching*. ¿Te acuerdas de cómo llegué a la última reunión? Pues gracias a lo que estuvimos charlando, cuando hablamos de localizar realmente la fuente de mis dudas, es como si éstas se hubieran despejado de repente.

—Bueno, me alegro. ¿Y qué ha pasado en estas dos semanas que no nos hemos visto?

—Pues de todo. Lo primero de todo es que he cambiado mi gestión del tiempo. Mi agenda. Sí, ahora dedico la primera hora a pensar en la gestión del talento de mi gente. Analizo primero los informes que me dejan los de recursos humanos. Después pienso, y escribo mucho. Pasada ya casi una hora me reúno con mis directivos. Voy variando según prioridades y a veces con todos. Estoy comenzando a ver desde la perspectiva del talento. Y cuando miro a mis directivos, les pregunto el tiempo que pasan con su gente, y comenzamos a hablar. Lo primero que hemos hecho ha sido cambiar el sistema de objetivos de los directivos. Quiero que me informen de cómo va su gente, de qué cambiarían, qué necesitarían. Y, claro, como les ha pillado algo de sorpresa, me han pedido tener más tiempo para estar con sus equipos. Eso implicaba cambiar también sus agendas y sus objetivos. Y lo hemos hecho. Creo que el cambio inicial les ha gustado. Ahora se preguntan todo esto del *coaching* cómo les va a afectar a ellos. Así que quiero que prepares todo un programa de *coaching* interno en mi empresa. De momento quiero que participe la cúpula directiva y algún mando intermedio o directivo de cuenta que también tiene responsabilidades de equipo. Creo que seremos unos diez en total.

—Claro, no lo dudes, pero cuéntame qué mas has hecho.

—Pues la verdad es que poco más. Sin embargo, es de las primeras veces que sin hacer más tengo la sensación de haber dado grandes pasos. ¿Me entiendes?

—Sí, claro.

—Sí, es esa sensación de que de repente lo intangible de la dirección de personas tiene sentido productivo. Y esa sensación es la que también estoy intentando transmitir. Mis directivos saben el grado de control que les he metido en muchas ocasiones, así que he dejado las cosas claras. Les he pedido que conecten más con la gente y que vayan confeccionando agendas donde casi el estar apoyando y trabajando con sus equipos sea del 60 al 75 %. Les estoy pidiendo que apoyen a sus equipos, y la verdad es que muchos me lo han agradecido. Espero ahora que con las intervenciones que planteemos con ellos, con el tiempo lo puedan integrar por que comprendan los principios del *coaching* y del desarrollo.

—Bueno, ya sabes lo que comentamos en su tiempo de las instrucciones.

—Sí, no dudes que lo he tenido en cuenta, pero creo que ahora estamos desarrollando líderes, y con el tiempo haremos entrenadores internos. Espero que no te moleste que los llame entrenadores; eso del *coach* como que a mí no me acaba.

—Bueno, algunos autores utilizan la nomenclatura de *entrenadores* y *jugadores*. Dicen que eso de ser *coachee* como que parece muy pasivo; sin embargo, *jugador* es mucho más activo. Creo que es muy lícito lo que planteas.

—Creo que así ellos también se ilusionarán con el tiempo con todo esto. Ahora necesito más de ti. Quiero comenzar a apoyar de modo más concreto a cuatro de mis directivos que son como mi mano derecha de la organización. Y aquí necesito algo de supervisión tuya. ¿Lo incorporamos en las agendas?

—Bueno, yo creo que con toda la formación que vas a hacer en *coaching* este año, aparte de las sesiones conmigo, en breve estarás ya preparado para ser un buen *coach* interno. Bueno, un entrenador interno.

—Gracias, creo que necesitaba también saber que piensas eso de mí. A pesar de que sabes soy bastante independiente, creo que tú eres quien mejor perspectiva tienes de mi desarrollo, por lo que me agrada lo que me comentas. Sí, creo que comienzo a acariciar la visión de ser entrenador en mi propia organización. Me faltan de mi programa formativo dos cursos intensivos y ya tendré la formación requerida a un *coach*. De las ciento veinte horas que he recibido de formación he de decirte que no hay nada como las sesiones que hemos tenido. La propia experiencia del *coaching* es el mejor aprendizaje. Y eso que ha venido gente muy buena al programa formativo. Pero está claro que vivir en tu propia carne el proceso de *coaching* te hace aprender cada segundo que compartes.

—En eso se basa en realidad el *coaching*, en sacar lo mejor de cada uno, y hacer que sea lo más vivencial posible. Por eso, creo mucho en todo tipo de técnicas de *role playing*, casos vivenciales, silla caliente, equipos vivenciales, *outdoor training*... Vamos, ya sabes, muchas cosas que van más allá de la tan usada técnica de la conversación. No podemos limitar el *coaching* a una mera conversación, ni siquiera aunque digamos eso de «preguntas inteligentes o poderosas».

—Ya sé a qué te refieres. En efecto, creo que, cuando más me he sentido impactado, ha sido cuando he vivido algo en situaciones de entrenamiento casi real. Me acuerdo mucho de los dos seminarios *outdoor* que tuve contigo.

—Y dime ahora: ¿qué significa para ti querer ser un entrenador interno?

—Pues cambia muchas cosas. Creo que el término que más me gusta dentro de este proceso de entrenamiento es el de *facilitador*. Y, en efecto, me he dado cuenta de cómo con poco se pueden facilitar las cosas a tu equipo. Soy como el facilitador que va por la empresa haciendo que la gente entre más en contacto con sus competencias y su creatividad, y así hago trabajar a la organización. Y no veas qué alivio. Antes cargaba yo con gran parte de esta responsabilidad. Ahora lo hace mi gente. Estoy generando un sistema de recompensas para que compartan parte del negocio en función de su responsabilidad. Si a mí me va bien, obviamente a ellos también.

—Sí, esa es una muy buena estrategia de las empresas de alto compromiso o alta implicación. Me alegra que compartas no sólo responsabilidades.

—Creo que puedo conseguir en un plazo de un año modificar los objetivos y el sistema de compensación, y aplanar un poco la estructura facilitando la información y el contacto entre todos. Creo que si logro estos dos objetivos inicialmente, estoy dando un gran paso en mi organización. Sí a eso le quiero añadir un plan formativo de *coaching* para mis diez responsables. Y también continuar trabajando contigo en el seguimiento de mi proceso como entrenador de cuatro de mis directivos principales.

—¿Cómo vives esto del cambio continuo?

—Creo que con todo esto ya he metido bastantes cambios por este año. Recuerda que tengo equipos de mejora en el tema que inicié hace tiempo de las condiciones laborales y está dando resultados espectaculares, por lo que las acciones no sólo están afectando a mi cuadro directivo sino que en realidad están afectando a todos mis empleados. De hecho, puedo decirte que ya conozco a todos, y que suelo compartir algo de tiempo con todos mis empleados para poder conocerlos. Eso me está dando un nuevo rol de dirección que me permite ver incluso no sólo mi empresa, mi organización, sino qué tipo de persona atraigo. Y, por lo tanto, tengo también un nuevo reflejo de lo que estoy ofreciendo yo a mi gente.

—Bueno, no suena mal todo lo que estás comentando, pero dime una cosa: ¿y el tema emocional?

—Bueno, ya sabes que es el tema más delicado, pero voy aceptándome y voy reconociéndome en el camino. Eso me permite al menos saber cuándo cometo fundamentalmente los errores y al menos rápidamente atajarlos. Me queda mucho trabajo emocional sobre todo en lo que afecta a mi toma de decisiones organizativas. Pero al darme cuenta, soy capaz de rectificar, o de hablar con las personas afectadas y afrontar conflictos que pueda haber provocado. Eso también me ha dado mucha seguridad para seguir adelante con todo. Si yo muestro mi debilidad como una fortaleza, mi propio equipo directivo también lo hará, y nos permitirá a todos mejorar.

—Bueno, estimado amigo, las palabras que hoy escucho en tu oficina son ya de un ejecutivo en progreso. Me hace realmente feliz ver que todo tu potencial como directivo está realmente resonando y que lo haces en la dirección del talento. La empresa es un cúmulo de potencialidades por descubrir. Y quien es capaz de ver eso, está construyendo en realidad el futuro de su empresa.

—Sí, el verme como entrenador me permite contemplar mi empresa con esa mirada del talento del que tanto te gusta a ti hablar en los foros. Eso me ha dado lugar también a situaciones algo más complicadas, pues te das cuenta de que con algunos directivos tienes que trabajar mucho, con otros no sé si serán recuperables, y este momento es un momento de reestructuración en realidad. Es como que ves mucho más, y entonces ves también quién está en tu empresa y por qué está. Creo que gran parte de los empleados que tengo tienen potencial y aún no están tan tóxicos de mí como para irse, por lo que tengo una buena oportunidad en los próximos años. Pero eso de la mirada del talento puede ser demoledor. Ves en realidad tanto, que hay cosas que igual mejor no ver. Te das cuenta de que en realidad el mejor *feedback* de tu empresa es precisamente el que te da esa mirada. Yo he visto hasta dónde he sido un empresario seguidor, sin mucha personalidad, y me doy cuenta de lo fácil que es caer en esa trampa de «lo que debe ser». Por eso, la mirada del talento me está dando en realidad toda la información para mis objetivos organizativos. Veo cómo un directivo que no mira con el talento ha generado un equipo mediocre en el que la rotación es altísima. Seguramente ha reproducido este directivo mis pautas de hace unos años, por lo que poco puedo decirle. Pero sí que veo las diferencias que hay incluso dentro de mi empresa. Es como que hay diferentes empresas dentro de mi empresa, todo en función de los directivos, claro, y esa dirección obviamente en función mía. Eso me hacer ver lo que comentábamos de alinear los estilos de dirección en mi organización; si están en producción o en cuentas, me da igual, pero todos los departamentos deben ser la misma empresa, los mismos valores, la misma personalidad. Ésa era mi falta. Ahora estoy trabajando sobre todo apagando fuegos en departamentos donde para mí hay que tomar decisiones rápidas para cubrir mínimos.

—Notas la velocidad de tus decisiones.

—Sí, cuando tienes clara la visión de lo que tienes que hacer, no dudas. Es como que todo cobra sentido, e incluso la toma de decisiones es más fácil porque te guía esa visión.

—Entiendo, ¿comparte tu gente contigo esa visión?

—Bueno, como te dije, la visión la estamos construyendo. Pero todo desde la base del líder *coach*, del directivo capaz de ver potencialidades en su gente. Esa esencia intangible es la que se está transmitiendo, el resto vendrá solo. El resto vendrá porque la gente quiere participar si le das pie. Y eso lo he vivido muy directamente en los últimos años. ¡Qué miedo tenía hace tiempo a esa participación! Y, sin embargo, si se lleva con fluidez, ¡qué útil puede ser para la empresa! Yo diría que hasta indispensable para la supervivencia hoy en día.

—Y esa visión del líder *coach* ¿crees que la compartirán todos tus directivos?

Pues sí, en realidad noto, percibo, siento como que van dando pasos en esa dirección. Claro, yo he vivido en mis carnes lo que son pasos cortos en mi progreso como entrenador; ¿cómo no voy a ser paciente con ellos?

—Dime, ¿cómo vas con las competencias que estamos trabajando?

—Pues la de trabajo en equipo está mejorando mucho, aunque aún creo estar en el nivel dos, aún me queda mucho para poder ser una persona que se mueva con fluidez con equipos de seis u ocho personas. Creo que hacia ahí tenemos que seguir trabajando juntos, pues el concepto de «trabajo en equipo» es la primera piedra para el concepto «organización» como un todo. Yo aún estoy más en los procesos individuales y en avances en los equipos de trabajo.

—¿Y en el resto de competencias?

—En la de liderazgo *coaching* es una en las que creo que más he avanzado, tanto en conocimientos como en entrenamiento. La de delegación, creo haber superado mis principales miedos, y estoy incitando a otros a delegar, creo que eso ya es una prueba evidente del progreso. Y la de mentalidad de talento, con lo que te he comentado de la mirada del talento me veo tan reflejado que creo que estoy haciéndola cada día más mía.

—Bueno, creo que en breve haremos otra evaluación sólo de esas competencias y te pediré de nuevo una autoevaluación. Eso nos dirá el grado en que hemos disminuido los *gaps* o desajustes con el entorno. Yo, de todos modos, sí que he notado que en la de liderazgo *coaching* y en la de delegación has avanzado bastante. En la competencia de mentalidad de talento, creo que aún te queda recorrido por hacer y, aunque noto que vas muy enfocado, será lo que trabajemos la próxima sesión. Y tengo claro que nos tenemos que poner a trabajar en un par de sesiones en el tema de *coaching* de equipos. Es fundamental para construir la cultura y personalidad de la empresa.

—Dime una cosa, Pau: ¿cómo sabes con qué método de todos los que hay trabajar cuando tienes un jugador delante?

—Bueno, como bien sabes, no hay un método único, afortunadamente. Tenemos una gran cantidad de métodos y técnicas que podemos aplicar en nuestras sesiones. Yo creo que mantengo un espíritu tan abierto hacia la persona que tengo delante que a veces temo mimetizarme. No lo digo de broma, me meto de este modo tanto en el pellejo de la persona que me fluye fácilmente la técnica o el método que hay que utilizar. Por ejemplo, puedo sentir que la persona que tengo delante está bloqueada, y puede ser desde un bloqueo emocional a sencillamente una competencia que está afectando su nivel de rendimiento. Que sea una cosa u otra varía completamente el modo de aproximarme a ella. Puedo utilizar la conversación, la mirada, el gesto, las simulaciones…, cualquiera de las técnicas posibles…, pero tengo que notar que es la técnica apropiada en ese momento y en esa persona. Por eso el eclecticismo y la amplitud de miras en el *coaching* es tan importante.

—Sí, pero inicialmente tú y yo no trabajamos *coaching.* ¿Por qué?

—¿Crees que habrías trabajado *coaching* la primera vez que nos vimos igual que ahora?

—No, creo que en aquel momento estaba muy lejano de todo esto. Quieres decir que no se puede aplicar *coaching* de modo indiscriminado. ¿Es ése el mensaje?

—Bueno, la idea es que a veces necesitas algo de liderazgo antes que *coaching.* Todo depende mucho del directivo, de la empresa, vamos, son muchos los condicionantes. En tu caso concreto, trabajamos primero desde el liderazgo y después dimos el salto al *coaching*. Eso me ha permitido que en tan sólo nueve sesiones hayamos avanzado tanto.

—¿Y eso llevado a mis directivos? ¿Debo realizar antes un programa de liderazgo antes de ser entrenador?

—Tú eres el *coach* que nace, por lo que debes tomar tú esa decisión. Tú los conoces, los has visto trabajar, los percibes y los sientes. Por lo tanto, tú tienes esa información.

—Ya me imaginaba que dirías eso. Creo realmente que podemos iniciar un plan de entrenamiento con ellos. Eso sí, creo que necesito mucha más información de mi organización en el aspecto competencial. Este mundo de las competencias es tremendamente atractivo. Da miedo porque parece que lo mides todo en la organización, y todos sabemos a veces los números cómo engañan. Pero creo que sí implementamos el sistema de gestión por competencias, y valoramos a mi personal para, en realidad, tener esa mirada del talento. Ahora me doy cuenta, ¿es eso?

—Sí, no puedes basar la mirada del talento en tu intuición sólo. No puedes seguir siendo el empresario que cree que lo ve todo. Su realidad es sólo una de tantas posibles. La mirada del talento acepta sus limitaciones y por lo tanto requiere otras miradas y mucha información para reducir la incertidumbre y el sesgo de su percepción.

—Vaya, eso me temía. En efecto. Hacia eso vamos ahora entonces. Para tener la mirada del talento, necesito llegar a implementar ese sistema de competencias que un día desarrollamos pero que en realidad sólo utilizamos para la formación. Ni evaluamos, ni compensamos, ni desarrollamos.

—Bueno, pues partamos de ahí, ¿no? Tenéis el sistema implementado a medias; sencillamente haced una revisión del sistema y podremos medir la organización.

—Con esa información podré tener una visión más clara de mi gente, sus competencias, sus *gaps*, sus necesidades… Claro, esto dispara todo mucho más. Creo que necesitaré a alguien más en recursos humanos.

—Bueno, muchas empresas tienen su propio gestor del talento como figura interlocutora de la dirección y del departamento de recursos humanos.

—Sí, creo que debe situarse fuera del departamento aunque muy conectado con ellos. Pero debe en realidad estar más cerca de la dirección.

—Pues si es así como piensas, ya tienes trabajo para nuestra próxima reunión. Creo que dejaremos más tiempo esta vez para que puedas desarrollar todo el sistema de información que requieres.

—¿Qué nos quedaría por hacer?

—Ajustar las competencias, revisar los comportamientos por niveles en cada competencia y revisar la herramienta informática.

—¿Y después?

—Cuando lo tengas, se puede hacer una primera toma de contacto de evaluación del personal sin implicaciones organizativas; vamos, como un punto cero informativo. Entrena bien a tus directivos en la evaluación para no fallar donde normalmente lo hace todo el mundo. Con todo eso y finalizar tu programa formativo como *coach*, creo que nos debemos ver en al menos seis meses.

—¿Seis meses? –repitió José.

—Sí, dentro de seis meses deberemos vernos para trabajar precisamente esa mirada del talento. Recuerda que el camino ahora va en una sola dirección, tu formación.

—¿Y después?

—Con el tiempo tu certificación como *coach* interno.

—¿Y después? –insistió José.

—Después, el *coaching* de equipos y, con todo ello, la implementación del sistema de gestión del talento en toda la organización.

—Creo que tengo mucho trabajo por delante, en efecto. Mis objetivos, por lo tanto, ahora son consolidar mis competencias de delegación y liderazgo *coaching*. Y comenzar a sistematizar la información para trabajar el diseño de la implantación de la gestión del talento en mi organización. Todo ello me permitirá progresar en mi competencia de la mentalidad de talento. Y con ello cerraremos mi plan con la competencia de trabajo de equipo o, ya en este caso, de *coaching* de equipos. Anoto mis deberes.

—Hazlo, porque yo hoy no he traído nada, hoy el *coach* casi has sido tú. Y en esa línea seguiremos avanzando. Recuerda que el *coach* es el que busca la gestión del talento. Por eso, necesitabas este paso para poder avanzar en la competencia de mentalidad de talento. Sigue viendo la empresa como *coach* interno. Y te acercarás a la mirada del talento.

«La mirada del talento», se quedó José pensativo. Por primera vez desde hacía tiempo había notado un cambio cualitativo. Notaba que algo cambiaba en su interior. Y su sorpresa fue comprobar que Pau lo percibía, pues no tardó nada en decírselo. Sí, él sabía que toda su información que recibía era congruente ahora. Y se notaba feliz de haberse visualizado como *coach* interno. ¿Quién lo hubiera dicho hace unos años? ¿Quién decía que las personas no cambian? Cambian si quieren cambiar. Eso bien lo sabía José.

Objetivos del capítulo

1 Comprender que los directivos pueden mejorar y llegar a ser *coaches* o entrenadores internos en su organización.
2 Valorar cómo el líder *coach* es una figura indispensable para desarrollar programas de gestión del talento.
3 Comprender que el equilibrio competencial permite que los directivos puedan entrar por la puerta del talento organizativo.
4 Valorar que todo esfuerzo tiene su recompensa y que el proceso de crecimiento personal y profesional en las empresas es posible desde los programas de formación y desarrollo.

Preguntas que el lector debe considerar

1 ¿Podría localizar en su empresa a alguien que para usted tuviera ya un rol similar al de *coach* interno?

2 ¿Se ha planteado alguna vez ser *coach* interno en su empresa?
3 ¿Comprende la importancia del líder *coach* en los programas de gestión del talento en las organizaciones?

Concepto clave

> *El* coach *nace y ya no para de desarrollarse. Y con él/ella crece su entorno generando continuos espacios de talento.*

10. El *coach* interno: las semillas del cambio

Para José, plantearse hacer de *coach* interno en la empresa era toda una aventura. Eso de ser jefe, empresario y *coach* interno, no tenía claro qué resultado podría dar esa mezcla. A él, en realidad, le apetecía. Era como quien descubre una nueva manera de ver y hacer las cosas y quiere compartirlo. Sin embargo, sabía que debía controlar su ansia. Siempre había tenido ansia de poder, y ahora eso le estaba costando superar. El poder participado, la delegación, el desarrollo eran nuevos conceptos que había que combinar, que primero tendrían que salir de él de modo más espontáneo.

Había hablado con cuatro de sus directivos, los pilares de la organización, el director de *marketing*, la directora de cuentas, la directora financiera y el director de recursos humanos. Inicialmente los cuatro eran personas de completa confianza. Todos sabían por lo que había pasado José en los últimos meses, incluso en los dos últimos años, y todos le habían apoyado a su manera. Sólo el de recursos humanos era nuevo de hacía un año; había contratado a una persona joven, con ganas de implementar sistemas de desarrollo, que veía entusiasmada todo el proceso de José con Pau.

Por eso, esa tarde le tocó a José reunirlos a todos. Eran las cinco de la tarde, acudieron todos puntuales. Todos estaban algo expectantes, pues hasta el momento sólo habían sabido de los viajes de José por lo que éste comentaba de vez en cuando. Pero se preguntaban cuándo le tocaría a la organización, o más concretamente cuándo les tocaría a ellos. Todo cambio genera relativa ansiedad.

Pero los cuatro que estaban en la imponente mesa de la sala de reuniones de José estaban más que acostumbrados a los cambios. Así que sencillamente acudieron; en el fondo ninguno esperaba que fuera a pasar nada de lo que pasó.

—Buenas tardes –comenzó José mientras se sentaba en la silla y dejaba caer su cuerpo un poco hacia atrás como en situación de relax–. Como sabéis, hace dos años comencé un proceso de consultoría que significó una mejora importante de mi liderazgo y que recientemente he retomado, pero desde la perspectiva del *coaching*. Todo ha ido de modo evolutivo hacia mi mejora como directivo y empresario. Me imagino que os habríais preguntado cuándo os tocaría a vosotros, ¿no? –dejó un poco de silencio para fomentar desde el principio la participación.

—Bueno –dijo Manolo, el director de RR. HH.–, la verdad es que algún comentario habíamos hecho. Sabíamos que en algún momento nos podría tocar a nosotros. ¿Va de eso la reunión de hoy?

—Sabía que tú serías el que más ganas tendría. Esto va mucho contigo, ¿verdad? De hecho, aunque entraste hace poco con nosotros, sabías que esto llegaría. Y por eso quiero que sepas que vas a liderar conmigo este cambio. En el fondo, todos vais a liderar este cambio; en tu caso, Manolo, al ser tu área más afectada, aún hemos de tener alguna reunión adicional. Sobre todo para el tema de sistemas de información que os comentaré a lo largo de la reunión de hoy. Del resto me gustaría oír opiniones. Sé que, como personas de completa confianza mía, también estabais algo expectantes, ¿no?

—Bueno, en mi caso –comenzó a hablar Sara, la directora financiera– sí que estaba expectante, he notado, desde que comenzaste tu trabajo ejecutivo, que ha cambiado bastante la organización. Has cambiado el modo de relacionarte con todos nosotros y con el resto de empleados. Ha habido cambios que todos nos preguntábamos cuánto durarían pensando que serían meras modas pasajeras por la influencia de alguien externo, pero con el tiempo hemos visto como muchas cosas se han consolidado.

—¿Y? —le requirió impaciente José.

—Y, en efecto, esperábamos que esto también nos llegara a nosotros, y así ha sucedido. Yo personalmente creo que estoy algo sorprendida de la fiabilidad del proceso. Creo que has mantenido una voluntad firme hacia el cambio que todos pensábamos que duraría mucho menos. Así que, si ahora tienes que contar con nosotros, yo por mi parte estoy más que dispuesta. Creo que la empresa ha ido hacia delante en muchas cosas, y como directora financiera lo he notado: menos costes de personal por rotación, más productividad por empleado e incluso una mayor fidelización de clientes, algo inusual en estos tiempos. Sabes que estoy contigo trabajando más de seis años y que en todo este tiempo he visto de todo. Sin embargo, desde hace un par de años, el viento parece que sopla siempre en la misma dirección, y eso se nota en el barco en el que estamos todos.

Laia, a la derecha de Sara, directora ejecutiva de cuentas, miró de frente a José como ella sola sabía hacer. Habían sido muchas las veces que se habían visto cara a cara pero en otras circunstancias. Las de esta tarde eran realmente positivas comparadas con lo que habían pasado en los últimos cinco años. Enfrentamientos, algunos gritos, portazos, malas caras, e incluso dos veces estuvo a punto de dejar la empresa. Sin embargo, algo veía en José que la animaba a darle otra oportunidad. Por eso comenzó a hablar:

—Yo sabes que me caracterizo por decir siempre lo que pienso. Eso ha provocado que tuviéramos bastantes encontronazos. Sin embargo, corroboro lo que ha dicho Sara.

—¿Sí? —le inquirió José.

—Desde hace ya un par de años, hemos notado que pretendes cosas diferentes en la empresa. En mi departamento concretamente hemos ganado en responsabilidad y libertad para hacer las cosas. Y todo eso ha mejorado la relación con nuestros clientes.

Mis ejecutivos de cuentas están logrando una mayor fidelización, como comentaba Sara, y eso permite que no perdamos clientes. La relación con los clientes se ha hecho más estrecha, y aparte, al no perder ejecutivos ni técnicos, pues mi departamento era uno de los de más alta rotación de todos, hemos logrado obtener sinergias importantes en el transcurso del tiempo. Lo que comenzamos haciendo todos de modo algo incierto, pues, en efecto, tampoco pensábamos que fueras a llegar donde estás ahora metiéndote en el cambio organizativo, ha pasado a ser una estabilidad en el tiempo y una mejora constante.

—¿Y concretamente tú, Laia?

—Yo personalmente creo que lo noto más que todos, pues mi departamento lleva tanto la producción como la ejecución de los productos. En la cocina, como decimos nosotros, hemos notado como se trabaja con algo más de soltura y eso se nota mucho. Creo que la creatividad ha mejorado bastante, hemos conseguido estabilizar talentos en la organización que ahora están produciendo a un nivel muy alto. Eso se ha podido conseguir sólo en estos últimos dos años. Como sabéis, yo tengo a mucho personal a mi cargo, y eso siempre ha sido un quebradero de cabeza para mí. Me había impedido hacer mi trabajo. Aunque aún tenemos una rotación residual, no tiene nada que ver con otros tiempos. Creo que personalmente estoy muy favorable a todo lo que nos puedas decir o sugerir para seguir en esta línea. Por eso tienes mi apoyo incondicional, porque veo que se refleja en mi gente y en nuestros resultados. Y más aún, desde hace más de dos años que no tenemos una pelotera grande tú y yo —miró sonriente a José—. Eso personalmente lo considero de un gran valor para mi trabajo. Ya no pido que me digas que hago bien mi trabajo o no, sencillamente el haber superado esos tiempos tan caóticos y con tanta crisis de relación con el jefe, me ha beneficiado mucho en mi calidad de vida personal y laboral.

—Gracias, Laia —comentó serio José, pues sabía que Laia no se callaba nada y podría ser un buen testigo de la evolución, del cambio organizativo.

—Bueno, pues sólo me queda hablar a mí –dijo Gus, el director de *marketing*–. No repetiré nada de lo que ya se ha comentado porque es algo en lo que en líneas generales estoy bastante de acuerdo, y entre nosotros lo hemos comentado más de una vez. Sencillamente, en mi caso, que soy, junto con mi equipo comercial, el que persigue clientes y está todo el día en la calle, he notado que mi equipo trabaja bastante mejor. Sabemos lo importante de conseguir nuevos clientes y no perder los que ya tenemos. Por un lado, hemos mejorado nuestra imagen y lo noto cuando vamos a un cliente nuevo. Ahora en nuestro argumentario ponemos la tasa media de fidelización que conseguimos con los clientes. Antes ni se nos hubiera ocurrido. Aparte, ahora nos llega trabajo a través de clientes satisfechos que nos recomiendan. Eso nos ha abierto muchas puertas y ha calentado ventas a las que de otro modo tendríamos que haber llamado fríamente sin conocimiento previo, sin presentación. Eso nos ha ayudado mucho, no sólo por tener más clientes sino por la labor propia de mis comerciales. El trabajo es mucho más grato cuando visitas a alguien porque tu empresa ha sido recomendada. Pero además internamente hemos mejorado mucho la relación que teníamos con el área de producción, y eso Laia lo sabe perfectamente. Antes, cuando discutía Laia contigo, perdíamos clientes, así de claro lo digo. Ahora Laia consigue hacer entregas de nuestros servicios en los tiempos y calidades acordados. Ahora más que nunca empezamos a ser fiables en nuestras entregas. Y, como decía, la relación con el departamento de cuentas es muy buena, con lo que se benefician nuestro clientes. Presentamos juntos las propuestas y se nota que hay ese «buen rollito» interno entre nosotros, y eso se transmite tanto en la recogida de información para los proyectos como en su entrega. Ahora vamos de la mano, y no separados como antes, que, cuando conseguíamos un cliente interesado, sencillamente pasábamos la propuesta al departamento de cuentas. Ya no era nuestro trabajo. Ahora sí.

—Gracias, Gus, creo que todos estamos de acuerdo, que la empresa ha mejorado bastante. Y en que todos somos los beneficiados.

Yo también he de comentaros que personalmente entro más satisfecho a la empresa. Os miro, os oigo y me siento muy tranquilo pues sé que estáis dando todo por la empresa y que me siento representado a través de vosotros. No es que haya cambiado tanto, sencillamente antes aplicaba un control férreo, no me fiaba creo que de nadie. Todo miedos ridículos, ya lo veréis. Esa etapa está en una fase de mejora importante. La gente no cambia tan radicalmente, pero al menos tener una buena actitud es importante, es un primer paso. Vamos, sigo siendo el gruñón de siempre, sólo que ahora trabajo mis emociones de otra manera. En efecto, Laia y yo no hemos tenido ningún choque en más de dos años. Pero los que tuvimos anteriormente fueron, algunos, terribles. No creía que Laia aguantara en la empresa. Creía que sería de las que se irían a pesar de que pudiera demostrar mi cambio y el cambio organizativo.

Hizo una pausa y continuó mirando directamente a Laia.

—Gracias, Laia, por tu confianza en mí y en el proyecto. Para mí eres un bastión de la empresa importante, eres como la luz que me indica cuándo estoy recayendo de nuevo en viejos patrones. Creo tanto en tu sinceridad que espero que valores lo que te digo en estos momentos y la responsabilidad que tienes en la organización y conmigo.

—Gracias, José —dijo Laia con sincero reconocimiento de las palabras de José.

—Con Sara fue todo más fácil, si es que se puede decir esa palabra en esta empresa, pues para mí siempre era la aliada que me daba los resultados financieros y con ellos he torturado a más de uno de vosotros, ¿eh, Gus? Pero reconozco que Sara con su lenguaje no verbal siempre me ha mostrado su inconformidad con mi actitud. Y ahí es donde he notado cambios yo en ella. Ahora no sólo me hace los informes que le pido, sino que está obteniendo nuevos ratios financieros para el análisis de nuestro negocio que ya quisiera yo hace tiempo haberlos tenido. La noto en silencio y, por lo tanto, también es como un faro que me alumbra y me indica cómo progreso en mi dirección de la empresa.

—Gracias, José —comentó apenas imperceptible Sara.

—Con Gus noto como él mismo me presenta los resultados comerciales, sé que ha mejorado la relación entre los tres departamentos —cuentas, *marketing* y financiero— y eso ha provocado que los tres obtengáis más y mejor información. Sencillamente cruzándola, ¿verdad? —los tres sonrieron ante ese guiño del buen trabajo en equipo.

Y continuó:

—Aparte, noto como el equipo de Gus representa mejor a la empresa, los noto como con más orgullo, y eso vende mucho. Sé que el departamento de *marketing* ha evolucionado más que ninguno, pues era el que siempre llevaba la presión de ventas y abrir mercados. Y eso siempre es difícil con la cantidad de competencia que hay hoy en día. Sin embargo, no sé aún cómo Gus ha conseguido que los comerciales rellenen sus informes semanales, que se programen visitas, que tengan indicadores. Ha conseguido instaurar un sistema de información que siempre fue mi obsesión y nunca logré transmitir.

—Gracias, José —le tocaba esta vez a Gus agradecer las palabras de su jefe.

—Y con el tiempo, y algunos cambios importantes que todos sabemos, ha venido solo: —Tomó aire y exclamó:— ¡Qué gran paradoja es esto de la dirección!

Se hizo un espacio de silencio donde el aire respiraba agradecimiento. Indudablemente ese espacio era nuevo en esa sala de reuniones.

—Bueno, en efecto, quiero transmitiros que tenéis la posibilidad de hacer un programa formativo de *coaching* interno para la empresa. De querer comenzar, podríais hacerlo ya el mes que viene. Me gustaría, y aquí expreso mi opinión sin imposición, que todos los que tenemos responsabilidad de dirección hiciéramos tarde o temprano el programa. Eso implica que seguramente varios de vuestros colaboradores, como es tu caso, Laia, que tienes un departamento con varias áreas y es grande, tienes responsables de área, responsables de proyecto; o en tu caso, Gus, los que coordinen equipos y tengan esa responsabilidad, todos con el tiempo podrían pasar por el programa de desarrollo basado en el *coaching* interno. La idea es simple. Hagamos de todo directivo un líder, y de todo líder un entrenador, un *coach*. Si conseguimos eso, habremos dado un paso de gigante en el sector. Y ésa es mi ambición. Podemos hacer mejor las cosas, ¿queremos?

—Yo obviamente sí –respondió rápidamente Manolo.

—Yo también –dijo Laia, seria pero firme y profunda.

—Conmigo también puedes contar –dijo Gus, que en su momento más recelos le veía a esto de desarrollar a su equipo comercial.

—¿Y tú, Sara? –le requirió José ante su silencio.

El silencio de Sara había hecho que todos estuvieran pendientes de sus gestos. Sabían que apoyaría a José en todo, pero era la que más dificultades veía en todo esto del *coaching*. Para Sara, a pesar de que había experimentado a través de su jefe los beneficios que conllevaba, suponía un reto importante. Y, como decía ella a veces «eso va con caracteres». Ella era más ensimismada, le encantaba el trato personal, pero su fuerte eran los números, y sabía que muchas veces los números reñían con los costes de personal. Fue la que quizás planteó la pregunta más importante en aquel momento, pues sus dudas reflejaban que algo no estaba bien atado aún. Al final, por la presión mediática del resto, se sintió observada y decidió participar sus dudas a los demás:

—Sabéis que soy la primera en apoyar todas estas iniciativas, pero me gusta, siempre que me meto en algo, hacerlo no sólo por impulso emocional o compromiso sino hacerlo también por congruencia. Me pedís que desarrolle, cuando he sido durante mucho tiempo la persona que ha hecho recortes de personal para superar baches de clientes importantes perdidos. Incluso recientemente hemos vivido algo de este estilo. ¿Cómo voy a hablar de desarrollo cuando estoy tratando al personal como un número, como un coste, como una cifra que, si la elimino, da más solvencia a mi empresa? Creo que mi faceta personal dice instintivamente que sí, pero mi faceta profesional ve con serias dudas todo esto.

—Bien, me parece muy interesante lo que has comentado, Sara. Sé a qué te refieres, tuvimos que quitar personal de producción pues se nos cayó un contrato importante. Ya sé, no todo es bonito, por eso nos queda mucho por hacer. Logramos mejores cuotas de fidelización pero aún se nos escapan, no logramos uniformidad en el servicio aún, estamos en ello. Eso provoca que el mercado nos pegue algún empujón de vez en cuando. Quizás éste sea uno de nuestros primeros temas que habrá que analizar como equipo de dirección. Quiero que penséis en la dirección de esta empresa, en vuestra responsabilidad en los diferentes departamentos y en cómo os afectan no sólo mis decisiones, sino también las decisiones de los demás. Quizás deberíamos plantearnos en qué no somos aún congruentes en el mensaje a nuestros empleados. Yo quiero que nos posicionemos en desarrollar a nuestra gente, que lo perciban tanto los empleados como los clientes. Busquemos grietas a ese plan de posicionamiento mental. Pero no ahora, haremos agenda de todo esto.

Ante el silencio y aceptación de todos José continuó:

—Tu departamento es el más pequeño, Sara, pero tus decisiones son de vital importancia para nuestra empresa. Quiero que te plantees a partir de ahora analizar los costes intangibles del personal. Si quieres aportar al equipo con tus competencias, comienza aportando tanto posibles incongruencias como los números que apoyen que vamos por el camino correcto. Analiza, si se nos va un comercial, el coste que supone, comparado con haberlo hecho bien de primeras. La rotación qué coste tiene. Y la productividad cómo y cuánto ha mejorado. ¿Podemos tener indicadores lo más personalizados posible? Ponte en contacto con Manolo y entre los dos aportadme esa fusión tan necesaria entre finanzas y personas, ¿te parece?

—Sí, creo que, si vemos la rentabilidad del cambio, me creeré más que no es algo pasajero sino beneficioso para la empresa. Me pongo manos a la obra. Personalmente te he dicho que cuentes conmigo, yo me apuntaré a la formación que hagamos, no lo dudes, pero también haré en paralelo lo que me has pedido. Sé que, si te lo demuestro financieramente, será entonces no sólo un mero cambio sino un proyecto de futuro.

Todos sonrieron, Sara no era precisamente de las mujeres que tuvieran más carácter en la empresa, pero con sus palabras había demostrado por qué estaba en ese puesto de extrema responsabilidad.

—Bueno, comunicaré vuestro apoyo a Pau para que vaya preparando todo. Todos conocéis a Pau, ha estado en nuestra empresa varias veces y, como bien sabéis, es el origen de este cambio, aunque, como diría él, «tú has sido quien ha permitido el cambio, nadie más, tuya es la responsabilidad». Tendréis el placer de conocerle, pues ha montado un plan formativo de *coaching* interno. Nosotros lo llamaremos el «plan de entrenamiento directivo», seréis los entrenadores internos de la organización, los líderes *coach* que necesita nuestra empresa. Las semillas del cambio. Y yo estaré en ese cambio acompañándoos. Bueno, estaremos Pau y yo, pues decidimos que tuvierais la posibilidad de trabajar con los dos, y así beneficiaros de los dos. El plan formativo os llevará en torno a tres meses algo intensivos, pero, según me comentó Pau, valía la pena que fuera así. Será como una zambullida en agua fresca de la dirección de empresas. Veremos cómo os afecta en tiempos y responsabilidades pero le damos prioridad uno, ¿os parece?

—No suena mal –comentó Gus.

—No, nada mal –reforzó Sara.

—Dime una cosa, José, esto supone que tendremos que pasar también una evaluación *feedback* 360º como la que pasaste tú, ¿verdad? –indicó con suspicacia Laia.

—Sí, en efecto, tenemos que partir de ahí –le contestó José.

—Bueno, esto suena a reto profesional, así que me apunto con los ojos cerrados.

—¿Manolo? –preguntó José mirando a Manolo directamente.

—Sí, sí, sí, esto es lo que desea todo director de recursos humanos, trabajar el desarrollo organizativo. Tan sólo dime una cosa, ¿cuál será el papel de mi departamento independientemente de mi papel como directivo?

—Pues vais a ser los facilitadotes de los sistemas de información. Mejoraréis, por lo tanto, los procesos organizativos. Pero quiero, con el tiempo, generar un puesto específico de gestión del talento, alguien experto en todo esto que sea el interlocutor perfecto con todos. Ese puesto será independiente del departamento de recursos humanos. Creo que será un directivo más con el que compartir en esta mesa en que ahora somos cinco. Necesitamos uno más, seremos seis.

—Otra cosa, ¿has calculado los costes del cambio? –preguntó obviamente Sara.

—No, pero espero que lo hagas tú. Recuerda que es una decisión estratégica a medio y largo plazo, aunque en nuestro caso en el corto hayamos obtenido tan buen balance –le contestó Pau.

José se quedó solo en la sala de reuniones. Normalmente él se iba el primero y dejaba a todos en la sala. Pero las cosas habían cambiado. Analizó la reunión de nuevo mentalmente y se vio suelto hablando directamente con cada uno de sus directivos. Abierta y francamente les había transmitido lo que pensaba y sentía. Estaba plenamente satisfecho de la reunión. «¡Qué diferencia con las reuniones de hacía unos años! Todo tiene sus frutos», pensó para sus adentros.

Le habían transmitido confianza como efecto a su constancia y fiabilidad en los cambios. Eso permitía que los directivos creyeran en él. Habían hablado con otros tonos, con otra comunicación, y todo lo había provocado él. El compromiso de los empleados tiene un precio alto pero satisfactorio, el precio de la perseverancia y transparencia. Sabía ya cuál era el camino.

Objetivos del capítulo

1 Comprender la necesidad de implicar a «toda» la dirección de la empresa para evitar fugas de talento en los diferentes departamentos.
2 Valorar la comunicación abierta y transparente con la dirección de la empresa para compartir valores y misión.
3 Comprender que la gestión del talento comienza desde el empresario o director general y avanza eslabón a eslabón hasta la base.

Preguntas que el lector debe considerar

1 ¿Puede analizar a su equipo directivo y valorar si entrarían en un plan de gestión del talento?
2 ¿Cómo cree que su equipo directivo reaccionaría si tuviera que asumir el cambio que José ha planteado a su equipo directivo?
3 ¿Comprende el sentido descendente del cambio organizativo? ¿Y su responsabilidad en este cambio?

Concepto clave

La gestión del talento nace de un equipo directivo sin fisuras y con espíritu y mentalidad de progreso y crecimiento profesional.

11. En busca del talento

José estaba asumiendo muchos cambios en los últimos años. Quizás la clave de todo su proceso fue que comenzó por él mismo, más o menos convencido al principio, pero quien inicia el camino no quiere regresar. En todo caso puede pararse en el camino por falta de coraje o por no tener que asumir que el crecimiento también es dolor, no sólo aprendizaje. Pero en su desarrollo José mostró ambas cosas, un elevado coraje y una alta voluntad para incluso afrontar el dolor, el dolor de asumir la propia imperfección, los miedos y las limitaciones. Encontrar la senda del talento no es fácil, en realidad no existe, pues cada uno la encuentra de un modo y en un sitio diferente. José la encontró, había iniciado de un modo bastante global su aproximación al talento. Ahora sólo tenía que hacer del talento su obsesión, y con el tiempo, su hábito.

Habían actualizado el sistema de competencias de la organización, haciéndolo más fácil, accesible, humano y propio de la empresa. En realidad, lo habían cambiado casi todo, pues cuando se considera el talento desde el *coaching*, es como ver una realidad desde múltiples prismas y colores. Eso constituye la realidad del líder *coach*, su amplitud de miras y su acercamiento de modo natural y espontáneo a la realidad. ¡Qué diferencia de las competencias que se definieron hace tiempo! En casi seis meses habían actualizado las competencias de la empresa y en el último mes habían hecho un primer pase de evaluación en toda la empresa. Los superiores y los colaboradores de cada puesto habían evaluado a personas concretas. Era una experiencia piloto, pues la empresa también estaba aprendiendo. De modo intensivo y participativo se habían actualizado y modificado las competencias. Así, cada persona de la organización sabía los cambios que entre todos habían establecido. Y sabía también las implicaciones que conllevaba en responsabilidad y también en realidad de los niveles competenciales.

Por ejemplo, en la competencia de liderazgo *coaching* se habían asumido cuatro niveles. El primero era el directivo clásico, saber dirigir de modo organizado y planificado. El segundo era el líder, es decir, el referente de la organización, el experto. El tercero era el líder *coach*, es decir, la persona que se preocupa del desarrollo de la organización y de su equipo. Y el cuarto era el líder *bodhi*, era un nivel de excelencia que guiaba a toda la organización. Seguramente, esta competencia de liderazgo hacía tres años la hubiera tenido como límite de los dos primeros niveles. Sin embargo, ahora tenía un nivel tres y cuatro de mucha ambición. Todo directivo debería llegar al menos al nivel tres. Todo responsable de equipo tenía que llegar al nivel dos y se valoraría el nivel tres. El nivel uno era en realidad de transición y para niveles muy bajo que casi apenas tenían responsabilidad. Sin embargo, el mensaje en la organización era claro, cualquiera que fuera el nivel profesional, se debería buscar un nivel dos, es decir, un nivel de liderazgo.

Los datos estaban en la mesa de José, todas las evaluaciones hechas con un programa informático que permitía directamente cruzar las evaluaciones, determinar los *gaps* de cada uno, y realizar un perfil competencial comparado con el requerido por los puestos.

Tenía dos informes delante: uno relacionado con toda la empresa, con el nivel de talento en la empresa; y un segundo con un énfasis en todo su cuadro directivo y responsables de unidad. No sabía por cuál comenzar. Decidió reunir a sus cuatro directivos principales y hacerles copia para convocarles a una reunión de fin de semana fuera de la empresa. El objetivo era que se leyeran los materiales y sacaran conclusiones, y en ese espacio de intercambio y concentración analizar el estado actual de la empresa. Con todo ello, le pediría una nueva cita a Pau.

El cielo estaba algo gris, había parado de llover y las vistas eran realmente impresionantes. Olía a campo, y el frescor del día espabilaba hasta la neurona más perezosa. Habían llegado todos puntuales al hotel rural. Un hotel de cinco estrellas especializado en hacer vivir sensaciones especiales a grupos de directivos que venían a preparar proyectos, conectar con su creatividad y su energía. El paraje era realmente bello; dedicaron, de hecho, parte de la mañana a pasear y ver los alrededores. La primera reunión la tenían a las seis, después de la comida y descanso. Pero todos habían decidido acudir sobre las doce, para así no ir precipitados y tener tiempo de reflexión previo a la reunión. Sabían que la reunión era especialmente importante, por primera vez en la empresa se había hecho una fotografía desde la cámara del talento. Tenían datos de estudios de clima antiguos, evaluaciones en competencias cuando hicieron la primera implantación del sistema, pero sabían que esta vez era diferente. Todo empleado de la organización había sido analizado para su desarrollo. Así se había planteado la campaña para dejar muy claro que no era una evaluación del rendimiento, ni una evaluación para el sistema de compensación, ni para despedir ni valorar en términos de control. Se había hecho para saber el grado en que cada empleado estaba ajustado al puesto y no sólo eso, sino el grado en que tenía proyección en el puesto. Se había valorado desde el sistema competencial, y se habían incluido algunas preguntas en las auto evaluaciones sobre el grado de rendimiento percibido, ajuste con el puesto, satisfacción con el puesto y compromiso con la organización. Con el nuevo sistema competencial era todo bastante más sencillo.

Además, lo tenían todos muy fresco pues había sido la obsesión de la empresa en los últimos seis meses. Todos lo habían leído al menos cuatro veces, lo tenían muy trabajado e incluso habían comentado cosas entre ellos. Pero todos fueron conscientes, conforme leían los informes, de que necesitarían un fin de semana de relax y trabajo estratégico para poder analizarlo y sacar las conclusiones oportunas. Fue precisamente Sara, la directora financiera de la empresa, la que había sugerido tal opción. Todos se miraron y miraron a José. Éste sencillamente asintió, parecía que era la opción más sensata.

Comieron tranquilamente sin prisas, como quien prepara unas olimpiadas y analiza su comida, mastica con cuidado, respira con profundidad. Habían aprendido a trabajar como personal de alto rendimiento en todos sus sentidos. Y a pesar de que el tono de la conversación era animado, se respiraba un aire profundo de respeto y consideración al momento que estaban todos viviendo. Seguramente, un deportista de alto rendimiento sentiría cosas parecidas antes de su participación en una competición deportiva.

La sala era realmente alternativa, ya el lugar lo avisaba desde que lo veías en la distancia, pues no era el típico hotel, había sido diseñado con mucho gusto y sobre todo se notaba la mano de alguien que había sido visionario con el hotel. Su mensaje era claro: «Ven a mi hotel y siéntete en un lugar tan especial que aquí harás cosas especiales». No había sillas ni mesas de despacho ni de reuniones. Había como diferentes escenarios, uno más íntimo con sillones pequeños, otro más de descanso y reflexión, y otro más de acción sobre pizarra, de tal modo que cuando entraron se preguntaron todos dónde sentarse. Laia, que era la más fresca en este tipo de situaciones, se fue hacia la pizarra. Ella estaba acostumbrada a pensar en acción. Al principio todos dudaron, pero se dejaron llevar. Se observaron y al momento comenzó José:

—Bueno, ha llegado el momento. Todos hemos leído ya varias veces los diferentes informes. Todos tenemos ideas, reflexiones y conclusiones que compartir. Creo que es el momento de hacerlo, me da igual si es sobre pizarra o sobre sillón, pero me gustaría que considerarais la jornada no como un maratón, no creo que debamos hacerlo así, sino que nos centráramos lo suficiente para poder dejar espacios de reflexión, de esparcimiento y que nuestras mentes estén siempre al máximo de creatividad y desarrollo. ¿Alguna sugerencia de cómo comenzar?

—Yo –comenzó Laia– querría comentar muchas cosas que me ha sugerido la información que tenemos. Lo primero de todo, creo que es la desorganización de la organización. Me da la impresión de que tenemos gente no muy bien ubicada, y muchos de ellos a niveles competenciales muy bajos para lo que en realidad podrían estar. La cuestión obvia es si quieren estar a otro nivel. No me sorprenden los resultados en sus términos generales. Nos hablan de una organización nada planificada, con carencias en casi todos sus departamentos y con niveles de satisfacción bajos a pesar de que la gente dice estar comprometida.

Tomó aire y continuó:

—Lo segundo es la baja valoración que se hace del cuerpo directivo como modelo de los empleados en la empresa. Han sido críticos con ellos, pero también con la dirección. Los empleados con responsabilidad en la dirección de nuestra empresa han obtenido un suspenso general. No creo que esto nos sorprenda del todo, creo que era algo esperable. Sin embargo, tengo muchas propuestas, pues también el informe recoge indicaciones que se deben tener en cuenta. Creo que en general las competencias que tenemos quienes compartimos responsabilidades de dirección en la empresa han salido puntuadas bajo para lo que creo que todos pensamos en estos momentos. Pero esto nos da una realidad muy palpable de por dónde comenzar.

Se miraron todos con algo de sorpresa por la claridad de las palabras de Laia y la exactitud de su mensaje. En efecto, era ella quien debía comenzar la sesión.

—Por último, creo que la gente se ha ilusionado bastante con el sistema de medición al poder también expresar opiniones personales de su situación actual. Y, por lo tanto, creo que tenemos una oportunidad única para hacer algo. Éstas son las tres áreas en las que yo divido los resultados del informe. Aparte tengo ya mucha información concreta de mi departamento pero no sé si esto toca hablarlo aquí.

—En mi caso, esperaba algo mejor las valoraciones –expresó Gus con algo de amargura–. Hemos estado trabajando duro durante mucho tiempo y compartiendo mejores y peores momentos, pero creo que al final hemos hecho de la empresa algo más que un simple trabajo. Ya no digo por las valoraciones que he recibido, hablo en general; me sorprende la baja evaluación obtenida por los directivos y responsables de sus empleados. Yo creo que aún no lo he asumido del todo, y espero con expectación lo que pensáis los demás.

—A mí no me ha sorprendido nada el informe –comentó Sara–, digamos que me lo ha cuantificado y ahí sí que no tenía idea de que la situación estuviera tan mal. Me da la impresión de que estamos viviendo aún nosotros muchas cosas más desde la dirección que desde la empresa como un todo. Creo que en mi caso he venido cargada de una dosis altísima de humildad para hacer cosas diferentes que consigan el apoyo de la empresa, vamos, de todos los empleados. Creo que debemos ser consecuentes con todo lo que hemos estado hablando en estos últimos dos años. Yo vengo cargada de soluciones por comentar que creo son posibles.

—Bueno, yo llevo ya tiempo trabajando con los datos y con el informe de consultoría que nos han hecho –apuntó Manolo–. Por eso creo que tengo más asumido los resultados del informe. No sé si decir que me extrañó, pues en recursos humanos parece que las cosas siempre van mal y que las empresas tienden siempre a disfrazarlo todo. Pero tener una constatación tan evidente de todo me ha parecido al menos ejemplar. Ya sé que no es un ejemplo positivo, pero creo que tenemos tanto material para trabajar que por eso me parece muy bien lo que ha comentado José de centrarnos y de que sea una reunión para planteamientos estratégicos y no operativos. A mí me vienen cientos de soluciones también pero creo que no debemos entrar en eso este fin de semana.

Cuando acabó de hablar Manolo, todos se cruzaron las miradas hacia José. Había escuchado con suma atención a todos.

No había parado de anotar cosas. Y su mente entraba y salía de las personas que hablaban. Ahora notaba las miradas de todos y sabía que tenía que hablar.

—Bueno, creo que todos en realidad lo habéis dicho desde diferentes planteamientos. Es verdad que salen esas tres áreas de conclusiones: a nivel de organización, a nivel de dirección y a nivel de oportunidad de cambio. Pero también es verdad que antes de todo ese análisis racional hay un análisis emocional que es el que nos ha hecho vivir Gus. Con Gus he sentido el dolor de cuando afronté por primera vez vuestras evaluaciones. En aquel momento sentí rechazo a todo lo que decíais. Ese rechazo estaba lleno de dolor, sorpresa, confusión y distanciamiento. He visto las mismas emociones en Gus. Y, por lo tanto, me he sentido muy cerca de él en ese momento. Creo que tenemos que asumir esa parte emocional de la situación. Y creo que incluso esto deber ser lo que trabajemos en estas dos horas que nos quedan. Tenemos que partir todos desde la misma situación emocional, sólo así podremos estar en la sintonía para poder tomar decisiones. Y tenemos que estar «todos».

De nuevo las miradas se cruzaron y todos admitieron su acuerdo. Estaban juntos, eso se sentía en el ambiente de trabajo de los cinco. Todos habían notado las diferencias de las que hablaba José, y ese sentimiento de tener que estar «todos» parecía que estimulaba al equipo más aún. No por ello dejaron de sentirse algo sorprendidos, pues ésa no era la dirección que ninguno de los cuatro hubiera tomado si tuviera que haber elegido. Pasada esa breve pausa continuó José:

—También estoy de acuerdo en que, aunque todos quisiéramos actuar ya, debemos plantearnos este fin de semana como una búsqueda de nuestro norte como empresa. Creo más en las reflexiones de fondo que en las concretas. De este fin de semana deberían salir acuerdos estratégicos pero no operativos. Pensar en planes de acción ahora sería un suicidio como empresa. Acordemos adónde y por qué ir. Hagámoslo con los datos que tenemos. Y conforme a eso planifiquemos en el tiempo. Dicen que no hay buen viento si no se sabe adónde se va. ¿Alguien puede sugerir un esquema de las cuatro sesiones de trabajo que tenemos? Hoy, viernes por la tarde, tenemos aún dos horas en que espero vuestros comentarios para poder dedicarlas a nosotros como directivos de la empresa desde nuestras emociones. Mañana, sábado, tenemos dos horas por la mañana de diez a doce y dos horas más por la tarde de seis a ocho. Y el domingo tenemos dos horas más de diez a doce.

—¿Tenemos que cerrarlas? –apuntó Sara– que estaba realmente participativa.

—¿A qué te refieres, Sara? –le preguntó José.

—Me refiero a si no podemos acabar esta sesión desde las emociones, que me parece realmente importante que lo hagamos, y cuando lo acabemos, decidamos la siguiente. Creo que predeterminar todo nos puede quitar riqueza de lo que vayamos a trabajar.

—A mí me parece muy oportuno lo que dice Sara –comentó Manolo–. Creo que, como estamos abiertos a que salgan cosas y muy abiertos al cambio, podemos cerrar una reunión con el comienzo de la siguiente. Eso también nos hace centrarnos sólo en la que estamos.

El resto asintió y José también estuvo de acuerdo. Eso les liberó del peso de tener que programar y especular sobre futuros objetivos cuando no sabían hacia dónde se encarrilaría todo. El equipo parecía aprender a buscar su propio talento. Y comenzó por la parte emocional.

En este sentido las dos horas estuvieron hablando desde la persona individual que era cada directivo, intentando no jugar al juego de roles, sino jugar al juego de la verdad personal, del contacto con los propios miedos y esperanzas.

El primero de todos en intervenir fue Gus; era el más afectado quizás de los cinco presentes. Su concepto de «liderazgo» era aún poco maduro, necesitaba conectar más con la emocionalidad madura y no con la paternal con la que se relacionaba con muchos de sus comerciales. Claro, ahora se sentía de algún modo traicionado. Sus emociones, tan transparentes, estaban alojadas en alguna medida en todos, sólo que el resto difería en cómo las afrontaba.

Fueron dos horas de trabajo profundas, que les hicieron estar más cerca y conectar con uno de los principios básicos de todo directivo, la humildad. En dos horas pudieron reírse y llorar de ellos mismos. Sentirse apoyados por los demás y comprendidos, a pesar de que todos fueran tan diferentes. Fue un principio inesperado para todos, pero fue, desde luego, el mejor principio. Conforme fueron cerrando las últimas intervenciones, quedaron quince minutos y los dedicaron a pensar o sentir cuál sería el objetivo de la mañana siguiente. Sin ya presión, después de la descarga emocional, Sara planteó que por qué no dedicaban la sesión de la mañana a plantear cómo les gustaría dirigir y llevar su departamento y qué esperaban, por lo tanto, de los demás. Así, esto sería un primer paso para después ajustar también la información y evaluación que habían recibido de los empleados.

A la mañana siguiente se levantaron con renovadas energías. Como la reunión era a las diez, José salió a andar un poco y se cruzó con Manolo y Sara, que habían salido a correr. Por otro lado, Laia lo había dedicado a hacer planes y proyectos para tener mejor preparada la sesión.

A pesar de que ya se conocían entre ellos, todos se habían descubierto el día anterior. Eso les permitía llegar con otro tipo de energía a las reuniones. Por eso la segunda reunión fue muy dinámica. Dedicaron quince minutos cada uno a exponer su proyecto de departamento pero sin detalles, hablando de cómo les gustaría sentirse a ellos y que los empleados se sintieran, cómo se lo habían imaginado e incluso cuál sería su ideal. Eso les permitió de nuevo compartir esperanzas e ideales, algo que hace compenetrarse mucho a las personas. Todos sabían que en cada proyecto presentado había ilusiones y una filosofía de trabajo. Aprendieron a escuchar y meterse en el modelo de los demás. Y con ello, a pensar cómo relacionarse mejor entre departamentos, cómo encontrar sinergias y poder tirar de ellas.

La sesión de la tarde la dedicaron a trabajar el informe desde la humildad y la esperanza, los dos objetivos de las sesiones anteriores. Ahora tocaba la realidad, exponer qué se podía hacer desde la perspectiva del talento y cómo encajar esos datos en su dirección y en sus proyectos. Quien más tiró de esa sesión fue Manolo, que resultó ser una persona con una escucha activa impresionante. Había vivido las emociones de sus compañeros y había soñado con sus proyectos. Ahora compartía datos y realidades. Y le era más fácil, pues los tenía a todos casi integrados. José dejó que el equipo siguiera su curso. Manolo planteó la estrategia necesaria desde el enfoque de una cultura *bodhi*, y con un plan estratégico basado en el aprendizaje y talento denominado *plan Merlín*. Manolo lo justificó explicando que *bodhi* era un término sánscrito que significaba «despertar», era el despertar necesario en la cultura para poder acceder a otro tipo de sabiduría. La del talento. Por otro lado, Merlín, el druida que se vincula con la fuente del conocimiento. La conjunción de ambos a nivel simbólico era lo que buscaban. A todos les entusiasmó la creatividad de Manolo, seguramente éste no hubiera sido un rasgo que le atribuyeran de modo espontáneo.

El resto de la tarde fue más fácil, pues sentaron y definieron los valores que iban a representar ese despertar o gestión del cambio en la organización, y esa filosofía del aprendizaje en la que iban a introducir a la empresa.

El domingo lo dejaron para delimitar responsabilidades de los diferentes proyectos que se habían vinculado en la sesión anterior. Así cada uno tenía la misión de buscar y formar equipo para diseñar las estrategias más operativas que serían posteriormente planteadas en común por todos los participantes del proyecto. Estuvieron comentando el sentido de los diferentes proyectos que habían salido. Laia se encargaría de diseñar y lanzar el sentido del despertar en la empresa. Manolo se encargaba de la parte más técnica del plan Merlín. Sara establecería un proyecto de desarrollo de talento directivo y *coaching* como principal responsable apoyando a José en los planes que tenía ya con ellos cuatro, pero pensando en hacerlos extensivos al resto de mandos directivos. Y Gus planificaría la gestión de la inteligencia emocional en la empresa.

Cargados de proyectos y de ilusiones compartidas, cerraron la sesión el domingo y volvieron a sus hogares. Habían trabajado en domingo pero se sentían felices. Y esa sensación no es del todo normal que proceda de la empresa, al menos ellos no la habían sentido así nunca en esa empresa. Eso, de por sí, ya era muy positivo.

José regresó y llamó por la tarde a Pau para avanzarle los progresos del fin de semana. Se había planteado que Pau viniera a la sesión, pero necesitaba que su gente sacara todo su talento; aún era pronto para quedar con Pau.

—Pau, ¿te acuerdas de que te comenté que me iría un fin de semana con mi cuerpo directivo más directo?

—Sí, José, ¿cómo ha ido? –preguntó Pau lleno de curiosidad–.

—Pues creo que bien, al menos todos hemos salido realmente cargados de energía positiva. Fíjate en que ya hasta hablo como tú– dijo José con tono de sorna.

—Me alegro. ¿Alguna conclusión que quieras comentarme?

—¿Conoces la palabra *bodhi*?

—Sí, claro, en nuestros círculos se menciona bastante. ¿Cómo habéis llegado a ella?

—Pues estamos intentando «despertar» –recalcó José.

—Me alegro, tiene un sentido espiritual tremendo, y quizás eso es parte de lo que más hace falta en las empresas, aunque, como bien sabes, nunca lo digas así tan directo, que seguro que te aíslan por raro.

—Bueno, seguramente te hubiera mirado como loco si me lo mencionas hace dos años, y mira por dónde ahora te lo menciono yo.

—Eso es lo mejor de llegar por ti mismo a las cosas, ¿sabes? Nunca me dejo de sorprender por este tipo de aprendizaje.

—Pues aparte hemos lanzado un *plan Merlín* vinculado a las competencias y tenemos un plan de desarrollo de talento vinculado al *coaching* con los directivos y otro relacionado con la inteligencia emocional.

—Bueno, suena muy bien todo. Recuerda, José, no hay talento sin emoción. Espero que quedemos para que me lo comentes con más detalle.

—Para eso te llamaba, creo que ya estamos preparados para verte. Tengo que revisar mi competencia de mentalidad de talento.

—Mándame todos los planes que desarrolléis por escrito y permíteme acudir a vuestra próxima reunión del equipo. ¿Tenéis alguna pendiente?

—Bueno, nos queda ahora bastante trabajo, pues cada líder de proyecto tiene que definir su proyecto de modo más concreto y buscar su equipo voluntario para poder ejecutarlo. Tenemos una reunión dentro de dos semanas para ver los avances de los proyectos. Si quieres, te vienes a esa reunión y así ves todo de primera mano.

—Será un placer. Cuenta conmigo.

Pau se quedó pensativo desde la llamada de José. Notaba como ya iba solo. ¡Eso era tan importante en todo proceso de *coaching*! Veía su soltura en el lenguaje, en el tono, su equilibrio emocional, su saber estar. Todo mandaba el mismo mensaje: el *coach* que nace está en la senda del talento.

José estaba eufórico del fin de semana, todos los directivos habían participado, a todos se les veía comprometidos con los cambios. Todos estaban afectados por los datos y no habían reaccionado con orgullo ni con máscaras. Incluso Gus, que era el más afectado, había permitido saber a todos su dolor emocional. Eso de alguna manera indicaba el clima de confianza y transparencia que había. José había conseguido situar el papel de las emociones en la lectura de los datos y sobre todo plantear las mejoras desde la estrategia y no desde la acción más operativa, que hubiera sido lo más normal hace unos años en su empresa. Esta vez notaba cómo iba en la senda del talento.

Objetivos del capítulo

1 Comprender la necesidad de analizar las emociones antes de valorar los datos objetivos, pues pueden ser filtros de la información.
2 Valorar la necesidad de los planteamientos estratégicos antes que los operativos y, por lo tanto, contener la tendencia a la acción inmediata.
3 Valorar el espíritu participativo, transparente y de confianza entre el cuerpo directivo para iniciar un cambio hacia la gestión del talento.

Preguntas que el lector debe considerar

1 ¿Ha tenido alguna vez una conversación sobre los temas emocionales de unos datos de su empresa con su equipo directivo?
2 ¿Considera que fue correcto cómo transcurrió el fin de semana? ¿Qué hubiera hecho de estar usted como director general?
3 ¿Sería capaz su empresa de afrontar con esa misma humildad y transparencia datos de la propia organización?

Concepto clave

La gestión del talento parte de la inteligencia emocional y de la mentalidad estratégica.

12. *Coaching* de equipos

Caía la tarde, y el mar resonaba en toda la explanada. Estaba a punto de ponerse el sol, y la brisa marina despertaba todos los sentidos. Paseó Pau hasta volver de nuevo al hotel en plena zona de calas de la costa mediterránea que había elegido el equipo de José para la sesión. Había llegado muy pronto y se había dedicado a recorrer la zona y disfrutar de la tranquilidad de la tarde.

José llegó también con una hora de anticipación, sabía que era una jornada importante para su equipo. Estaban todos algo expectantes pues al fin trabajarían también con Pau en la sesión. El objetivo era doble: por un lado, actualizarse en los diferentes proyectos que habían puesto en marcha; por otro, Pau haría *coaching* de equipos intentando generar un equipo autodirigido de alto rendimiento. José sabía que en esa sesión también se vería el grado en que había conseguido trasladar la mentalidad de talento al equipo.

Trabajarían en profundidad el sábado aunque el viernes por la tarde tenían una cita con Pau de una hora. «Pau y sus misterios», pensaba José. A saber qué les habría preparado en esa hora, o sencillamente sería una toma de contacto. Salió al balcón de su habitación y vio a Pau, que volvía por el paseo. Lo saludó desde la distancia y bajó a abrazar a su amigo.

—Hola, Pau, veo que ya has disfrutado del paraje –comentó José.

—Sí, la verdad es que habéis escogido un lugar precioso. El hechizo del mar seguro que nos ayuda a ser más creativos.

—Bueno, yo no he tenido nada que ver esta vez, ha sido Manolo, que está muy ilusionado con todo lo que estamos haciendo. La verdad es que en realidad todos están bastante ilusionados; no creí poder ver las caras de mis directivos así.

—¿Y eso?

—Hace dos años no tenían esa sonrisa, ni esa fluidez en el trato entre todos. Hemos dado pasos de gigante a pesar que reconozco que no hemos hecho más que comenzar.

—Me alegro, José. Te das cuenta de que el proyecto cobra vida, ¿verdad?

—Sí.

—Y te das cuenta de que nuestro trabajo de *coaching* ejecutivo se distancia un poco más.

—Sí, la verdad es que me hubiera gustado verte más, pero veo en tu distancia un dejarme hacer. Me imagino que todo esto entra dentro del plan del *coaching*, ¿no?

—Sí, en efecto, hay que saber también cuándo estar y cuándo despedirse poco a poco.

—Bueno, qué mal suena eso de despedirse.

—Me refiero al proyecto de *coaching* ejecutivo.

—Ya, pero has sido tan importante en este proceso, que es como si fuera tuyo en parte.

—No, José –puntualizó enérgicamente Pau–, es tuyo completamente, yo sencillamente he sido un facilitador en este proceso. Tú has asumido las responsabilidades, la toma de decisiones. Tú has afrontado las situaciones conflictivas propias y ajenas. Ahora es momento de asumir todo el proyecto. En este alejamiento está la esencia del *coaching*. El buen *coach*, como el buen mentor, debe saber cuándo estar y cuándo irse. Si no fuera así, no se cerraría bien el proceso.

—Bueno, ya nos inventaremos algo para seguir trabajando.

—Seguro. De momento tenemos un fin de semana de *coaching* de equipos. Me voy a preparar la sesión y nos vemos en una hora todos en la sala del hotel.

—De acuerdo, voy a saludar al resto del equipo, que ya está llegando.

Pau se fue al interior del hotel y preparó el juego de roles para el *coaching* de equipos. Era una simple práctica de una hora, para relajar los roles que pudieran aparecer en las diferentes sesiones y sensibilizar el ponerse en el lugar del otro en el trabajo en equipo.

Conforme fueron llegando a la sala, Pau se iba presentando e iba entregando un sobre a cada directivo: Manolo, Sara, Laia y Gus. Por último el propio José. Cinco directivos. José presentó a Pau, aunque el resto ya lo conocía de verlo en la empresa y haber cruzado algún saludo. Pero esta vez, Pau iba a interactuar con todos.

Pau no dijo nada. Sencillamente les indicó que abrieran su sobre y siguieran las instrucciones. Cada participante tenía un rol. Manolo era el charlatán; Sara, la astuta; Laia, la rígida; Gus, el escéptico, y José el sabelotodo. Un sencillo juego de roles. Tenían que localizar pautas de esos roles en el trabajo en equipo que harían a continuación. Pau les dio las instrucciones de tener que seleccionar un sexto miembro para el equipo directivo de una serie de candidatos. Una sencilla dinámica de equipos. Se pusieron a trabajar. Todos tenían su rol y una hoja que explicaba el caso y exponía los diferentes candidatos para el proceso.

Todo comenzó muy cordial. Cada uno fue leyendo los diferentes roles e intentando observar al resto. Al mismo tiempo, trataban de solucionar el caso. Leyeron con tranquilidad la hoja de candidatos y la explicación del caso. Así, al rato, Manolo, que estaba entusiasmado con el comienzo del fin de semana, dijo que ya tenía la solución. El resto se miró y pensó que, como era el de recursos humanos, seguramente había sido un ejercicio más fácil para él. Manolo expuso su solución, y el resto comenzó a preguntarle de dónde había sacado parte de esa información que no les coincidía. Se miraron entre sí, y comprobaron que las hojas que tenían, lejos de ser las mismas, eran de formato parecido pero de contenido diferente en parte. Habían caído en la primera trampa.

—Tenía que haberlo pensado —exclamó José—. Viniendo de Pau, algún truco habría detrás de todo esto.

—Bueno, pero, entonces ¿no tenemos todos la misma información? Pero si parecía lo mismo —afirmó Gus.

—Ya, pero me imagino que con esto nos está dando un primer mensaje, ¿verdad? —advirtió Sara.

—Sí, seguramente nos avisa de que debemos compartir la información. Hemos caído porque pensábamos que todos teníamos la misma información. Eso me ha pasado a mí varias veces con mi equipo. Uno piensa que todos tienen la misma información y se olvida de comunicar cosas importantes —cerró la intervención Laia.

—Bueno, entonces tenemos que trabajar en equipo, ¿no? En eso debe de consistir el tema. En eso y en controlar que nadie se exceda en los roles que nos ha planteado. —Sara miró al resto y acabó preguntando—: ¿Entonces se supone que tenemos que compartir la información?

—Sí, yo creo que es lo mejor —continuó Gus—. Fijaos que llevamos ya quince minutos y no hemos avanzado mucho.

—Ya, creo que hemos pecado de individualistas —volvió a advertir Sara.

—Sí, Sara, me parece muy buena tu observación —continuó José—. Creo que hemos pecado de querer resolver individualmente el caso. Estamos todos ilusionados, y eso igual nos hace no ser precisamente los más objetivos en la toma de decisiones. Hemos pensado que se podía resolver con la poca información que teníamos.

—De hecho, seguro que se trata de eso. Tenemos información complementaria que nos hará resolver el caso —comprendió Manolo.

Todos le miraron de repente y miraron inmediatamente a Pau. Pau sencillamente observaba. No pretendía decir ninguna palabra. Su gesto dejaba claro que el equipo debería asumir la toma de decisiones en el ejercicio. El silencio puede ser muchas veces uno de los mensajes más claros. Al menos, así lo entendieron todos.

Se centraron de nuevo en el ejercicio. Y estuvieron trabajando durante el menos una hora más. Mientras, si alguno de los miembros del equipo se dispersaba en los comentarios, rápidamente el que tenía el rol de charlatán le advertía. Así, fueron al mismo tiempo comprendiendo lo que Pau denominaba las «reglas del juego». Es decir, las reglas que hacen que las personas trabajen bien en equipo. Sin embargo, aun a pesar de compartir la información, tardaron una hora. Ese ejercicio se podría resolver en veinte minutos. Y aunque llegaron a una solución, ni siquiera era la solución única que planteaba el ejercicio.

Cuando acabó la dinámica, se sentó Pau con los cinco directivos y preguntó de modo abierto al equipo:

—Esta práctica se podía haber resuelto en un tercio del tiempo que habéis empleado. Y más aún, no habéis llegado a la solución objetiva que plantea el caso. ¿Qué creéis que ha ocurrido para que no cumplierais ni los objetivos del tiempo ni los del rendimiento?

—Bueno, creo que aún no sabemos trabajar bien en equipo, ¿no? –asumió José.

—Pues yo no creo que lo hayamos hecho tan mal –añadió Laia.

—Yo tampoco –repitió Gus.

—Yo sí creo que no lo hemos hecho nada bien –opinó Sara.

—Yo no sé qué pensar –comentó Manolo.

Todos se quedaron mirando a Pau como quien espera la solución de algo. Pau de nuevo les devolvió un silencio. Comenzaban a entender esto de los silencios. Se miraron entre todos y comprendieron que tendrían que encontrar las claves de qué había pasado ellos mismos.

—¿Por qué piensas, Sara, que no lo hemos hecho nada bien? –preguntó Laia.

—Pues, independientemente de los datos que nos ha dado Pau, creo que hemos ido todos un poco a la deriva todo el rato. Yo he sentido que intentábamos todos dar con la solución del caso. A pesar de la primera moraleja de la práctica, hemos seguido trabajando de modo individual. Aunque todos hemos aportado información, como que hemos buscado en todo momento una clave misteriosa que solucionaría el caso. Y de nuevo nos hemos olvidado del equipo.

—Sí –confirmó Manolo–. Yo me he sentido solo en algunos comentarios que he hecho. Y me han interrumpido unas cuantas veces. Yo también, de hecho, he entrado en el juego de las interrupciones o de los comentarios a otros mientras un tercero hablaba. Hemos perdido el norte del concepto de «equipo» muy fácilmente.

—Sí –continuó José–. Ha habido comentarios de Laia que han sido realmente importantes para el ejercicio y que creo que ni siquiera hemos escuchado. Me imagino que hemos caído en las redes de una escucha activa deficiente, un respeto mutuo fluctuante y una participación poco equilibrada –sentenció José.

—Pero es que era sólo una práctica, vamos, no era una situación real –excusó Gus.

—Ya, pero no es ése el tema –intentó aclarar Sara–. Yo he visto comportamientos en esta práctica que vi el otro fin de semana que trabajamos juntos. Lo que pasa es que en aquel momento lo tomábamos como parte normal del trabajo en equipo, y ahora nos llaman la atención en esos detalles.

—Pau, este ejercicio es un poco frustrante, ¿no? –comentó José.

—¿Por qué dices *frustrante*? ¿Te sientes así?

—Pues sí, un poco. Creo que todos pensábamos que sabíamos trabajar en equipo y como que has ido a buscarnos las cosquillas.

—¿Piensas que era un ejercicio complejo? –preguntó Pau.

—Pues igual no en el contenido pero sí en la forma –contestó José.

—Yo sólo sé que hay equipos que lo resuelven correctamente en veinte minutos. Pero también hay equipos que lo resuelven en una hora, otros que no lo resuelven y tardan horas y horas. La pregunta que me hago siempre con este ejercicio es: ¿cómo puede haber tantas diferencias en el rendimiento de un equipo? ¿Somos conscientes de ello? E incluso me haría una segunda pregunta ¿cómo saber si la solución a la que llegamos es la más objetiva posible? Pues al fin y al cabo los equipos siempre llegan a soluciones. ¿Cómo saber que es la óptima con la información que se tiene? ¿Lo podemos verificar?

—Yo creo –apuntó Manolo– que nuestro equipo se ha confiado por el ambiente en el que estamos.

—¿Y en qué otros ambientes se confía el equipo?

—Pues la última vez que estuvimos reunidos también teníamos este ambiente así tan relajado.

—Sí, pero no confundas un ambiente relajado con un ambiente confiado. Ese equipo que se confía baja la guardia de la profesionalidad. Es como que han funcionado bien otras veces y ahora no hace falta apenas esforzarse. Y, sin embargo, es todo lo contrario, el equipo debe sentirse como un equipo de alto rendimiento. Es importante ser consciente en todo momento de todo lo que pasa alrededor y en nuestro propio interior del equipo. Y siendo conscientes de todo el proceso, podemos darnos cuenta de las cosas que están pasando. Es como que el individuo se camufla en el equipo, pero ¿quién es los ojos y manos y cabeza del equipo? Todos, todos, todos… –repitió Pau mirando fijamente a cada uno de los directivos–. Decidme: ¿cuántos de vosotros habéis dedicado un esfuerzo importante a la práctica? ¿Cuántos habéis asumido la responsabilidad de la toma de decisiones que se planteaba?

—Yo he notado como que mi activación ha sido intermitente –apuntó Gus–. He estado dentro del equipo dos o tres veces, pero reconozco que me he salido en algún momento, sobre todo cuando no encontrábamos las pistas.

—¿Alguien más ha percibido que Gus se salía del equipo? –preguntó Pau.

—Sí —contestó Sara—. Yo me he dado cuenta y en determinados momentos también lo he hecho. Me doy cuenta de que lo que tomamos como respiros han sido huidas del equipo, no querer asumir responsabilidades. Y si Gus se sale, me incita también a mí a salirme. Estamos todos conectados como una red, ¿no, Pau?

—Sí, en efecto, todos estamos en un sistema vivo —contestó Pau—. Si alguien se sale, tira de la cuerda y sin querer también saca a otros. Es casi un concepto escénico, estamos todos en escena, nadie puede abandonar el escenario, la obra se paralizaría.

—Pero es que estábamos agotados ya a los cuarenta y cinco minutos —comentó Gus.

—Claro, yo también lo estaría. Pero ¿alguien dijo algo al resto sobre su cansancio o cómo se sentía? Algunos tomasteis la decisión personal e individualmente. Y con eso os salisteis del equipo. Y el equipo se rompe. Toda persona es vital para el equipo.

—Ya, entiendo lo que dices, Pau —asintió Gus.

—¿Alguna cosa más?

—Sí —contestó Laia—. Yo me he sentido ignorada en algún momento por el resto. Y la verdad es que no me he sentido molesta, porque estoy segura de que yo también lo he hecho alguna vez al resto. Pero, sin embargo, algún comentario que he hecho podía habernos dado la solución, y ahora me arrepiento de no haber insistido más.

—¿Qué opináis el resto de lo que dice Laia?

—Yo creo que en el fondo nos faltamos algo al respeto. Pero como nos llevamos tan bien, nos lo permitimos —apuntó rápidamente Gus.

—Sí, Gus —comentó Sara—, pero ¿qué queremos ser?, ¿un grupo de amigos o un equipo de alto rendimiento? Me refiero, tenemos unos objetivos que cumplir, claro que, si hay buen rollo entre nosotros, mucho mejor, pero debemos garantizar que obtenemos al menos unos resultados, y si lo hacemos con eficiencia, mejor. Claro Pau, esos dos datos son los que nos has dado, el dato de la efectividad y de la eficiencia. Nosotros no hemos sido ni eficaces ni eficientes.

—Me gustaría que reflexionarais tranquilamente el resto de la jornada sobre esto. Nos vemos en una hora todos en la cena –finalizó Pau.

—¿Nos dejas así, Pau? –preguntó José.

—Sí, José. El equipo está reflexionando muy bien. Creo que es mejor dejaros para que sigáis reflexionando sin mí.

Se vieron de nuevo en la cena, y estuvieron un buen rato hablando también de la práctica que habían hecho. Se tenían todos como buenos y competentes en el trabajo en equipo. Y con una sencilla práctica les habían desmontado todos los esquemas. Habían estado más de una hora hablando después que se fuera Pau. Y esta vez el equipo se centró mucho más, se concentraron, identificaron situaciones no deseables, y todos permanecieron en una alta atención y escucha activa. Hablaba uno y en realidad hablaba el equipo, por lo que no hacía falta callar a nadie ni siquiera aumentar la voz para que le escucharan. El equipo comenzó a auto observarse. Y comenzaron a establecer sus propias reglas de equipo. Las anotaron como conclusiones de la práctica y pensaron que estaría bien ser conscientes de todo lo que habían concluido en el resto del fin de semana.

—Pau, tengo una duda –comentó Sara.

—Dime, Sara.

—Tenemos claro que nos has facilitado el aprendizaje de las reglas que hemos escrito –comenzó hablando Sara.

—Digamos que os he ayudado a autoobservaros pero no os he dicho qué reglas debéis establecer como equipo. Eso es vuestra responsabilidad. Es más, cada equipo escribe sus reglas.

—Pero entonces –continuó Sara– ¿no hay unas reglas básicas de trabajo en equipo que debamos aprender?

—Sí, hay muchos manuales sobre cómo trabajar en equipo con las reglas básicas que hay que tener en cuenta. Pero en el fondo es vuestro equipo quien decide las reglas que os van a caracterizar a vosotros. Es normal que todos busquéis la solución fuera, pero os aseguro que la tenéis dentro. Tan sólo hay que creer. Yo facilito esa creencia.

—Ya, pero mi pregunta en realidad es: ¿tú sabías que íbamos a escribir esas reglas?

—Entiendo que te planteas hasta qué punto yo podía manipular previamente la práctica para que llegarais a las conclusiones que yo quería; ¿es eso?

—Sí, vamos, creo que esencialmente ésa sería la pregunta directa —asintió Sara.

—Yo no sabía qué haríais —contestó Pau simplemente.

—Entonces, ¿y si no hubiéramos hecho nada?

—Bueno, ése hubiera sido el sentir del equipo.

—Pero entonces podríamos no haber hecho nada y mañana seguir cometiendo los mismos errores —insistió Sara.

—Sí, podríais, ésa hubiera sido la decisión del equipo. Pero nada me impide pensar que igual mañana os hubierais dado cuenta de más cosas. Ése es mi trabajo, provocar la conciencia de las cosas que pasan de las experiencias. Pero yo no puedo dirigirlas. Ése es el matiz que buscas, Sara.

—Ya —terminó Sara sin estar del todo convencida.

—¿Pero...? —observó Pau al ver que Sara seguía con dudas.

—Pero no acabo de ver cómo puedes garantizar siempre que obtienes lo mejor de los equipos. Seguro que tú lo estabas viendo desde un principio. Comprendo que, si nos lo dices, no es tan efectivo. Pero de ahí a no decirlo si no llegamos a las conclusiones, no me queda claro —acabó objetando Sara.

—Es algo que nunca sabremos con vuestro equipo. Igual piensas que la solución a la que habéis llegado es una solución eficaz y eficiente. Yo ni siquiera me lo he planteado. Con eso te quiero decir que creo que en la sesión de hoy hemos sido más conscientes de lo que pasa en los equipos, pero eso es un peldaño en toda una escalera kilométrica. No se puede ver el final sino el avance que se hace. Si tú percibes que avanzas, estarás más contenta porque te vas dando cuenta de cosas que haces. Pero otros equipos estarán contentos con la mitad del avance, ¿entiendes? El ritmo lo marca el propio equipo. Yo ni siquiera sé cuál es el mejor ritmo. Sólo sé que el ritmo lo imponéis vosotros, no yo. Quizás con lo que sí me quedo es con vuestra capacidad de aprendizaje. Creo que con esto el fin de semana va a ser mucho más centrado y efectivo. Simplemente con esto. De hecho, yo voy a estar acompañándoos en todo momento, os haré algún comentario aislado como observador externo y os preguntaré cosas concretas, pero vosotros llevaréis el peso del trabajo del equipo y la dirección.

Concluyeron la cena pensativos por todo lo que había pasado. Sobre todo por el diálogo entre Sara y Pau, que había sido tan enriquecedor. Se fueron pronto a dormir, pues les quedaban dos días de trabajo.

Y, en efecto, esos dos días fueron completamente para ellos. Pau estuvo observando, anotando cosas, preguntándoles cosas en momentos clave y facilitando el metaaprendizaje como equipo, es decir, a no aprender ya sólo individualmente sino desde la conciencia de equipo. Se centraron en sus proyectos, pero todos eran conscientes de que algo había pasado en su manera de trabajar en equipo, pues notaban cómo se trascendían muchas veces a su propia personalidad. Eran conscientes del sistema que formaban, de la red intangible que les unía.

Fue Pau quien el domingo les habló de la semilla que se planta en todo proceso de *coaching*, bien sea ejecutivo o de equipos. Es un proceso lento pero definido que, si se sigue cuidando, da resultados claramente sorprendentes. Todos se llevaron esa idea de lo importante que es en temas de *coaching* cambiar los códigos del tiempo y del papel de la conciencia de equipo. Los cambios de actitudes y creencias requieren procesos lentos y continuos. Y precisamente creyendo en ellos es como se alimenta esa semilla. Fue un buen regalo final para el equipo.

Objetivos del capítulo

1 Comprender que el *coaching* de equipos va más allá del trabajo en equipo al desarrollar una metaconciencia capaz de ser articulada desde cualquiera de sus miembros.
2 Valorar la necesidad de hablar desde el equipo más que desde el individuo en el *coaching* de equipos.
3 Comprender el concepto sistémico y de redes, donde cualquier miembro afecta al equipo.

Preguntas que el lector debe considerar

1 ¿Cuántas veces ha sufrido eso que se llama «reunionitis»?
2 ¿Considera que alguna vez han realizado en su empresa *coaching* de equipos?
3 ¿Tienen sus equipos desarrolladas sus propias normas y lenguaje?

Concepto clave

El coaching *de equipos es cualitativamente diferente del trabajo en equipo. El* coaching *de equipos trasciende al individuo, generando equipos autodirigidos de alto rendimiento que aprenden y evolucionan.*

13. El talento del equipo directivo

La mañana era gris y los árboles milenarios estaban hieráticos y orgullosos de su posición día tras día ante la vida. Habían quedado en un jardín botánico que tenía unos hermosos paseos. Parecía mentira que dentro de la ciudad existiera ese paraíso, ese reducto de paz y tranquilidad que intentaba no caer en el caos ruidoso y estresante.

Llegó Pau antes para saludar a varios de los técnicos del centro y se tomó un café con ellos. Al rato entraba José con una nueva mirada. Se le notaba todo el proceso del cambio en la mirada. Sencillamente era diferente, irradiaba energía, optimismo y, sin embargo, su nivel de trabajo seguía siendo el mismo, es decir, muy alto. Se saludaron y tomaron el desayuno juntos. Hablaron de muchas cosas diferentes, tanto tiempo juntos trabajando, la amistad previa, todo hacía que se consolidara esa amistad y respeto mutuo que se tenían.

—Estaba pensando que tienes una mirada realmente de líder –le comentó Pau a José mientras acababa su zumo de naranja.

—¿Y eso?

—Pues que creo que cada vez más transmites externamente tu mundo interior. Y ese mundo interior está en una fase de transformación realmente poderosa. Transmites mucha energía y tranquilidad al mismo tiempo.

—Gracias, creo que es como me encuentro. Noto cada día que hay mayor coherencia entre como soy y lo que hago, por lo que me encuentro mucho mejor.

—Algunos autores llaman a eso «liderazgo resonante», vamos, que transmite una energía especial al resto. A mi me gusta más el concepto de «líder *coach*», pues se ve tu liderazgo y al mismo tiempo tu facilidad para observar y tu empatía.

—Bueno, estoy en ello. Dime, ¿qué te pareció mi equipo?

—Tienes gente de gran valía. Se nota que has conseguido implicarles en el proyecto. Y, como sabes, ése es un paso importantísimo. Además se les ve con un gran potencial a nivel competencial.

—Ellos querían hacerlo perfecto para que los valoraras y se quedaron algo chafados al principio cuando nos fue tan mal la práctica de equipo.

—Bueno, a veces está bien analizar y contrastar las expectativas y deseos con las realidades. Fíjate qué bien trabajaron después los dos días.

—Sí, pasada esa primera frustración, supimos encajar el golpe y aprender de lo que nos habías mostrado en tan breve espacio de tiempo. La verdad es que esperábamos que intervinieras más, y, sin embargo, nos hemos venido con la sensación de que hemos aprendido mucho. Es raro, ¿no?

—Claro, siempre pensamos en el aprendizaje desde fuera, desde una fuente externa que nos enseña y muestra el camino. Sin embargo, el fin de semana sencillamente hubo un estar presente como vuestra conciencia, que de vez en cuando os hace alguna observación o pregunta. El resto lo aprendisteis desde dentro, desde vosotros mismos. Por eso creo que tenéis la sensación de que habéis aprendido mucho, porque en realidad habéis hecho un aprendizaje vivencial, y ése es el aprendizaje que realmente vale.

—Sí, la verdad es que después todo fue mucho más fluido. Comprendimos que nuestra percepción sobre el trabajo en equipo distaba mucho de la realidad. Pero, claro, ¿quién no piensa que trabaja bien en equipo? Yo creo que es un problema común en todas las empresas. Nos dimos cuenta, fuimos conscientes de nuestra necesidad de estar mucho más concentrados, de respetar más, de que cuando alguien hablaba lo hacía desde el equipo, y por lo tanto eliminamos conversaciones paralelas, comentarios, etc. Y sin perder la flexibilidad y el buen ambiente de trabajo, en realidad compartimos mucha más información. En ese aspecto nos diste un buen varapalo. De hecho, por eso casi fue una obsesión el sábado el partir todos de la misma información, de no guardarnos nada, de compartir en realidad. Ese compartir generó sinergias de gran calado en el equipo.

—La competencia de trabajo en equipo es una de las más incomprendidas en la empresa. Por eso el *coaching* de equipos que hice con vosotros es tan importante, porque no se ayuda al individuo en el equipo, sino que se ayuda al equipo como un todo, como un ente propio, como un sistema, como un organismo con vida. En ese sentido, trabajar en equipo es meterse individualmente en otro organismo. Por eso se necesita gente empática, capaz de salirse de su propio ego y de su propio espacio. Y eso hoy en día es bastante complicado de encontrar. Hoy en día se habla desde el ego, desde la individualidad. ¡Mira qué contradicción! Las culturas se especializan en la individualidad y, sin embargo, las empresas están más necesitadas que nunca de sus equipos.

—Ya, bueno, nosotros seremos capaces de generar nuestra propia cultura más allá de la propia de la sociedad que vivimos, como una segunda capa, la organizativa, donde el empleado pueda ser más social y colaborador. De eso me encargo yo –acabó diciendo José en plan retador.

—No lo dudo –comentó Pau. De hecho, lo que te quería decir al principio de vernos es que te noto cambiado, te noto con otro aire. Y ese aire transmite confianza. ¿Te acuerdas de cuando hablábamos de la mirada del talento? A esto me refería. La mirada es un intangible, no la puedes definir o concretar aunque, cuando la ves, la reconoces. Ésa es la mirada que te veo ahora.

—¿Estamos hablando de mi competencia de talento? –preguntó algo incrédulo José.

—Sí.

—Creía que te habías olvidado de esa competencia, creía que el fin de semana con mi equipo tendríamos un momento para seguir trabajándolo, pero, como no dijiste nada, sencillamente lo dejé pasar.

—Estuvimos trabajando la competencia, no lo dudes —sonrió irónicamente Pau.

—Ya te veo, me observaste en mi competencia de trabajo en equipo y en mi competencia de mentalidad de talento.

—Sí, en efecto, ¿lo dudabas? —volvió a sonreír Pau.

—Bueno, digamos que ahora lo veo más claro.

—Pero fíjate, no la trabajé sólo mirándote a ti y observándote. Contemplé vuestro trabajo en equipo pero también me fijé mucho en tu interacción con todos y, sobre todo, de todos hacia ti. Para mí era una situación de mucha información. Cada persona que estaba en ese equipo era un espejo de ti; cuando interactuaba contigo o cuando te escuchaban, les miraba. No veas la cantidad de información que saqué.

—¿Qué viste en mi gente? —preguntó con curiosidad José.

—Pues vi muchas cosas: respeto, admiración, orgullo, compañerismo, confianza… Eso me permitió ver cómo has desarrollado esta competencia en los últimos meses. Porque a ti te vi tranquilo, sereno y al mismo tiempo un miembro más del equipo. Ayudaste mucho al equipo desde el equipo. Hiciste de colaborador, de líder, de *coach* de equipos un par de veces. Aparte tuviste una gran escucha activa, y moderaste mucho tus intervenciones. Eso lo apreciaron mucho tus colaboradores, pues no monopolizaste, diste mucha rienda y asumiste las decisiones de otros, incluso a pesar de que noté que en alguna no estabas muy de acuerdo o tenías dudas. Ése es el espíritu.

—Vaya, y yo que pensaba que no te habías fijado apenas —exclamó José incrédulo de las palabras de Pau.

—Y, por otro lado, tuviste tiempo para todos. Te observé también en el tiempo de descanso, tuviste tiempo para Manolo, para apoyarle y estar con él. Sabes que tiene ahora mucha responsabilidad en el proceso de cambio.

—Sí, Manolo se ha convertido en poco tiempo en una pieza clave –apuntilló José.

—Apoyaste mucho a Sara –continuó Pau–, es increíble cómo esa directiva se ha potenciado desde la última vez que la vi. No la conocía apenas pero en su momento tuve muy distintas vibraciones. Ese fin de semana, Sara fue la columna vertebral del equipo.

—Es increíble el valor que concedo yo ahora a mi gente. ¿Cómo pude estar tan ciego?

—No te preocupes, José, es una ceguera común en la empresa. –Y continuó analizando a los directivos de José.– Con Laia sabes que hay que tener más atención y estuviste más veces y en circunstancias también de más confianza. Ese estímulo emocional creo que le ayudó mucho. Yo noté cómo había sido enriquecida por tus palabras comparando el viernes y sábado con el domingo, cuando estuvo realmente espectacular.

—Sí, con Laia es diferente mi aproximación, y sigue siendo una persona clave. No creí que pudiera llegar a esta relación con ella –confesó José.

—Y Gustavo, con el que tanto cuidado tienes de qué dices y cómo lo dices. De ese compartir en los espacios donde él está más seguro, te metiste en su mundo para desde ahí hablar con él. Eso significó salirte del tuyo. ¿Comprendes? Conseguiste el fin de semana hacer la labor no sólo del líder sino del líder *coach*. Actuaste con la mentalidad del talento y aunaste competencias como las de trabajo en equipo, líder *coach*, mentalidad de talento y delegación. Eso provocó sinergias que van más allá de las competencias individuales. Eso es lo que genera tu mirada del talento. Ésa es la mirada que veo ahora.

José se quedó sin palabras. Sencillamente escuchaba a Pau y recordaba cada momento que éste le comentaba. ¡Es verdad! Había estado muy encima de la gente pero con mucho respeto, pero no lo había hecho pensando que le fuera a evaluar Pau. Le había salido de modo natural, porque estaba muy implicado en el proyecto y le importaba cada persona que participaba en él. Por eso había encontrado los momentos oportunos con cada uno, sin planificar; espontáneamente había reconocido momentos de relación con Gus, con Sara, con Laia y con Manolo. Y, sin embargo, no era consciente del todo de que se hubiera dedicado a eso. Era normal que hablara con su gente. Pero resulta que ahora Pau le decía que eso que él consideraba normal, interiorizado, asumido como propio, era lo que había buscado desde hacía tiempo. Aunque fuera sólo por un fin de semana, lo había vivido. Había tocado el talento, había mirado desde el talento. Y alguien se había percatado de esa mirada.

—No sé qué decirte, Pau, creo que estoy algo sorprendido y por supuesto halagado. Nunca me habías dado información tan directa. Parece como si me hubieras licenciado ya.

—No, nada acaba, creo que precisamente ahora es cuando todo comienza. Como sabes, la mirada del talento te hace ver muchas cosas, y eso te permite ver tu negocio y tu gente de modo muy diferente. Ahora ves mucho más, y ahora consigues mucho más. Y sobre todo, lo más importante, lo consigues desde la tranquilidad y el equilibrio, desde ti mismo.

—Sí, me imagino que es como ponerse unas lentes nuevas. Las mismas realidades son diferentes. Donde antes no había energía, ahora soy capaz de movilizarla. Donde antes no había información, ahora hay calidad en la información. Y lo bueno es que lo percibo.

—Pues eso es la mirada del talento.

—¿Y ahora?

—La mirada del talento es individual. Es cómo José mira a la organización y a su gente, a su negocio, a su estrategia, a sus proveedores y clientes. A todos. Yo te diría que esto es el comienzo.

—¿El comienzo de qué?

—¿Tú qué crees?

—Pues que si yo he conseguido acercarme a esa mirada, igual podría hacer que mi equipo directivo también la tuviera. ¿Va por ahí?

—Sí, imagina a tu equipo directivo en esta misma sintonía. Ahora hacéis un gran equipo, con sinergias, con creatividad, con espontaneidad. Pero sólo por un momento imagínate al equipo con la misma mirada del talento. ¿Qué conseguiríamos?

—Si todos estuviéramos en la misma onda de la mirada del talento, conseguiríamos que el equipo trascendiera al individuo. Conseguiríamos un equipo que mira con talento. Algo más allá del individuo. Equipos con talento. No individuos con talento. Equipos con talento —volvió a repetir José.

—Sí, equipos con talento.

—Eso implicaría ir más allá de donde estamos ahora, mucho más allá. Y yo, que creía que estábamos cerca.

—Cerca ¿de qué?

—Pues de conseguir un equipo de alto rendimiento.

—¿Alto rendimiento? No, yo te hablo de talento, va mucho más allá del alto rendimiento.

—Sí, ya veo. Esa prisa por llegar me ha pasado muchas veces en mi relación contigo. Tengo prisa por conseguir, pero siempre me devuelves la misma moneda. Siempre llego al principio. Esto es como un bucle. Cuando creo que llego, estoy comenzando. Tiene gracia la cosa.

—Lo acabas de definir muy bien: cada paso es el fin y el comienzo. Por lo tanto, es mejor no considerar la realidad como fases que se cierran sino como saltos cualitativos que hacen que consigamos objetivos y que comencemos otros. Cuando te acercas al objetivo, se te va definiendo una nueva realidad. Y puedes acercarte y contemplarla o sencillamente comenzar un nuevo viaje. Y cuando no paras de hacer nuevos viajes, se te va la obsesión por acabar los viajes. Eso ya lo estás viendo.

—Sí de nuevo aparece nuestra Itaca.

—En efecto.

—Y ¿dónde estás tú en ese nuevo viaje?

—Eso ya lo veremos. Sólo sé que estaré acompañándote, que seguiremos viéndonos pero seguramente en algún otro proyecto que podamos compartir. El *coach* siente que su labor está hecha o que el *coachee*, el jugador, tiene ya la semilla del talento, la mirada del talento, y ahora puede viajar sólo haciendo a su vez de *coach* de otros. Esta cadena es interminable. A mí me guiaron y tuve mis facilitadotes, igual que tú lo has tenido. Aún los veo de vez en cuando, y hablamos mucho, nos actualizamos, pero ya desde otra perspectiva.

—Bueno, pero aún me quedan muchas cosas por hacer. Veremos qué nuevos roles podemos asumir. Tengo mucho trabajo para desarrollar a mi gente, y conseguir que esa mirada del talento se expanda de modo fluido y espontáneo por mi equipo directivo. ¿Y después del equipo? ¿Qué viene?

—Lo sabrás cuando pases la etapa. Ahora puedes elucubrar todo lo que quieras pero ese momento no dudes que será diferente a éste. Y, por lo tanto, aunque te pueda generar tranquilidad, estarán con otra información, con otra actitud. En otro punto del viaje.

—¿Del viaje?

—Sí, claro, del viaje hacia el talento.

—De eso se trata.

—Sí, de eso se trata, ese viaje comienza por el empresario, se hace líder, se hace *coach* y transforma su equipo directivo, uno a uno, hasta que el equipo, como ente propio, entra en el mundo del talento. Y el equipo continúa su viaje por la organización.

—¿Para conseguir una organización con talento? ¿Existe ese concepto?

—Claro, existe el concepto de «gestión del talento organizativo», más allá del talento individual o del equipo.

—Bueno, pues seguiré mi viaje. Espero verte en algún puerto.

—No lo dudes.

Continuaron hablando ya como buenos amigos un buen rato y considerándose mutuamente desde la admiración. José sabía que había tenido un gran profesional delante y que le había dado el mejor regalo que se puede dar a un empresario o directivo, la semilla del talento. Y eso no tenía precio.

Por otro lado, Pau pensó que había sido una experiencia única, la resiliencia, el coraje y la humildad habían guiado en todo momento el talento de José; era digno de toda la admiración y seguramente llegaría a ser un gran *coach*. Con José las teorías y las ideas seguían volando como cuando eran más jóvenes. Pau había aprendido tanto en el proceso que no pudo evitar seguir trabajando con alguien que le aportaba tanto a su propia profesión.

Pasó más de un año desde que se vieron José y Pau de nuevo. Aunque mantenían contacto, José tenía tan claro su proyecto y su talento que su propia inercia le llevó a continuar haciendo cambios en la empresa

Con el tiempo José llegó a certificarse profesionalmente como *coach* y de vez en cuando interviene con Pau en algún proceso empresarial complejo cuando éste se lo pide. Han compartido conferencias y siguen siendo tan amigos como antaño.

La empresa de José sigue siendo referencia en su sector y ampliando negocio pero de modo muy paulatino. Comprenden que es necesario crecer pero con su propio ritmo. Actualmente, la empresa de José está avanzando de los conceptos de «talento de equipos» al «talento organizativo» pues están sembrando el valor del *coaching* en la cultura de la empresa, donde todo empleado está en su propio proceso evolutivo independientemente del nivel jerárquico que tenga. La estructura piramidal se ha reducido mucho, de tal manera que la distancia entre los directivos y los empleados es realmente corta. La satisfacción ha aumentado y con ello la productividad de la empresa. Ahora hay muy baja rotación voluntaria y recibe muchos currículos para incorporar personal, pues se habla mucho mejor de la empresa en el sector.

Objetivos del capítulo

1 Comprender que el empresario y directivo puede llegar a ser *coach* interno y plantar la semilla del talento en su organización.

2 Valorar que el líder se hace continuamente y que, aunque la genética da un pistoletazo de salida, el resto lo da la experiencia y el aprendizaje.

3 Analizar el valor de la gestión del talento organizativo como estrategia competitiva de la empresa. Es el intangible de mayor diferenciación hoy en día en las empresas.

Preguntas que el lector debe considerar

1 ¿Ha pensado que podría ser usted José?

2 ¿Considera que es posible el cambio en su empresa?

2 ¿Qué necesita para implementar la gestión del talento?

Concepto clave

La semilla del talento está en todos nosotros; tan sólo necesitamos creer en ella.

Autodiagnóstico
del modelo de gestión del talento
basado en el líder *coach*: las nueve claves

Indique el grado en que se dan las siguientes características en su empresa:

1: Nada; 2: Poco; 3: Regular; 4: Bastante; 5: Mucho.

Organización

- Podría definir su empresa como un espacio de desarrollo de potencialidades profesionales.
- Podría decirse que su empresa tiene y comparte múltiples realidades respetando la diversidad.
- Podría decirse que su empresa tiene un cambio y desarrollo continuo.
- Podría decirse que su empresa aprende organizativamente y considera los errores como oportunidades de crecimiento.
- Podría decirse que su empresa tiene una mentalidad del talento.
- Podría decirse que su empresa desarrolla la figura del líder *coach*.
- Podría decirse que su empresa tiene una concepción claramente estratégica.
- Podría decirse que en su empresa es un valor la inteligencia emocional.
- Podría decirse que en su empresa se da el trabajo en equipo y se trabaja en la dirección del *coaching* de equipos.

Referencias

Juan Carlos Cubeiro
Presidente de honor de AECOP y presidente de Eurotalent.

Este libro refleja toda la sabiduría e inquietudes de Roberto Luna por una mejora del directivo actual. El autor, así como yo, vemos la problemática del directivo actual y su necesidad de transformarlo en mejor persona y profesional. Creo que este libro, que he leído con enorme placer, refleja algo más que una mera novela de *management*, significa un canto de esperanza para el directivo ante la crisis actual que vivimos, donde la mejora no está fuera sino en cada uno de nosotros. No dudo que llegará a ser un libro de referencia del directivo actual.

Andrés Martínez
Director de desarrollo en Manpower Business Solution. Barcelona.

Ha sido un placer disfrutar de este libro. Le he de dar al autor la más sincera enhorabuena. El planteamiento resulta atractivo, ameno, fácil de seguir y de entender y, lo más importante, estimula la reflexión sobre diferentes experiencias en las que te puedes reconocer muy fácilmente. Esta autorreflexión contiene, en sí misma, un componente de autodesarrollo muy, muy atractivo que te estimula a seguir leyendo. En este sentido, el libro te permite «jugar» a ser el personaje (José) y disfrutar de todas las reflexiones que se comparten a lo largo del libro, ya que es muy fácil identificarte en muchas de las situaciones que se plantean (y si no te identificas tú, rápidamente identificas a alguien en una situación similar). Creo que para aquellos que nos dedicamos a los recursos humanos resulta un libro muy interesante porque podemos compartir un mismo discurso y un mismo escenario fácilmente reconocibles. De nuevo he de felicitar al autor por este «Viaje hacia el talento». Entre muchas de las frases, ahora destaco una: «...hagamos de todo directivo un líder y de todo líder un entrenador, un *coach*».

M. Dolores Ayllón
Directora de RR. HH. Union Fenosa & Energy

Me ha parecido un libro excepcional, fácil de leer y al mismo tiempo con mucho contenido...

Gustavo Piera
Autor del libro *La travesía* y *La charca silenciosa*.
Ponente y conferenciante nacional de gran prestigio. Vicepresidente de AECOP Cataluña. Presidente de la empresa Grupo CMR.

Roberto Luna ha escrito un libro estimulante y atractivo que a través del poder de la autorreflexión, te da la energía necesaria para tener el equilibrio vital en tu travesía por la vida. Gracias, Roberto.

MANUEL MARTÍNEZ
Vicepresidente de RR. HH. para Centro y Sur de Europa
de American Express

Roberto ha sido capaz, de una forma muy amena, de pasar un mensaje de cómo hacer posibles los proyectos de empresa y afrontar el cambio requerido en cada instante, a través de la gestión del talento por líderes que saben en cada momento identificar y equilibrar las competencias críticas en la organización y de crear el clima apropiado de compromiso de los empleados convirtiéndose en auténticos motores y facilitadotes del crecimiento del talento.

GLORIA DE LA TORRE
Directora de RR. HH. de AERTEC

Me ha encantado el libro de Roberto, se lee casi de un golpe, pues no se puede parar de leer por su interés. Especialmente me ha gustado el tratamiento que da Roberto a las emociones y sus devaneos en el *coaching*.

LAURA MARI I BARRAJÓN
Directora de IEI (Inteligencia Emocional Interpersonal)

El líder no nace…, ¡se hace! nos ayuda a comprender la dimensión emocional del líder y nos da las claves para saber aprovechar la inteligencia de las emociones en la práctica diaria del liderazgo.

Índice

Parte II
Viaje del liderazgo al *coaching*

Si lo desea puede enviarnos algún comentario sobre

EL LÍDER NO NACE..., ¡SE HACE!
VIAJE HACIA EL TALENTO

Esperamos que haya disfrutado con la lectura y que este libro ocupe un lugar especial en su biblioteca particular. Dado que nuestro principal objetivo es complacer a nuestros lectores, nos sería de gran utilidad recibir sus comentarios, enviando esta hoja por correo, fax o correo electrónico a:

EDICIONES OBELISCO
Pere IV 78, 3° 5ª
08005 Barcelona (ESPAÑA)
Fax: (34) 93-309-85-23
e-mail: comercial@edicionesobelisco.com

✍ Comentarios o sugerencias:

_____

_____

✍ ¿Qué le ha llamado más la atención de este libro?

_____

_____

_____

✍ ¿Desea recibir un catálogo de nuestros libros? (Válido sólo para España.)
❏ SÍ   ❏ NO

✍ ¿Desea recibir nuestra agenda electrónica de actividades?
❏ SÍ   ❏ NO

Si desea recibir **NUESTRA AGENDA ELECTRÓNICA** de actividades con conferencias, talleres y eventos, además del boletín con las nuevas publicaciones, puede darse de alta automáticamente en nuestra web **www.edicionesobelisco.com** y facilitarnos sus datos en el apartado Suscríbase.

Nombre y apellidos:
Dirección:
Ciudad: Código Postal:
Provincia/estado: País:
Teléfono: E-mail:

¡Gracias por su tiempo y su colaboración!